象
Pictograph
形

大象无形　稽古揆今

本书受国家自然科学基金项目
"中国传统聚落型制史与建设性遗存的空间原意呈现型保护（51678362）"资助

# 祭祀與疆域

## 中国上古空间考古六题

王鲁民　范沛沛　著

中原出版传媒集团
中原传媒股份公司

大象出版社
·郑州·

图书在版编目(CIP)数据

祭祀与疆域：中国上古空间考古六题/王鲁民，范沛沛著.—郑州：大象出版社，2021.6
ISBN 978-7-5711-1036-9

Ⅰ.①祭… Ⅱ.①王…②范… Ⅲ.①文化遗址-考古-研究-中国-上古 Ⅳ.①K878.04

中国版本图书馆 CIP 数据核字(2021)第 072117 号

## 祭祀与疆域
### 中国上古空间考古六题
王鲁民　范沛沛　著

| 出 版 人 | 汪林中 |
|---|---|
| 封面题字 | 王鲁民 |
| 责任编辑 | 曲　静 |
| 责任校对 | 安德华 |
| 装帧设计 | 王莉娟 |

| 出版发行 | 大象出版社(郑州市郑东新区祥盛街27号　邮政编码450016) |
|---|---|
| | 发行科　0371-63863551　总编室　0371-65597936 |
| 网　　址 | www.daxiang.cn |
| 印　　刷 | 北京汇林印务有限公司 |
| 经　　销 | 各地新华书店经销 |
| 开　　本 | 890 mm×1240 mm　1/32 |
| 印　　张 | 7.5 |
| 字　　数 | 162千字 |
| 版　　次 | 2021年6月第1版　2021年6月第1次印刷 |
| 定　　价 | 58.00元 |

若发现印、装质量问题，影响阅读，请与承印厂联系调换。
印厂地址　北京市大兴区黄村镇南六环磁各庄立交桥南200米(中轴路东侧)
邮政编码　102600　　　　电话　010-61264834

含有环壕和城垣的遗址是高等级祭祀地段所在，这种遗址在聚落系统组织上占有特殊的地位。基于此类遗址的设置规则，本书综合考虑设壕（城）遗址的形态、分布特征以及遗址系统的格局变迁，认为在仰韶文化早期一个幅员达85万平方千米的权力单位已经出现。东亚大陆腹地空间控制要点的分布格局使得"郑洛一线"被视为"中国"，在距今5400年左右，以"郑洛一线"为核心的、权力影响范围覆盖东亚大陆腹地核心区的实质性的"中国"已经产生。良渚文化从一开始就是由统一权力支配的控制范围达到10万平方千米的整体。大汶口文化晚期的环泰山地区存在着一个秩序严整的涉及地域达到25万平方千米的聚落系统……

An archaeological site surrounded by the moat or the wall is a high grade sacrificial place, which occupies a special status in the organization of the settlement system. Based on the setting rules of the moat(or wall) sites, this book has comprehensively considered the plane forms and distribution characteristics of such sites, and the structural changes of site system, we conclude that a power community covering an area of 850,000 square kilometers had already emerged in the Early Yangshao Culture. The study shows that the distribution pattern of spatial control places in the hinterland of East Asia makes the line along Zhengzhou-Luoyang regarded as "Central State" (Zhongguo / China). And a substantial "China", which regarded the line along Zhengzhou-Luoyang as the center and the influence area covering the core of the hinterland of East Asia, had established around 3400BC. Research indicates that the Liangzhu Culture was a whole from the beginning, whose control area dominated by one unified power can reach 100,000 square kilometers. There was an orderly settlement system around the Taishan area at the Late Dawenkou Culture, which covered an area of 250,000 square kilometers...

# 目 录

**第一章**
**中国新石器时代中晚期环壕与城垣的发生、性质及演变**
　　一、设壕（城）遗址的基本性质 / 002
　　二、环壕功能的衍变 / 007
　　三、城垣的发生与推广 / 016

**第二章**
**姜寨、半坡、鱼化寨环壕遗址的功能、关联与相关空间组织**
　　一、姜寨、半坡、鱼化寨环壕遗址的功能及相互关联 / 028
　　二、"姜寨 – 半坡"及"半坡 – 鱼化寨"环壕遗址组合的地位与半坡类型的权力架构 / 041
　　三、仰韶文化早期的空间架构 / 053

**第三章**
**东亚大陆腹地核心区东周以前设壕（城）遗址的分布与"中国"的产生**
　　一、"神明之隩"与设壕（城）遗址 /066

二、公元前 3400 年至公元前 3100 年前后郑洛一线
　　　　设壕（城）遗址群的组织 / 077

　　三、"中国"成立的地理依据 / 089

第四章

良渚文化的空间架构与权力规模

　　一、良渚文化与良渚文化的产生 / 110

　　二、良渚文化初创期的聚落系统与权力规模 / 119

　　三、良渚文化壮大期的聚落系统与权力规模 / 129

　　四、由调适到衰落的良渚文化聚落系统与权力规模 / 135

第五章

尉迟寺环壕遗址及大汶口文化晚期的地域控制

　　一、一个特别的遗址 / 146

　　二、尉迟寺环壕遗址的构成分析 / 148

　　三、尉迟寺环壕遗址辐射范围及地位 / 157

　　四、大汶口文化晚期聚落系统的控制 / 164

第六章
## 周人的西都与东都
  一、周人西都与东都研究的核心问题 / 180

  二、"莽京"为何？/ 181

  三、镐京之辩 / 186

  四、五邑与西都 / 192

  五、周居及大邑成周 / 198

  六、成周的变异与东、西周 / 209

## 后记

# CONTENTS

Chapter 1

**The emergence,functions and evolution of the moat and the wall in the Middle and Late Neolithic in China**

一、The basic function of a place surrounded by the moat or the wall/ 002

二、The evolution of moat functions/ 007

三、The emergence and promotion of the wall/ 016

Chapter 2

**The functions,connections and related spatial organizations of Jiangzhai,Banpo and Yuhuazhai Moat Sites**

一、The functions and interrelations of Jiangzhai, Banpo and Yuhuazhai Moat Sites/ 028

二、The status of "Jiangzhai-Banpo" or "Banpo-Yuhuazhai" Moat Sites and the power structure of the Banpo Type/ 041

三、The spatial structure in the Early Yangshao Culture/ 053

Chapter 3

**The distribution of the moat (or wall) sites and the emergence of "China" in the core area of the hinterland of East Asia before the Eastern Zhou Dynasty**

一、"Gods location" and the moat (or wall) sites/ 066

二、The organization of the moat (or wall) sites' group along the line of Zhengzhou-Luoyang from 3400 BC to 3100 BC/ 077

三、The geographical basis of China's establishment/ 089

Chapter 4

**The spatial structure and power scale of Liangzhu Culture**

一、Liangzhu Culture and its formation/ 110

二、The settlement system and power scale of Liangzhu Culture in the initial period/ 119

三、The settlement system and power scale of Liangzhu Culture in the strong period/ 129

四、The settlement system and power scale of Liangzhu Culture in its adjustment to decline period/ 135

## Chapter 5

## Yuchisi Moat Site and regional control of Dawenkou Culture

一、Yuchisi Moat Site is special/ 146

二、The composition analysis of Yuchisi Moat Site/ 148

三、The status and influence area of Yuchisi Moat Site / 157

四、The control of settlement system in the Late Dawenkou Culture/ 164

## Chapter 6

## The West and East Capitals of Zhou Dynasty

一、The core question in the study of the West and East Capitals of Zhou Dynasty/ 180

二、What is "Fangjing"?/ 181

三、The discussion of "Haojing" / 186

四、"Wuyi" and the West Capital of Zhou Dynasty/ 192

五、"Zhouju" and "Dayi Chengzhou" / 198

六、Changes of Chengzhou, Western Zhou and Eastern Zhou/ 209

## Afterword

## 第一章 中国新石器时代中晚期环壕与城垣的发生、性质及演变

## 一、设壕（城）遗址的基本性质

中国新石器时代的考古遗址上，有时可以见到壕沟圈围一定地段的做法。一些研究者将这种沟状设施统称为"环壕"，并将拥有环壕的遗址称作"环壕聚落"。在汉语语境下，"聚落"一般统指城镇、村落等常规居民点，可某些拥有环壕的遗址未必为常规居民点，因此本书将拥有环壕的遗址称为"环壕遗址"，与之对应，也将拥有城垣的遗址称作"城垣遗址"，当环壕与城垣共存时则称"壕垣遗址"，并用"设壕（城）遗址"通称设置了环壕或者城垣的遗址[1]。

在金属工具普遍使用之前，人们的挖掘效率十分有限。从经济学的观点看，人们花费许多力气去挖掘壕沟，应该具有明确的目的。从其自身条件看，具有圈围价值的壕沟的功能可能包括防御、防洪、防止牲畜走失和特殊空间界定等。

东亚大陆腹地最早一批新石器时代具有圈围价值的壕沟中，有相当一部分的宽度小于 2 米，深度不足 1 米。由于这些遗址既有位于雨水较为丰沛的江汉平原，也有位于气候相对干旱的黄河中游及西辽河流域，所以这些实例似乎表明在东亚大陆腹地的广大地区里，上列的功能中，特殊空间的界定应该是环壕最为基本的功能，因为这种宽度、深度都十分有限的壕沟不可能真正起到防洪、防御和防止牲畜走失的作用（表1.1）。

表1.1 新石器时代窄壕遗址举例

| 遗址名称 | 文化类型 | 出现时间 | 壕沟宽度（米） |
| --- | --- | --- | --- |
| 湖南澧县八十垱 | 彭头山文化后期 | 距今8000年左右 | 残宽1.2（G10） |
| 内蒙古林西白音长汗 | 兴隆洼文化晚期 | 距今7500～7000年左右 | 0.8～2.3（G1口宽），0.95～2.2（G2口宽） |
| 内蒙古敖汉旗兴隆洼 | 兴隆洼文化早期 | 距今8200～7600年左右 | 1.5～2 |
| 内蒙古赤峰魏家窝铺 | 红山文化早中期 | 距今6500～5500年左右 | 1.68～2.4（口宽） |
| 河南新安荒坡 | 仰韶文化初期枣园类型 | 距今7000～6300年左右 | 1.9～3.4（G1口宽），0.38～0.45（G2口宽） |
| 陕西临潼姜寨 | 仰韶文化早期半坡类型 | 距今6500～5900年左右 | 1.8～3.2（G1口宽），1.5（G2口宽），2～2.5（G3口宽），2～3（G4口宽） |

距今7500～7000年左右，在辽河、滦河流域存在着三个兴隆洼文化晚期的环壕遗址，其中靠近主要异文化地区的迁西东寨遗址上的壕沟口宽2.6米、深2米[2]，具有一定的军事防御、防洪以及防止牲畜走失的价值[3]，而远离主要异文化地区的林西白音长汗遗址上的壕沟最窄处仅宽0.8米[4]，不具有军事防御、防洪及防止牲畜走失的价值。这种情况似乎提示我们，历史地看，在中国的特定条件下，军事防御、防洪及防止牲畜走失只是具有圈围价值的壕沟的衍生功能（图1.1）。

在我们看来，陈晓华认为"界标是新石器时代中期聚落环壕最基本的功能"[5]是合理的。可具有圈围价值的壕沟是否仅仅是"居民领地意识的物化"，还可以进一步讨论。

图 1.1 兴隆洼文化区域环境框架图

  观察现知较早的、壕沟保存比较完整的新石器时代的环壕遗址，会发现这些壕沟的圈围范围多为由西南而东北地延展，且壕沟平面的西南隅或东北角都经过特殊处理。例如泗洪韩井遗址的壕沟圈围范围由西南而东北地展开且西南隅突出，泗洪顺山集遗址壕沟圈围范围基本为由西南而东北地延展，济南小荆山遗址和林西白音长汗遗址 A 区的情况大略相同，表现为西南隅缺失。由于上述例子的壕沟转角均为弧线，因而很难确认东北角是否完整，可在这些遗址中，至少林西白音长汗遗址 A、B 两区的壕沟可以明确为东北角缺失（图 1.2）。

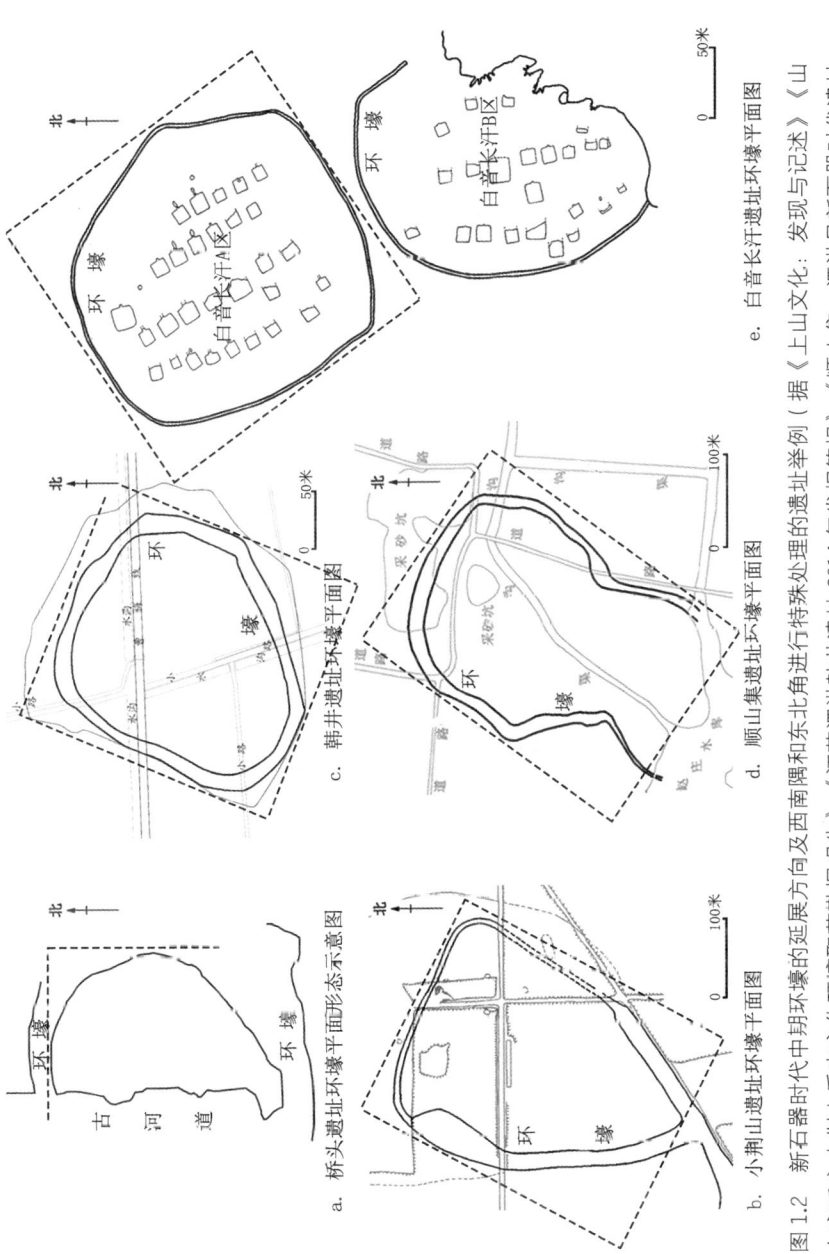

图 1.2 新石器时代中期环壕的延展方向及西南隅和东北角进行特殊处理的遗址举例（据《上山文化：发现与记述》《山东章丘市小荆山后李文化环壕聚落勘探报告》《江苏泗洪韩井遗址 2014 年发掘简报》《顺山集：泗洪县新石器时代遗址考古发掘报告》《白音长汗遗址聚落研究》《白音长汗遗址研究》改绘）

a. 桥头遗址环壕平面形态示意图
b. 小荆山遗址环壕平面图
c. 韩井遗址环壕平面图
d. 顺山集遗址环壕平面图
e. 白音长汗遗址环壕平面图

这样的壕沟平面形态让人不由得想到历史上的明堂礼仪。汉武帝时，济南人公玉带上"黄帝时明堂图"，该图"中有一殿，四面无壁，以茅盖，通水，圜宫垣为复道，上有楼，从西南入，命曰'昆仑'"[6]。在我们看来，壕沟围合所呈现的由西南而东北的延展和对壕沟圈围范围西南隅和东北角的加工，其实是在提示一条由西南而东北的动线的存在。而这条动线对应的就是明堂祭祀，也就是说，新石器时代的这种十分难得的壕沟圈围的应是明堂祭祀空间。

按照古典文献，明堂是上古帝王最隆重的综合性礼仪建筑，其可以用作朝会诸侯、发布政令、大享祭天、配祀祖宗、养老诲稚。其建筑形式十分隆重，甚至为特别的帝王所独有，因而环壕遗址也就自然稀见。

把工程逻辑与考古发掘的资料结合，或可认为，环壕是城垣的先导，在一定条件下，城垣可以视为环壕的替代。《左传·庄公二十八年》说："凡邑，有宗庙先君之主曰都，无曰邑，邑曰筑，都曰城。"[7]这一方面表明了城垣本与高等级祭祀的对应，另一方面也表明城垣设置的核心目的是宗庙的维护和相应祭祀隆重水平的提升。由于明堂祭祀包含着祭祀先祖的内容，所以，《左传》的说法应该支持环壕界标是明堂祭祀存在的判断。

现知的中国新石器时代的设壕（城）遗址不过300余处，可《尚书·尧书上》说帝尧"协和万邦"[8]，《史记·周本纪》说周武王于盟津"诸侯不期而会盟津者八百诸侯"[9]。虽然"万邦""八百诸侯"数目可能夸张，但无论如何由考古所见之带有环壕或城垣的遗址的数量与当时的"都"或"诸侯"之数目还是有很大差距。这种差距应该表明，在当时一般的"都"或"诸侯"是不能拥有设置环壕或城垣的祭祀场所的。由考古资料也可以看到，诸如磁山－北福地文化、跨湖桥文化、马家窑文化、赵宝沟文化、河姆渡文化、薛家岗文化等一系列文化中并没有设置环壕或城垣的遗址存在，也可以作为以上说法的证据。由此，带有环壕或城垣的遗址应是强势族群或者由强势族群支配的高等级的祭祀中心，亦即上引《左传·庄公二十八年》的说法中，在"宗庙先君"前应该加上"天子"或者"高等级诸侯"的字样。或可推论，至少在新石器时代，环壕和城垣是一定族群拥有特殊权力的表达。在通常情况下，相对于拥有环壕或城垣的族群，那些不拥有此类设置的族群至少在名义上处于从属的位置。

《左传·成公十三年》云："国之大事，在祀与戎。"[10] 可见在上古时期，祭祀活动在社会生活组织上地位特殊。因此，高等级的祭祀场所一定会在空间和社会组织上扮演重要角色。这样，更为具体地了解壕与城的使用方式和功能衍变，对于了解一定时期的社会空间认知和聚落体系的构成是一项有意义的工作。

## 二、环壕功能的衍变

上文涉及的环壕遗址分布范围相当广阔，基本涵盖东亚大陆腹地所有主要空间单位。这些地区自然条件和先民的生业类型有较大的差异，但却在壕沟尺寸处理上具有相同倾向，在圈围平面形状的安排上采用了完全相同的规矩。这种情况应该表明，早至距今八九千年左右，一个涉及范围广阔的祭祀文化关联体已经出现。

按照已有研究，环壕或城垣圈围平面以方形为基础的等级高，以圆形为基础的等级稍低，形状难以归纳的等级更低。平面的西南隅凸出的祭祀等级就较高，西南隅压缩的祭祀地位低，东北角缺失也是祭祀等级较低的表现[11]。因此，上列的多个遗址在环壕的西南隅和东北角的不同处理，表明当时的人们已经利用环壕平面的不同处理来对高等级的祭祀场所进行更为细致的等级区分。这不仅表明当时的社会复杂程度达到了较高的水平，而且由于一些独立存在的文化类型的环壕遗址采用西南隅压缩的做法，暗示某些强势文化圈之间也存在着支配与被支配的关系。

其实，初时只有空间标识作用的环壕一旦出现，因势利导地赋予这一投入了一定心力的设施更多的功能就很难避免。从目前的考古资料看，随着时间的推移，环壕的军事防御作用越来越成为必需。

从出现的地点看，最早的更具军事防御价值的环壕遗址往往出现在战略要地。除了前述兴隆洼文化的东寨遗址，距今约8000年的后李文化的小荆山遗址也是重要例证。后李文化目前仅发现小荆山一处环壕遗址，它位于济水和泰沂山系相夹形成的沿济水东向进入鲁北平原的关键通道上，西边分布有覆盖范围广阔的裴李岗文化和磁山文化，这样的位置当使得小荆山遗址面对更多的军事压力。小荆山遗址环壕的北段和东段仅宽4～6米，深2.3～3.6米，已经具有相当的防御价值，而其最有可能受到攻击的西段的宽度竟达到40米左右，深3.2～6米[12]，具有更强的军事阻隔能力。环壕宽度剧烈的变化既暗示了防御的针对性，也凸显了对工程经济性的注意（图1.2b）。目前所知的上山文化的两处环壕遗址均具有一定的军事防御价值，义乌桥头遗址环壕宽10～15米，深1.5～2米，永康湖西遗址环壕宽5米，相对深度1.5米[13]。

从区位条件看，湖西遗址深藏金衢盆地内部，而桥头遗址则位于金衢盆地边缘，处于连接外部的关键地段，区位不同是它们所用环壕宽窄不同的原因。区别性地对待显示出壕沟挖掘的不易，这就有可能使得壕沟的宽窄、深浅影响到所涉空间的等级高低。与兴隆洼文化覆盖范围可观且独处一区的情况不同，上山文化和后李文化与其他文化区距离有限且防御纵深不大，所以，即使位于后李文化遗址覆盖区中央的小荆山遗址和上山文化遗址覆盖区中央的湖西遗址也需要增强防御以应对外来的挑战（图1.1、图1.3A、图1.3B）。

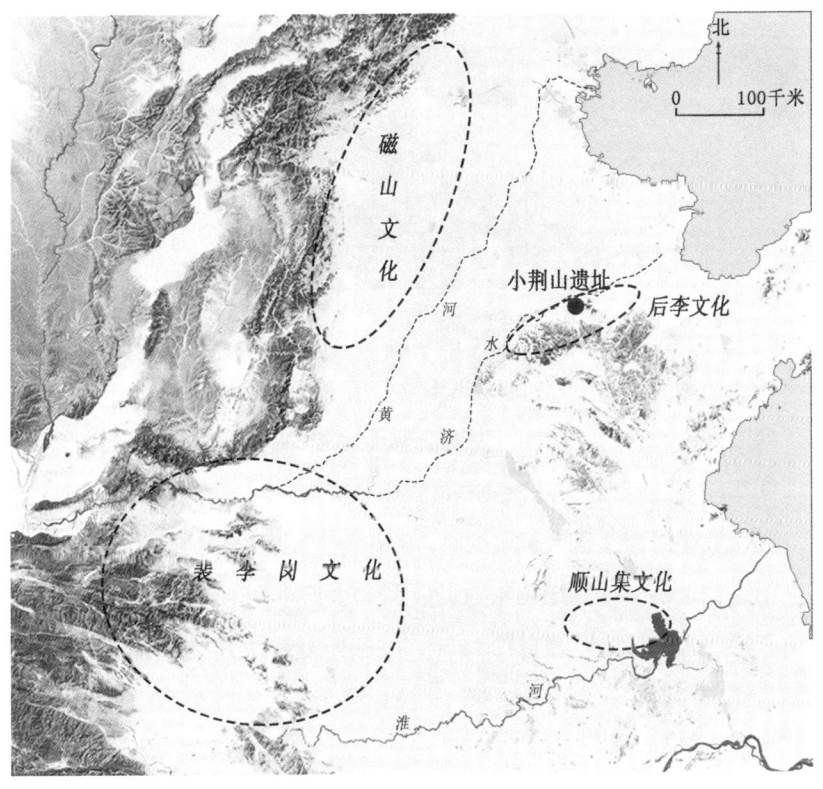

图1.3A 后李文化区域环境格局图

图 1.3B　上山文化区域环境格局图

从距今约 8200 年的顺山集文化的顺山集遗址和韩井遗址的建设情况看，这一时期与军事防御能力相关的环壕圈围范围和断面尺寸或二者之一已经是空间等级认定的指标。顺山集遗址与韩井遗址同时存在且近距离相邻，韩井遗址环壕的修建应略晚于顺山集遗址的环壕。顺山集遗址面积 17.5 万平方米，壕内面积 7.5 万平方米，环壕普遍宽约 15 米，北部最宽处达 24 米，最深处达 3 米，环壕西南段显著变窄，宽度只有 3 米左右，防御能力显著减弱[14]。韩井遗址面积 5 万平方米，壕内面积 3 万平方米，环壕残宽 10.6 米，最深仅 0.9 米[15]。两相比较，韩井遗址的军事防御能力较弱。考古资料表明，顺山集遗址的环壕在修成后不久就被视作倾倒垃圾的场所，之后又局部填实[16]；与之同时，在距其仅4千米处的韩井遗址上出现了环壕。顺山集遗址在环壕废弃以后继续使用，其文化面貌保持不变且未发现暴力平毁的现象，那么顺山集遗址环壕的放弃与韩井遗址环壕的出现同步，应该表明二者在这一时期处在相同人群的控制之下。这样，用防御能力较弱的环壕替换防御能力较强的环壕的合理解释，应该是顺山集遗址环壕的尺寸在规格上不符合要求，因而有必要用壕沟断面和圈围尺寸均较小的韩井遗址来替代它（图1.2c、图1.2d）。

从现有的资料看，顺山集文化的覆盖范围远较同期存在的在其西边的裴李岗文化的覆盖范围小。顺山集文化环壕遗址位于同文化遗址覆盖范围东边缘的地貌复杂地区，其定位表现出尽可能远离裴李岗文化区的倾向。这种做法符合弱势族群核心要素安排的逻辑。考虑到取代顺山集遗址环壕的韩井遗址的环壕西南隅明确扩张，祭祀等级相当高，应该可以认为它们是顺山集文化等级最高的祭祀中心。这样，用韩井遗址替代顺山集遗址就应该不是该文化的主导者的心甘情愿。这里的情况更为具体地支持前文已经提到的，在设壕的做法出现伊始就存在着跨文化支配权力的看法。从当时的情况看，这里的支配者似乎是裴李岗文化。

《公羊传·定公十二年》说："雉而城。"汉代何休注云："天子周城，诸侯轩城。轩城者，缺南面以受过也。"[17]由于相应的做法早已放弃，故后来的学者认为这只是一种说法[18]。但如果我们把"天子"理解成更为高级权力的掌握者，而把"诸侯"理解为次一等级的权力掌握者，并把壕视作城的前身，那么这种通过部分地放弃防御能力，向上位权力表示顺从的"轩城"

早就出现了。顺山集遗址西南部的壕沟宽度大幅度缩减，在相当程度上降低了环壕的阻隔水平，就可以理解为"轩城"。在环壕上十分明确地采用"轩城"的做法，见于大汶口文化晚期（距今约 4800～4300 年）的蒙城尉迟寺遗址。在这里，人们看到了宽度达 25～30 米、深度约 4.5 米、内侧壕壁较外侧远为陡峭、具有明确防御意图的环壕[19]，可在这个环壕西南部却留下了宽度约 40 余米的大型缺口[20]。这一缺口的尺寸远远超出常规通行所需，使得整个环壕的防御能力大大降低，与壕沟格局所显示的注重防御的倾向相矛盾，故其为"轩城"无疑（图 1.4）。从逻辑上看，"轩

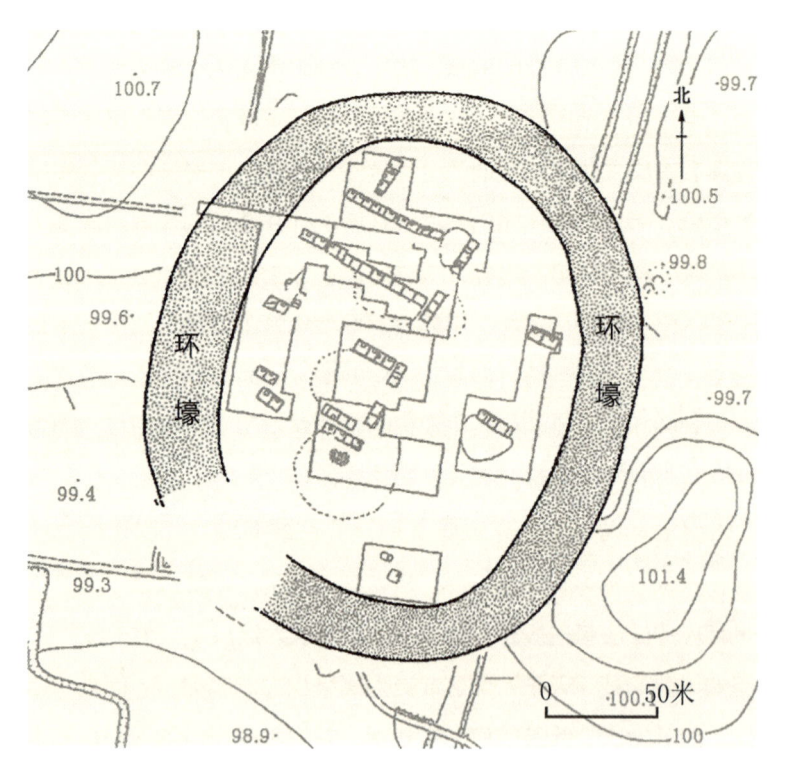

图 1.4 尉迟寺遗址环壕平面图（据《蒙城尉迟寺（第二部）》改绘）

城"做法的出现应当可以作为壕沟断面尺寸参与等级辨识的证据。

公元前 4500 年左右的西安半坡遗址上,出现了使用双重环壕的做法[21]。这种做法有着进一步的工程投入,并且壕沟的重数越多,工程的投入越大。同时,从遗址的整体情况看,壕沟重数越多的遗址,在环壕遗址中的数量越少,因而应可断定,壕沟的重数越多,相应地段的祭祀等级越高。大致地说,壕沟的增加能够提升相应地段的礼仪隆重水平,通过更细致的空间划分对礼仪过程进行更具体的控制,甚至提升相应地段的安全水平。在半坡遗址上,两道壕沟间距可观,似乎壕沟主要在意空间区隔。而最近公布的公元前 3300 年的郑州双槐树环壕遗址的资料,似乎表明壕沟的作用不止如此。

位于黄河和伊洛河交汇点附近的双槐树遗址总面积达到 117 万平方米,遗址上有内、中、外三道环壕,内壕圈围地段中央有一条东西安排的大型版筑遗迹,将用地分为南、北两部分[22]。北部发掘出数十处房屋遗址,从空间上看,这些房屋遗址由围墙相隔,分为南、北两个单元。北单元由四排房址组成,其中的一座建筑下发现有用陶罐排布的北斗九星图案。在该单元附近,又有牙雕家蚕出土和所谓的池苑遗存。南单元包括一座坐北朝南、面阔 15 间的大型排房。大型版筑遗迹以南为大片墓地,墓地的东北方向有一"祭坛"遗址。内壕的东南方位,有进入壕内的唯一出入口。这个出入口和墓地的位置决定了"祭坛"应为坐西朝东的面向。中壕紧贴内壕设置,在其西北方位有出入口存在,在其西南方位有一段壕沟与内壕连通,这个连通使得人们只能向东环绕进入内壕。由于中壕和内壕之间不存在建筑或其他设置,所以中壕设置的核心任务是形成特殊的进入路线。如果把内壕、中壕的出入口和内壕里的"祭坛"串联起来，可以看到一条迂回地从祭坛右前方接近祭坛的线路。按照相关文献，明堂要由西南"迁延入之"[23]。迁延即迂回，而明堂要由西南入的说法是建立在明堂本身坐北朝南的基础上，脱离开具体朝向，抽象地看，由西南入其实就是由建筑的右前方接近该建筑，所以所谓的"祭坛"，其实就是明堂一类的设置。双槐树遗址的外壕也基本可以视作贴着中壕安排，只是在西北角放大，形成了一个容纳大量墓葬的空间，在西侧外壕与中壕之间也有一段壕沟将二者连通。这段壕沟把外壕、中壕之间的空间分作两段。在这段壕沟的南边，又有一片墓葬，这片墓葬的存在，使得外壕与中壕之间的地段成为一条引向这片墓地的通道。考虑内环壕中各项设置所占用地只是圈围面积四分之一左右，并且墓地占比很大，房屋涉及的地段更是不足十分之一，可以认为，这里的环壕所圈围的地段首先是一个与明堂相关的祭祀场所，其对建筑和人口的容纳关注有限，从而更为具体地支持环壕遗址为特殊祭祀场所的意见，而环壕在一定情况下首先是具体礼仪活动格局的塑造者（图1.5）。

　　族群间竞争日趋激烈会促成环壕的军事防御能力提升，从整体上看，不仅是环壕断面尺寸扩大，而且是圈围范围增加和拥有环壕的遗址总体规模的扩张是一种趋势（表1.2）。长江中游的澧县城头山遗址，在时间上前后相继的汤家岗期、大溪期、油子岭-屈家岭中期的圈围面积分别为2万平方米（壕内）、5万~6万平方米（垣内）、8.7万（垣内）平方米[24]；海岱地区的五莲丹土遗址，在时间上前后相继的大汶口时期、龙山早期、龙山中期的城址面积分别为9.5万平方米、11万平方米和18万平方米[25]。它们在一定程度上可以作为这种说法的例子。虽然并不尽然，但

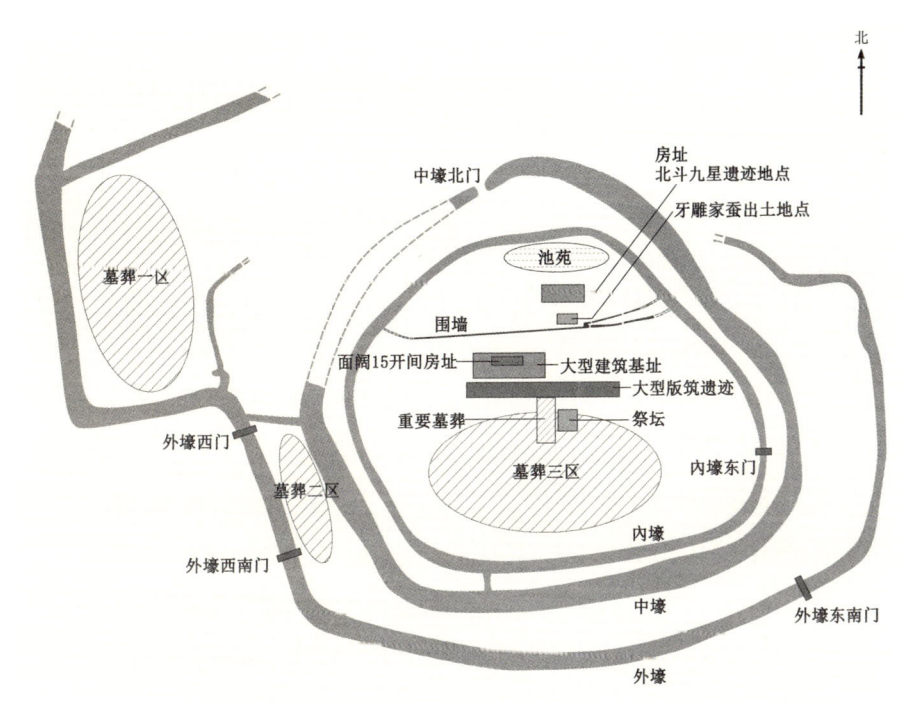

图 1.5　双槐树遗址平面布局示意图（据《河南郑州巩义双槐树古国时代都邑遗址考古获重大发现》改绘）

是圈围范围的增加一定会提供新的功能选择，遗址面积的扩张则会指向此类遗址的功能复杂化和综合化，提升设壕（城）遗址的中心性水平。

表 1.2　新石器时代不同时期环壕（城垣）圈围面积及相应遗址规模的平均值[26]

| 时期 | 环壕（城垣）平均圈围面积（万平方米） | 相应遗址的平均规模（万平方米） |
| --- | --- | --- |
| 前仰韶时代 | 5.35 | 9.13 |
| 仰韶时代早中期 | 7.36 | 17.79 |
| 仰韶时代晚期 | 21.38 | 36.65 |

续表

| 时期 | 环壕（城垣）平均圈围面积（万平方米） | 相应遗址的平均规模（万平方米） |
|---|---|---|
| 龙山时代早期 | 44.88 | 169.86 |
| 龙山时代晚期 | 54.86 | 145.82 |

## 三、城垣的发生与推广

考古资料显示，最早出现的具有大尺度开敞空间界定效能的"墙垣"往往与壕沟的距离相当有限，其高度往往不超过 0.8 米且缺少后期加工。从工程上看，这样的"墙垣"来源于挖掘壕沟的出土，它虽然具有某种阻隔功能，但总体上建造的刻意性和系统性有限。例如，约 8000 年前的澧县八十垱遗址最初建设时只有编号为 G10 的壕沟（残宽 1.2 米，深 0.3～0.8 米）和壕沟开挖堆土形成的编号为 Q1 的"墙垣"（顶宽 4 米，底宽 5 米，高 0.8 米），Q1 紧邻 G10 并在其内侧。G10 淤积以后，开挖编号为 G7 的壕沟（口宽 4.7 米，深 1.3 米），清理 G7 的淤土使得 Q1 变宽。后来洪水造成 G7 淤积，并使遗址外侧的淤积和"墙体"高度基本持平，于是在 G7 外侧 3 米处修建了编号为 G8 的壕沟（口宽 5.6 米，深 1.7 米），并不再堆筑"墙体"[27]。在已有利用环壕出土形成"墙垣"的做法为先导的情况下，在壕沟变宽变深出土量更大时，不再用出土堆出"墙体"的做法，明确地显示先前的"墙垣"的形成具有一定的被动性，并且"墙体"的设置者并不企望用其来替代壕沟（图 1.6）。

如果考虑到在一些尺寸可观的环壕边上稍加整饬的堆土也不存在，以及上述八十垱遗址上的考古迹象，或可认为在环壕出现

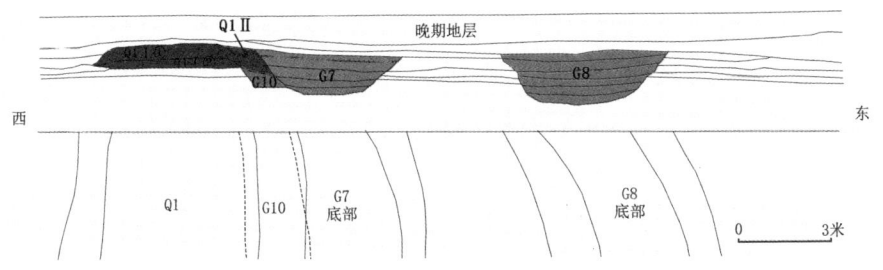

图1.6 八十垱遗址A区"墙垣"、壕沟平、剖面图（据《彭头山与八十垱》改绘）

后的一定时间里，与大空间对应的墙垣并不参与环壕遗址规格和防御能力的确定。甚至在一些场合，发掘壕沟的出土被视作某种累赘。

但这种一开始人们并不热衷的东西的价值应该很快就获得了认可。在我们看来，在没有明确的修整加工迹象作为印证的情况下，考虑到古人的身高和堆土操作时的行为特征，高度超过0.8米的堆土或有条件表明其建造的刻意性。这种刻意营造的堆土在长江流域最早见于城头山遗址大溪文化时期（距今约6300~5600年）。城头山遗址一期墙垣的残高约1.6~2.5米，底宽6.2~11米。进入油子岭文化时期（距今5600~5100年）以后，城头山遗址三期墙垣残高达到4.8米，墙底宽达到28米[28]。这两期墙垣都高于0.8米，且应能够满足在其上巡兵的要求，应该已经可以和后世的"城"画上等号[29]。

黄河流域最早见到的刻意经营的墙垣应该出现在半坡遗址上，在距今6000年左右，半坡遗址大围沟的北部外侧口沿处，发现了呈带状分布的宽度5米、高度1米左右的灰褐色硬土堆积[30]。黄河中游地区现知的早期更具防御刻意性的墙垣似乎出现在郑州西山遗址北侧。西山遗址上的墙垣残高为1.75~2.5米，宽度在

第一章　017

3～5米之间[31]，由于这样的尺寸需要相当的技术支持，将其视作中原地区城垣的先导应是合理的（图1.7）。

西山遗址墙垣的建造和使用时间距今约5300～4800年，晚于长江中游地区的城头山遗址。在我们看来，墙垣出现早晚的地区差异与土壤质地的差异密切相关。长江中游地区首先出现这种墙垣的地方土质以黏土、壤土为主，而黄河中游地区首先出现类似墙垣的地方则以砂土、粉土为主。砂土、粉土遇水容易流失，而黏土和壤土较不容易流失，甚至雨水对于黏土还有一定的压实作用。也就是说，在黄河中游地区建造墙垣需要更多的技术支持，而在长江流域只需堆叠就成，因此墙垣首先出现在了长江中游地区是可以理解的。夯土技术的出现为黄河中游地区修建坚固墙垣提供了条件，人们对城垣防御价值的关注和夯筑技术的发展，促进了北方地区城垣的建设。

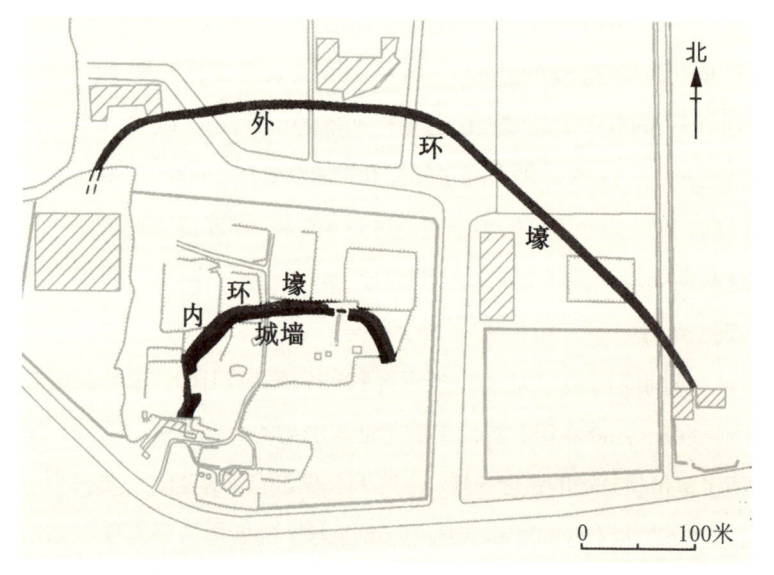

图1.7　西山遗址环壕与城垣平面图（据《先秦城邑考古》改绘）

湖北天门谭家岭－石家河城址的变迁过程，或可作为城垣逐渐成为地段独立设置的例子。谭家岭城址[32]始建于油子岭文化晚期，东、西、北三面为环壕，南面临河，城壕紧贴城垣设置。从遗址文化层的堆积情况看，环壕和城垣曾并行使用，但在屈家岭文化（距今约5100～4500年）早期，城垣被废弃。城垣废弃后，环壕还继续使用了一段时间，这种现象似乎表明此时环壕在空间界定和等级区分上起主要作用。随着不晚于屈家岭文化晚期的石家河城址的修建，谭家岭城址废弃，新修的石家河城址的南部城垣并非紧邻环壕，南环壕直接利用自然河道[33]，城垣距离环壕最近处达180米。环壕与城垣长距离间隔表明了城垣已经与被动的壕沟出土划清了界线，而成为完全独立的设置（图1.8）。

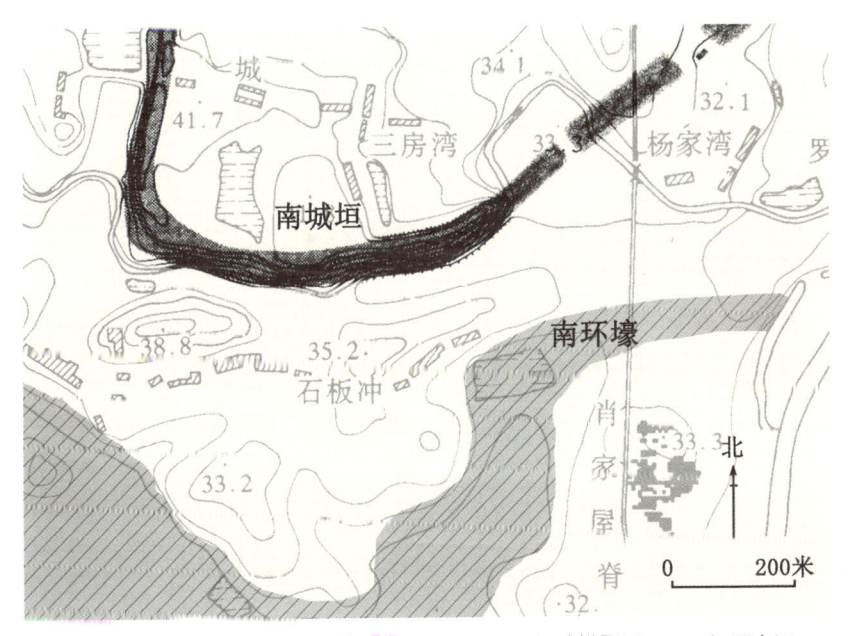

图1.8 石家河城址南城垣与南环壕的位置关系（据《肖家屋脊：天门石家河考古发掘报告之一》改绘）

新石器时代设壕（城）遗址上，环壕与城垣之间往往容有可以通行的空间，或者可以认为，独立设置的城垣可以作为空间区隔和礼仪行为格局塑造的工具，因此，在计算遗址上圈围层数时，它应是不可遗漏的对象。

现知的早期实例表明，早期的壕、城的圈围均以由西南而东北的明堂动线塑造以及明堂祭祀的规格确定为目的，其平面确定与规则矩形无关。规则矩形平面城池的使用，是在仰韶文化时期以后才逐渐展开的事情。

从物理特性看，城垣的兴起与不同族群间资源争夺日益激烈相关。在投掷型武器以及箭弩更多使用的情况下，城垣逐渐取代环壕成为地段防御甚至是等级确定的主导是自然的。

大汶口文化焦家城址的城垣与环壕的关系，可以看作环壕成为城垣修建附属品的早期实例。焦家城址的始建年代在距今5000年左右，其夯土墙顶部残宽6.8米，底部残宽11.6米，残高0.3～0.6米，壕沟现存宽25～30米[34]。这似乎是黄河流域现知最早的系统性城垣设置，对城址南部的解剖表明，环壕位于夯土墙外侧[35]。夯土墙底部与环壕最低点之间的高差不足1米，且环壕断面外浅里深，逐渐斜向城垣，并不强调环壕自身的阻隔作用。这些迹象表明，这里的环壕是修建城墙时就近取土所致的附属品（图1.9）。

较之于环壕，城垣有更强的视觉明晰性，因而城垣的使用更

图1.9　焦家城址环壕剖面图（据《济南市章丘区焦家新石器时代遗址》改绘）

能够强化其所圈围地段的中心价值。从这个角度看，城垣取代环壕成为地段等级的主导标识物也是大势所趋。

与环壕一样，放弃一定的防御能力是示弱并降低城垣等级的做法。焦家城址应是目前见到的最早在城垣主导的系统中采用"轩城"做法的实例。从发掘情况看，焦家城址沿环壕设有系统的夯土墙，夯土墙可以分成主、次两个部分，主体城垣的东北部存在宽达 80 米的缺口，这样的宽度造成了明确的防御缺失，故其应为"轩城"。为了弥补防御能力的缺失，在东北隅缺口以北约 80 米处修建了次要的壕沟和城垣，主次结合，形成了特殊的防御系统。

焦家城址之后，各地出现了多个采用"轩城"做法的城池：湖北天门石家河城址缺失城垣东北部和东南部，浙江余杭良渚古城在城垣东南部形成连续缺口且四面城墙仅南城墙外不设城河[36]，陕西神木石峁城址缺失城垣西南部[37]，山西襄汾陶寺遗址中期大城缺失西南城垣[38]。与焦家城址类似，这些城址也采用了相应措施来弥补"轩城"做法造成的防御缺失。例如，石家河城址东北部缺口的外围修筑了京山坡墙体和毛家岭墙体，良渚古城的南部安排了人工堆筑的卞家山居住基址[39]，石峁城址的西南部为城区地势最低处，而陶寺遗址中期大城则依托宽阔的宋村沟提升防御能力（图 1.10A、图 1.10B）。

现知"轩城"的实例中，多有圈围面积巨大者，石家河古城的城址面积已经在 100 万平方米以上，石峁古城、良渚古城、陶寺大城面积均大于 200 万平方米。似乎"轩城"做法在一定条件下是用以平衡城池规模超常的技术手段。另外，"轩城"的城垣缺失位置大多在城池南面，似乎往往与确定城池祭祀等级的西南隅相关。这样，城垣缺失位置的确定很可能是进行城池祭祀等级

a. 焦家城址平面图

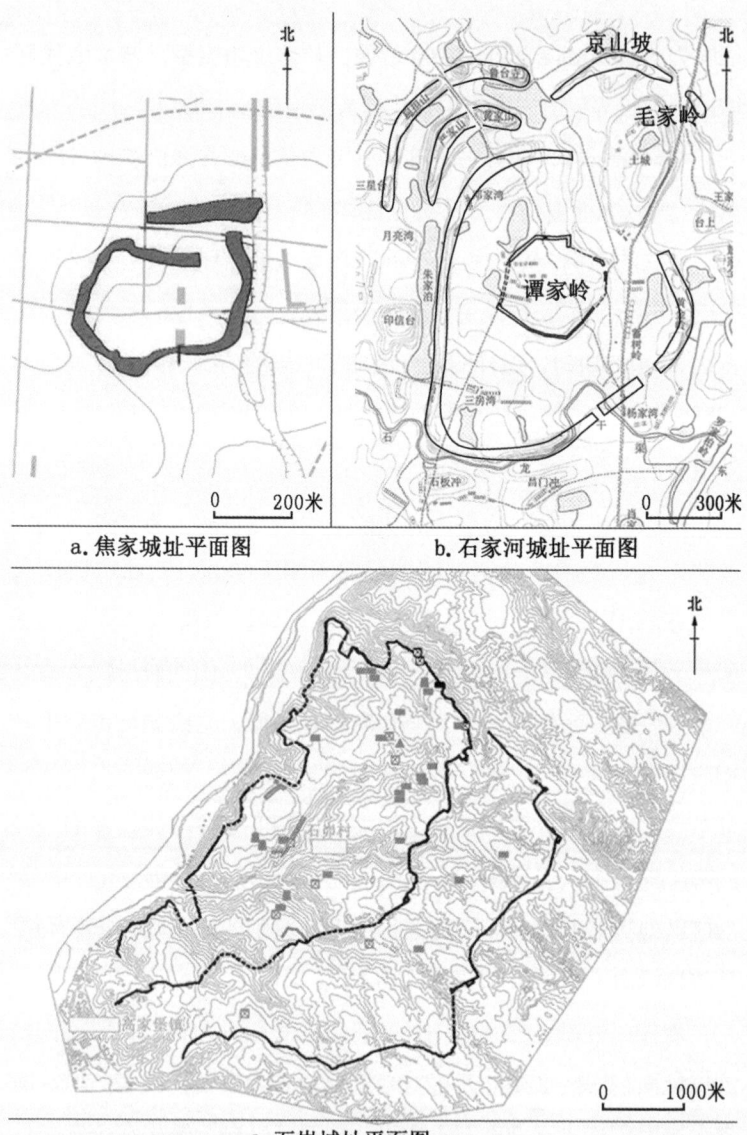

b. 石家河城址平面图

c. 石峁城址平面图

图 1.10A 采用"轩城"做法的城址实例（据《济南市章丘区焦家新石器时代遗址》《湖北天门石家河谭家岭城址 2015—2016 年发掘简报》《2006—2013 年良渚古城考古的主要收获》《陕西神木县石峁遗址》《陶寺城址的布局与规划初步研究》改绘）

d. 良渚古城平面图

e. 陶寺遗址中期大城平面图

图 1.10B 采用"轩城"做法的城址实例（据《济南市章丘区焦家新石器时代遗址》《湖北天门石家河谭家岭城址 2015—2016 年发掘简报》《2006—2013 年良渚古城考古的主要收获》《陕西神木县石峁遗址》《陶寺城址的布局与规划初步研究》改绘）

调适的办法。

值得注意的是，大汶口文化焦家城址同时拥有环壕和城垣，且其城垣已经取代了环壕成为遗址空间界定和等级区分的主要标志物。可晚于焦家城址数百年的同属于大汶口文化的尉迟寺遗址，却只用环壕进行地段圈围。这种情况表明在城垣出现后的相当长的时间里，环壕仍然是具有独立价值的存在。

## 注　释

[1] 本书所称"环壕""墙垣""城垣""壕垣"等，均指用于大范围空间组织的圈围设施，不包括诸如房屋四周墙垣之类的用于小范围的围护设施。
[2] 河北省文物研究所：《河北省迁西县东寨遗址发掘简报》，《文物春秋》1992年。
[3] 当时东亚大陆腹地人类的身高普遍在1.5～1.7米。而当时的武器主要包括近距离作战的棍棒类武器和远距离作战的投掷类、弓矢类武器。结合人的跑跳等因素，我们认为只有壕沟深度超过1.5米，宽度超过2.5米，才具有一定的军事价值。
[4] 内蒙古自治区文物考古研究所：《白音长汗：新石器时代遗址发掘报告》，北京：科学出版社，2004年，第41页。
[5] 陈晓华：《新石器时代中期聚落环壕功能辨析》，《湖南考古辑刊》2014年。
[6] 司马迁：《史记》（第四册），北京：中华书局，1959年，第1401页。
[7] 十三经注疏整理委员会：《春秋左传正义（十三经注疏）》，北京：北京大学出版社，2000年，第291页。
[8] 孙星衍撰，陈抗、盛冬铃点校：《尚书今古文注疏》（全二册），北京：中华书局，1986年，第9页。
[9] 司马迁：《史记》（第四册），北京：中华书局，1959年，第120页。
[10] 十三经注疏整理委员会：《春秋左传正义（十三经注疏）》，北京：北京大学出版社，2000年，第755页。

[11] 王鲁民:《营国:东汉以前华夏聚落景观规制与秩序》,上海:同济大学出版社,2017年,第16～83页。

[12] 山东省文物考古研究所、章丘市博物馆:《山东章丘市小荆山后李文化环壕聚落勘探报告》,《华夏考古》2003年第3期。

[13] 浙江省文物考古研究所编著:《上山文化:发现与记述》,北京:文物出版社,2016年,第104～105、184页。

[14] 南京博物院、泗洪县博物馆编著:《顺山集:泗洪县新石器时代遗址考古发掘报告》,北京:科学出版社,2016年,第77页。

[15] 中国国家博物馆、南京博物院、泗洪县博物馆:《江苏泗洪韩井遗址2014年发掘简报》,《东南文化》2018年第1期。

[16] 南京博物院、泗洪县博物馆编著:《顺山集:泗洪县新石器时代遗址考古发掘报告》,北京:科学出版社,2016年,第297页。

[17][18] 唐代的徐彦说:"旧古城无如此者,盖但孔子设法如是,后代之人不能尽用故也。"他认为诸侯城池缺南面的说法只是孔子根据礼仪要求设置的规则,实际上并未得到实行。参见十三经注疏整理委员会:《春秋公羊传注疏(十三经注疏)》,北京:北京大学出版社,2000年,第666页。

[19] 中国社会科学院考古研究所编著:《蒙城尉迟寺——皖北新石器时代聚落遗存的发掘与研究》,北京:科学出版社,2001年,第13页。

[20] 发掘报告描述的缺口宽度为20米,但是依据发掘报告提供的平面图则有40米。从实际交通需求看,20米宽的入口已经可以认为放弃部分防御能力。

[21] 钱耀鹏:《关于半坡聚落及其形态演变的考察》,《考古》1999年第6期。

[22] 王胜昔、王羿:《河南郑州巩义双槐树古国时代都邑遗址考古获重大发现》,《光明日报》2020年5月8日。

[23] 刘安等编著,高诱汪:《淮南子》,上海:上海古籍出版社,1989年,第86页。

[24] 许宏:《先秦城邑考古》,北京:金城出版社、西苑出版社,2017年,第367～369页。

[25] 许宏:《先秦城邑考古》,北京:金城出版社、西苑出版社,2017年,第371页。

[26] 参考许宏:《先秦城邑考古》,北京:金城出版社、西苑出版社,2017年,第365～379页,附表1.5中资料完整的环壕(城垣)规模和相应遗址规模

数据计算。

[27]　湖南省文物考古研究所：《彭头山与八十垱》，北京：科学出版社，2006年，第224～228页。

[28]　湖南省文物考古研究所：《澧县城头山：新石器时代遗址发掘报告》，北京：文物出版社，2007年，第84～163页。

[29]　王鲁民：《营国：东汉以前华夏聚落景观规制与秩序》，上海：同济大学出版社，2017年，第73页。

[30]　钱耀鹏：《半坡聚落与黄河流域夯筑城址的发生》，《文博》2000年第2期。

[31]　国家文物局考古领队培训班：《郑州西山仰韶时代城址的发掘》，《文物》1999年第7期。

[32]　湖北省文物考古研究所、北京大学考古文博学院、天门市博物馆：《湖北天门石家河谭家岭城址2015～2016年发掘简报》，《江汉考古》2017年第5期。

[33]　湖北省文物考古研究所、北京大学考古文博学院、天门市博物馆：《湖北天门市石家河遗址2014～2016年的勘探与发掘》，《考古》2017年第7期。

[34]　山东大学考古学与博物馆学系、济南市章丘区城子崖遗址博物馆：《济南市章丘区焦家新石器时代遗址》，《考古》2018年第7期。

[35]　焦家城址的发掘报告显示，"目前已基本探明壕沟的走向和分布范围。夯土墙目前只对发掘区内的范围进行了解剖，发掘区外的准确范围还有待今后勘探工作的进一步开展"。结合遗址墙垣经过刻意夯筑以及经过系统破坏的实际情况，焦家城址环壕的内侧应基本都存在夯土墙体。

[36]　浙江省文物考古研究所编著：《良渚古城综合研究报告》，北京：文物出版社，2019年，第102、126～130页。

[37]　陕西省考古研究院、榆林市文物考古勘探工作队、神木县文体局：《陕西神木县石峁遗址》，《考古》2013年第7期。

[38]　高江涛：《陶寺遗址聚落形态的初步考察》，《中原文物》2007年第3期。

[39]　刘斌、王宁远等：《2006—2013年良渚古城考古的主要收获》，《东南文化》2014年第2期。

# 第二章

姜寨、半坡、鱼化寨环壕遗址的功能、关联与相关空间组织

## 一、姜寨、半坡、鱼化寨环壕遗址的功能及相互关联

公元前4500年前后，在泾河与渭河交汇处的渭河以南，与西周丰镐二京、西汉长安城和今西安市区相关的有限范围内，先后出现了主体遗存属于仰韶文化半坡类型[1]的西安半坡、临潼姜寨、西安鱼化寨3处环壕遗址[2]。目前已经发现包含半坡类型遗存的遗址约305处，其中仅有半坡、姜寨、鱼化寨、铜川瓦窑沟[3]、旬邑崔家河西村[4]、合阳吴家营[5]、秦安大地湾[6]、商洛紫荆[7]等8处在相应时期含有环壕[8]。从空间上看，其他环壕遗址均相距较远，只有半坡、姜寨和鱼化寨等环壕遗址近距离相邻地成组出现（图2.1）。特殊地段的集中出现，使得这3处遗址的确切性质和相互关系成为需要进一步讨论的问题。

姜寨、半坡和鱼化寨遗址均处在秦岭与渭河之间的平坦地段。姜寨遗址位于临河东岸山缘地段，正当秦岭与渭河相夹之孔道处。遗址西南部不存，现存遗址面积约5万平方米，含一道环壕，环壕上口宽1.5～3.2米，深1～2.04米，现存壕沟环绕面积约2万平方米。半坡遗址坐落于姜寨遗址西南空间开阔处的浐河东岸，接近浐河和灞河交汇处。遗址的西部和西南部不存，现存遗址面积约5万平方米，含两道环壕。内壕上口宽1.4～2.9米，深1.5～1.8米，现存内壕环绕面积约0.31万平方米。外壕上口宽6～8米，

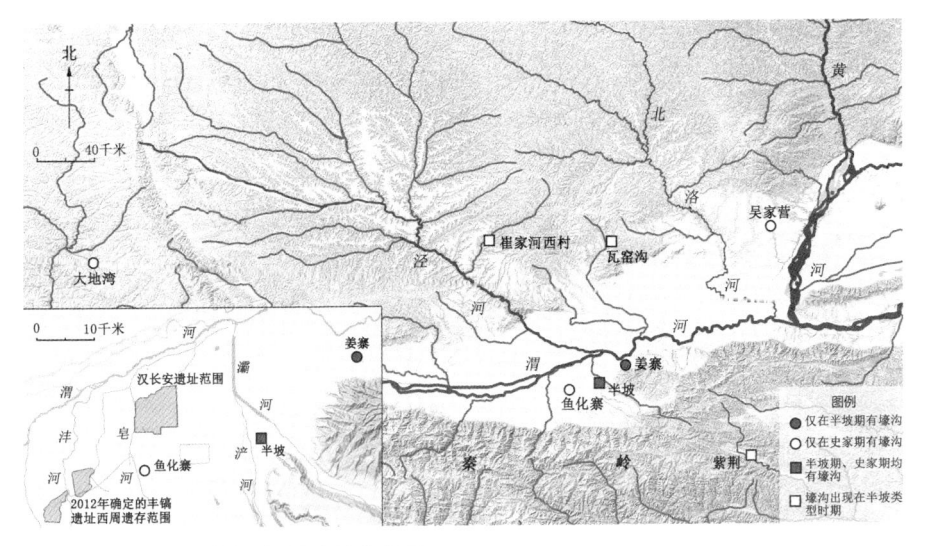

图 2.1 半坡类型环壕遗址分布图

深 5～6 米，现存外壕环绕面积约 2 万平方米。鱼化寨遗址又在半坡遗址西南，占据所处开阔地的中央，位于皂河西岸。遗址的东北部不存，现存遗址面积约 7.5 万平方米，先后建有两道环壕，两壕间相距仅 30 米。内壕上口宽 10～12 米，深 4～4.8 米，环绕面积约 1.3 万平方米。外壕上口宽 12～15 米，深 3.5～4.5 米，复原环绕面积约 3 万平方米。这三处遗址主体遗存均属半坡类型，但在半坡类型前段的半坡期（约公元前 4500～公元前 4100 年）和后段的史家期（约公元前 4100～公元前 3900 年），遗址上环壕的存在却有差别。姜寨遗址的环壕仅存在于半坡期；半坡遗址在半坡期包含内外两圈环壕，而在史家期则仅有外壕[9]；鱼化寨遗址的环壕修建于半坡期的最晚阶段，主要使用于史家期，并且先建造内壕，外壕的建造和使用时间可能略晚，外壕建造时内壕已经废弃[10]（图 2.2）[11]。

a. 半坡遗址半坡期的房址与环壕

b. 半坡遗址史家期的房址与环壕

c. 姜寨遗址半坡期的房址与环壕

d. 鱼化寨遗址史家期的房址与环壕

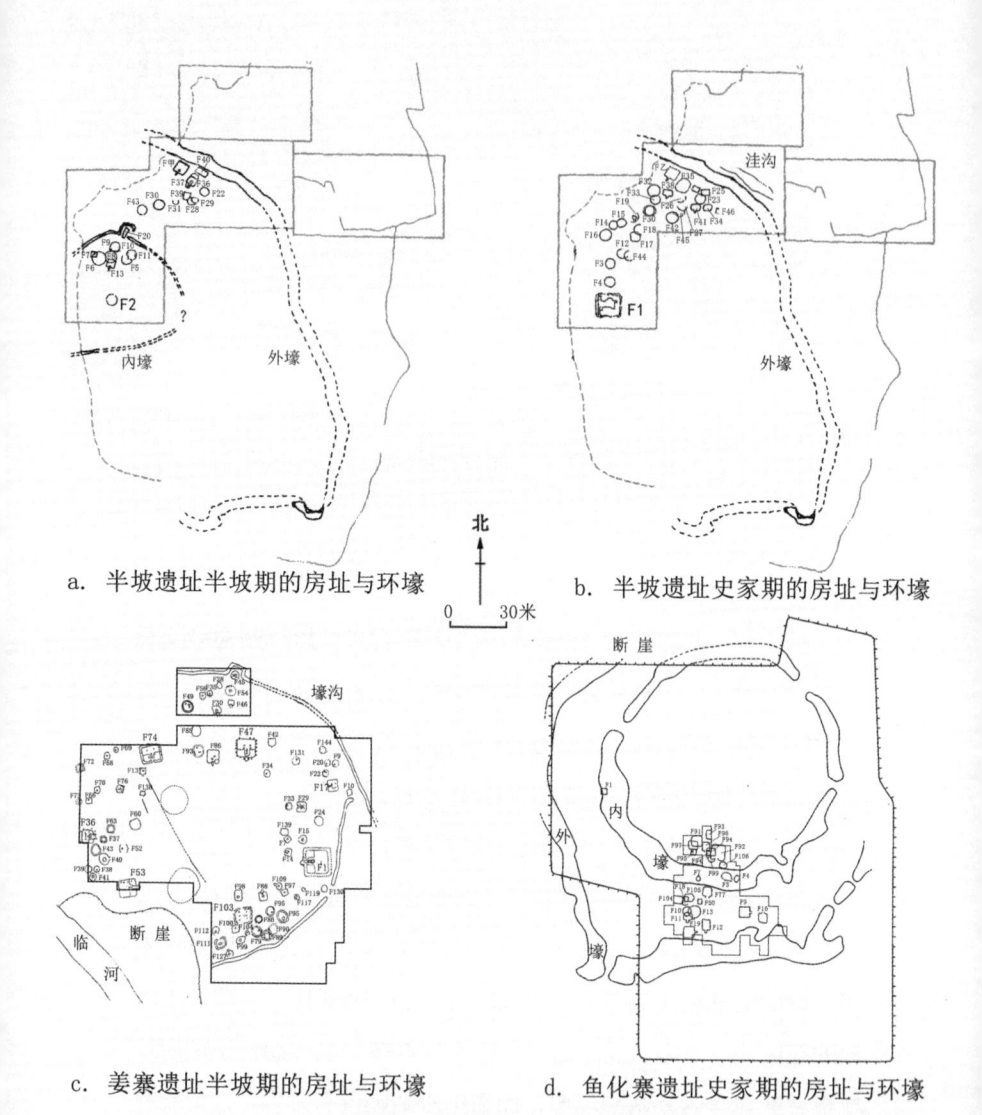

图 2.2 姜寨、半坡、鱼化寨遗址不同时期房址与环壕平面图（据《关于半坡聚落及其形态演变的考察》《西安半坡：原始氏族公社聚落遗址》《姜寨：新石器时代遗址发掘报告》《西安鱼化寨》改绘）

可能是因为与同期遗址相比这三处遗址的面积十分有限且出土有大量生产工具,现在一般把半坡、姜寨、鱼化寨遗址都判定为村落或小型聚落群的中心聚落。可是,除了环壕,在这三处遗址上还出现了同时期、同文化其他遗址中较少见到的特殊遗存。例如:1. 现在仅见的仰韶文化前期的两片黄铜,一片见于姜寨遗址,一片见于半坡遗址[12];2. 在姜寨遗址半坡期和半坡遗址史家期,看到了现知的这一时期最大的两处建筑基址,姜寨 F1 的面积为 128 平方米,半坡 F1 的面积达到 160 平方米;3. 在鱼化寨遗址史家期的地层(T0719③)发现了十分稀见的具有权力象征意义的通体磨光的碧绿色玉斧。在我们看来,这些特殊的遗存应该相当有力地表明这三个遗址并不是一般的聚落,而且支持环壕遗址是高等级祭祀中心的判断。

仰韶文化因使用加以彩绘的陶制容器又称彩陶文化,可是实际上,并不是所有的仰韶文化遗址上都见有彩陶,并且,在那些含有彩陶的仰韶文化遗址上,通常彩陶在所有陶器中的占比也不高[13]。特殊纹饰或需要特殊技艺才能完成的图案,提示彩陶与礼仪活动相关,那些具有特殊图案的则更不一般[14]。在早期社会中,祭祀为日常性的礼仪活动,在那些不含彩陶的遗址上,当时也应有某种形式的礼仪活动,所以,一定水平上稀缺的彩陶表明了较高级或较正式的祭祀和礼仪活动的存在。如果更进一步,似可认为在含有彩陶的遗址中,一旦某一遗址或遗址的某一时期的遗物中,彩陶出现的概率较高,应表明该遗址或遗址在该时期与更多的高等级礼仪活动相关。或者说,在礼仪用器和日用器均为陶器的情况下,遗址上彩陶遗存的有无以及彩陶在陶器遗存中的占比高低,是判断遗址祭祀或者礼仪地位高低的重要指标。

因为现有的多数考古发掘报告一般不提供相应的数据，所以通常无法进行不同遗址间彩陶出现概率的数据比较，幸运的是，鱼化寨遗址的发掘报告提供了已发掘范围内陶器遗存的总量及彩陶遗存的数目。按照发掘报告，鱼化寨已发掘的半坡期的房址、灰坑、瓮棺墓、土坑墓等遗迹单位内出土的2451件陶器遗存中，共有彩陶44件，其中绘有特殊图案的6件，分别占比1.80%和0.24%。而在史家期同样的遗迹单位内出土的1679件陶器遗存中，共有彩陶243件，其中绘有特殊图案的36件，分别占比14.47%和2.14%。虽然有可能因为技术的进步和社会的变化，时间越晚，彩陶的使用范围越大，但前后相继的时间里，彩陶及绘有特殊图案的陶器占比8倍以上的增长，仍然有条件表明环壕确与更多的高等级或正式的祭祀或礼仪活动相关。

通常，方形平面的房屋能够更好地和方位对应，中国传统的礼仪活动特别注重方位关系，因而方形平面的房屋具有较强的礼仪适用性。在鱼化寨遗址已发掘区，半坡期共发现方形房址38座、圆形房址33座，史家期壕沟废弃前共发现方形房址19座、圆形房址3座。设壕以后方形房址的占比显著提升，也应表明设壕意味着地段的祭祀地位的提升。

遗址上装饰品数量的多少也应该是了解相应人群社会地位高低的重要指标。一般说来，遗址上发现的装饰品越多，表明相应人群的社会地位越高，反之则越低。鱼化寨遗址典型探方剖面显示的半坡期堆积厚度为1.2~2.2米，在房址、灰坑、瓮棺墓、土坑墓等遗迹单位内可见8件装饰品遗存，典型探方剖面显示的史家期堆积厚度0.5~0.85米，同样的遗迹单位内出土的装饰品数量达到10件。堆积厚度在一定程度上反映了延续时间的长短，鱼化寨遗址史家期堆积厚度为半坡期的一半左右，而装饰品数量却明显增多的情况，也应该表明有环壕遗址对应人群的社会地位较高，这当然也支持环壕与较高等级礼仪活动对应的看法。

在半坡类型彩陶钵或盆口沿的彩绘宽带上有时可以看到刻画符号。史前的绝大多数陶器刻符是家庭、氏族、宗族或其分支的标记和象征[15]，具有"统诸公共事务"[16]的作用。因为在大多数含有彩陶的遗址上看不到刻画符号，这可以理解为一般的祭祀活动并不需要向神灵说明献祭者的身份。从理论上讲，在两种情况下需要刻画符号出现：一是参与的族群较多，二是有特殊的人群参加。也就是说，刻画符号的存在意味着在遗址上举行的礼仪活动，或是更具公共性，或是非同一般。注意到含有环壕的大地湾遗址第二期、没有出现环壕的北首岭遗址的刻画符号数量差别不大，甚至含有环壕的紫荆遗址和崔家河西村遗址仅分别发现了2种和1种刻画符号，少于某些不含壕沟的遗址。在没有新的发现的情况下，似乎可以认为壕沟主要表示遗址等级的提升，而刻画符号则更多地与公共性水平相关。即遗址上出现的刻画符号的种类越多，表明这个遗址对应族群个数越多。目前，共发现15处含有刻画符号遗存的半坡类型遗址[17]，半坡遗址和姜寨遗址均包含在内，并且半坡遗址[18]和姜寨遗址半坡期所含的刻画符号种类显著多于其他遗址（表2.1）。这些也在一定程度上支持坏壕与高等级祭祀相关的看法。

鱼化寨遗址仅在环壕内的堆积和环壕主要存在的第③层下的一处灰坑中（H134）各发现一个带有刻画符号的陶片，也许这是遗址揭露面积较小且揭露范围位于遗址边缘所致。考虑到鱼化寨遗址上环壕的存在，有理由期望在这里将有更多的刻画符号被发现。

表 2.1 半坡类型时期各遗址所见刻画符号统计表

| 遗址名称 | 遗址规模（万平方米） | 刻画符号种类（种）、时期 |
|---|---|---|
| 临潼姜寨 | 5 | 33（半坡期）、12（史家期） |
| 西安半坡 | 5 | 25（未详细分期） |
| 西安鱼化寨 | 7.5 | 2（未详细分期） |
| 秦安大地湾（第二期） | 2 | 13（史家期） |
| 宝鸡北首岭 | 6 | 11（未详细分期） |
| 铜川李家沟 | 30 | 8（未详细分期） |
| 秦安王家阴洼 | 不详 | 5（史家期） |
| 临潼垣头（原头） | 3 | 4（半坡类型时期） |
| 华县元君庙 | 15 | 2（半坡类型时期） |
| 商洛紫荆 | 10 | 2（半坡类型时期） |
| 陇县原子头 | 30 | 2（半坡类型时期） |
| 临潼零口村 | 5 | 2（未详细分期） |
| 铜川吕家崖 | 3 | 1（史家期） |
| 旬邑崔家河西村 | 2.9 | 1（半坡类型时期） |
| 蓝田沙河 | 2 | 不详（半坡类型时期） |

大体上看，遗址出土物的情况系统地支持环壕意味着高等级的礼仪活动或祭祀活动存在的看法。半坡、姜寨、鱼化寨这些环壕遗址都应当是具有一定辐射能力的礼仪中心或祭祀中心。

比较姜寨、半坡和鱼化寨三处遗址的环壕上口的宽度，可以看到，姜寨遗址环壕的宽度和半坡遗址内壕的宽度大致相同，而约为半坡遗址外壕宽度的一半，半坡遗址外壕的宽度则约为鱼化寨遗址环壕宽度的一半。遗址重要设施尺寸间的比例性差异，似乎暗示它们之间存在着某种预设的关系。从具体的坐落看，鱼化寨遗址位于最西侧，其东略偏北 18 千米为半坡遗址，而半坡遗址东偏北约 18 千米处为姜寨遗址，遗址方位上的"西南－东北"的呼应及等距关系更为明确地要求将它们作为"对子"来考虑。

由于在半坡类型前段的半坡期，姜寨和半坡同为环壕遗址，在半坡类型后段的史家期，半坡和鱼化寨同为环壕遗址，如果它们之间存在着某种预设的关系，那么这三个遗址实际上可以分为两对。这里，按照时间先后先讨论姜寨环壕遗址和半坡环壕遗址间的关系。

一般来说，文化相同、同时存在且近距离相邻的同类遗址，其组织结构应该差别不大，但实际上除了环壕尺寸上的差别，半坡与姜寨环壕遗址在建筑组织上的差异也十分突出。半坡遗址环壕内的发掘情况并不充分，但从现知的材料看，其具体构成或与在文化和时间上有关的属于仰韶文化圈的准格尔旗阳湾遗址、秦安大地湾遗址第二期等环壕遗址相似，遗址上仅有一条由"大房子"[19]与广场及其他建筑配合形成的由西南而东北的主导动线[20]（图 2.3）。姜寨遗址的情况则十分不同，它以空地作为中心，空地由一系列以"大房子"为统领的建筑组合环绕，形成中央广场主导的格局。这里的每个建筑组合都通过"大房子"的尺寸、形状、室内柱的安排和与广场之间关系的差异强调着各自的不同[21]。若以姜寨一期（半坡期）房址内部土床、灶坑、活动空间等情况为据，姜寨一期的居住人口仅在 75～150 人之间[22]，每个建筑组合的平均人口十分有限。在土地不受太多约束的情况下，把这些强调各自不同，很难保持独立的小型单位硬拼在一起的做法，应是探讨姜寨环壕遗址性质及其与半坡环壕遗址关系的重要切入点。

a. 准格尔旗阳湾遗址　　b. 秦安大地湾遗址第二期

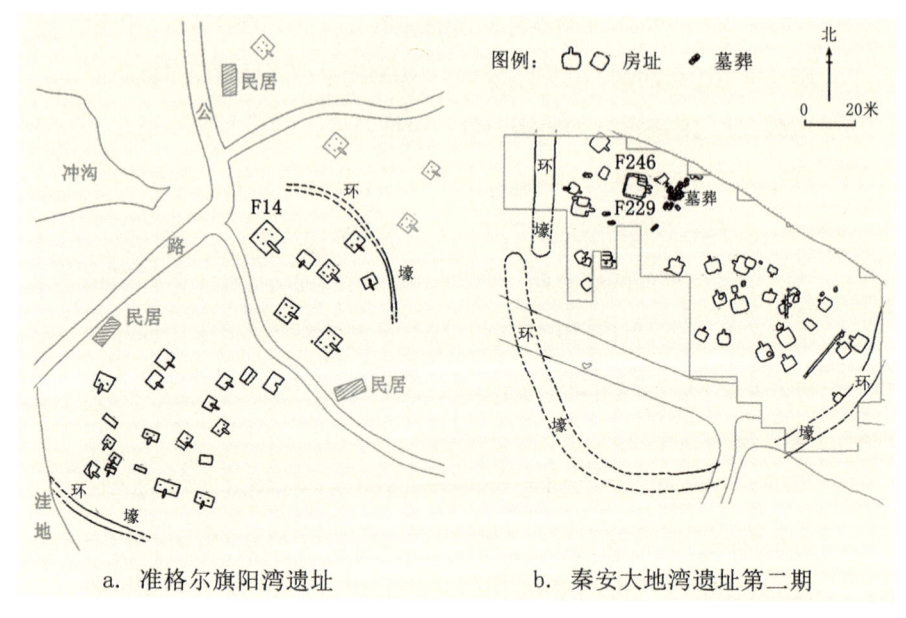

图 2.3　准格尔旗阳湾遗址和秦安大地湾遗址第二期平面图（据《内蒙古准格尔旗阳湾遗址发掘简报》《秦安大地湾：新石器时代遗址发掘报告》改绘）

历史地看，"大房子"是后世高等级的综合性祭祀、礼仪建筑"明堂"的前身[23]，甚至可以认为，一定规格的"大房子"的实际功能与后世的"明堂"相当。按照古代的礼制，如果"明堂"坐北朝南的话，礼仪活动要沿"从西南而东北"的路线展开。若"大房子"门向不定，"从西南而东北"的路线则可以归结为从"大房子"的右前方向趋向"大房子"。以从右前方趋向"大房子"的线路的存在为依据，半坡期姜寨遗址上的建筑似乎可以分成 8 个应对一定祭祀、礼仪要求的建筑群[24]。除了编号为 F53 的"大房子"及其周边因毁坏严重难知详细情况，姜寨遗址半坡期绘有特殊纹样的彩陶标本大多出土于"大房子"附近及其右前方。特殊彩陶碎片出土情况与"大房子"个数结合，明确地支持姜寨遗址半坡期存有 8 个礼仪活动单元的看法（图 2.4）。这样，与半坡环壕遗址相对照，可以认为，姜寨环壕遗址是要同时应对多个分别实行的高等级祭祀、礼仪活动的场所，而半坡环壕遗址则应该只需应对一组祭祀、礼仪活动。

姜寨遗址半坡期共发现刻画符号 33 种，半坡遗址上则共发

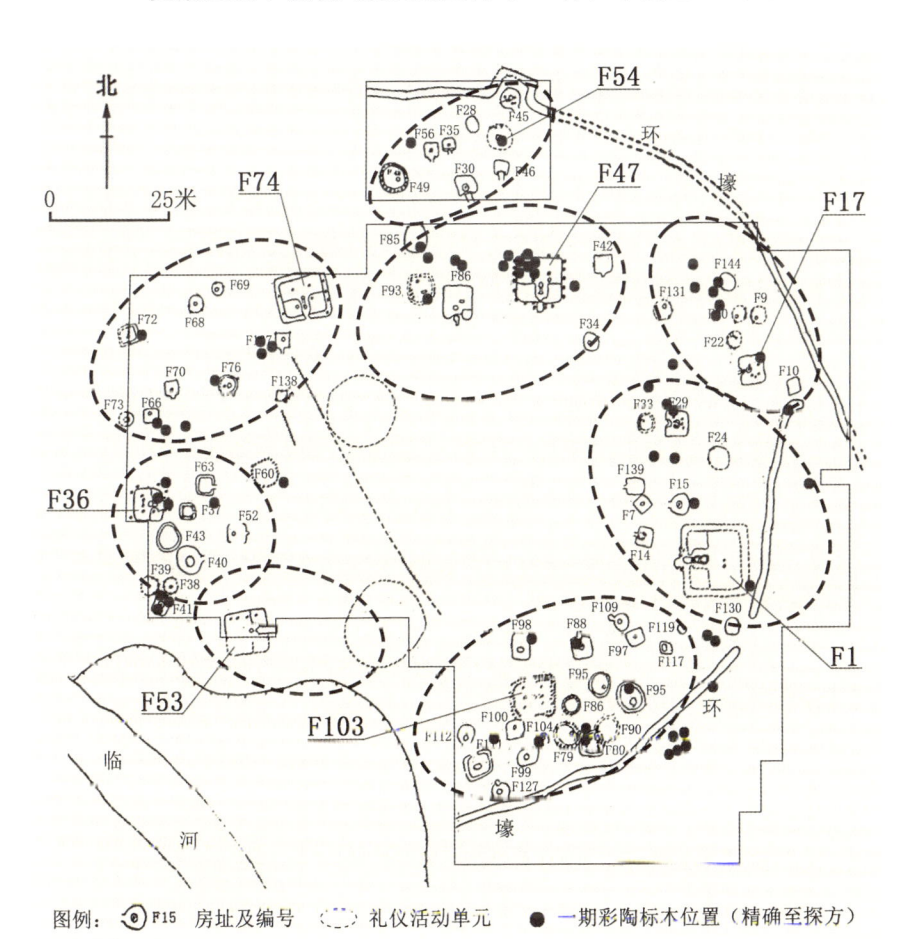

图 2.4　姜寨遗址半坡期礼仪活动单元划分及彩陶标本的分布（底图采自《姜寨：新石器时代遗址发掘报告》）

现刻画符号 25 种,其中,两处遗址共有的刻画符号为 10 种,仅姜寨遗址才有的为 23 种,仅半坡遗址才有的为 15 种。如果遗址上的刻画符号意味着在此参与礼仪活动的族群存在,那么刻画符号的存在方式提示半坡和姜寨环壕遗址上祭祀活动的针对人群有一定的重合,且姜寨环壕遗址较半坡环壕遗址服务的族群更多。

大地湾乙址(注:大地湾遗址分甲址、乙址)、二里头遗址上的宫城和偃师商城宫城的布局表明,在西周以前相当长的时间里,宗庙和明堂这两种礼仪建筑在祭祀活动中占据着关键的地位。一般地说,宗庙是用于祭祀与一定族群的主导者有特定关系的祖宗的场所;明堂则不仅用于礼敬天地、授时昭历,而且还用于祭祀一定族群所有的具有一定资格的先人[25]。或者说,明堂是更具公共性的礼仪设施。在一系列早期遗址上,宗庙和明堂不仅同时出现,而且它们必定是一个在西南,一个在东北[26]。如果把这与一个在东北、一个在西南的姜寨环壕遗址和半坡环壕遗址联系起来,又因为姜寨遗址与半坡遗址的公共性差异,可以认为它们一个是面向更多族群祭祀或礼仪需求的地段,一个是针对统治集团的祭祀或礼仪需求的地段。

这里有必要提醒的是,造成半坡遗址上所见刻画符号并不显著少于姜寨遗址的情况的原因,一个可能是统治集团的内部组织并不是一成不变的,一个则可能是统治集团内部的群体划分密度较高。

到了半坡类型后段的史家期,姜寨遗址的环壕和半坡遗址的内壕被放弃,鱼化寨遗址兴起并设置了环壕。鱼化寨遗址的揭示尚不充分,不过按照翟霖林的复原,在环壕存在时,其组织和半坡期的姜寨遗址大致相同,为多个建筑群环绕中央广场的格局(图

2.5）。此时，半坡遗址虽然放弃了内壕，但遗址的组织格局并没有发生改变（见图2.2）。在这种情况下，基于上述改变在时间上的耦合，有条件认为鱼化寨环壕遗址是姜寨环壕遗址的替代者。如果这样，那么在当时，这种由两个遗址构成的、在内容上类似于后世宫城的礼仪场所的组合，对于半坡类型的人群来说不仅是必要的，而且是唯一的。

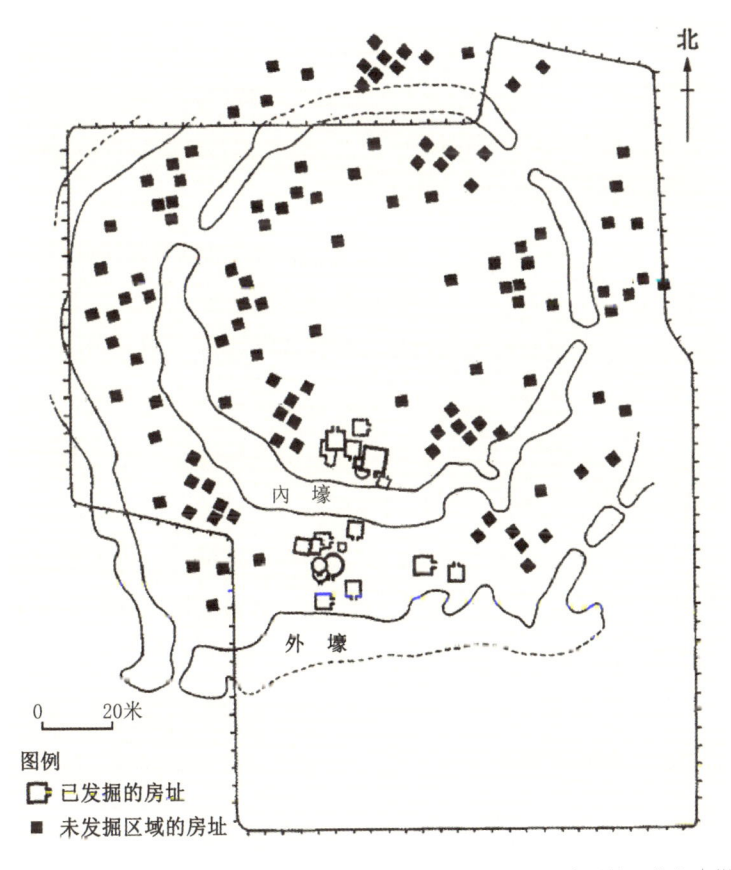

图2.5 鱼化寨遗址史家期聚落复原示意图（《西安鱼化寨遗址的聚落考古学研究》）

从具体的建造历程看，鱼化寨环壕遗址对姜寨环壕遗址的替代过程是渐进的。在半坡期的最晚阶段鱼化寨遗址出现内壕时，姜寨遗址的环壕还未被完全废弃，此时鱼化寨遗址内壕围绕面积与姜寨遗址的内壕面积之和约为 3 万平方米，或者二者共同满足当时相应人群的特定祭祀需求。进入史家期后，姜寨遗址的环壕完全被放弃，此时鱼化寨遗址则放弃内壕并建设围绕面积约为 3 万平方米的外壕，独力满足相应人群的特定祭祀需求。渐进式替代过程中保持此类祭祀场所用地总量大致相等，似乎不仅显示出对特定的祭祀场所的空间要求是确定的，更重要的是，这也表明保持涉及更多族群的祭祀场所与针对统治集团成员的祭祀场所之间的某种秩序上的平衡是必要的。

半坡类型的遗址主要沿河流展开，在当时河流是重要的交通通道。在半坡期，姜寨环壕遗址既更靠近这一地区主要河流渭河与泾河及北洛河的合流点，又坐落于渭河与秦岭所成孔道上，地位特别显赫；到了史家期，姜寨遗址的替代者鱼化寨遗址坐落于半坡遗址西南，这使得与族群主导者更多相关的半坡环壕遗址的位置更靠近渭河与泾河及北洛河的合流点，占据着较为显赫的地位。与此对应，较之姜寨环壕遗址，鱼化寨遗址环壕圈围与本身尺寸有一定扩张，半坡环壕遗址则在放弃两道环壕的格局的同时，在外壕的外侧口沿设置了呈带状分布、突出于地面的灰褐色硬土堆积，这些做法可以在一定程度上抵消半坡遗址由两道环壕变成一道环壕导致的礼仪隆重性和神秘性的降低。另外，半坡遗址用面积大于姜寨遗址最大的"大房子"的 F1 替代面积仅 19.6 平方米且采用圆形平面的 F2，造成了更为突出的极点。这些相互呼应的系统性改变，达致了新的秩序平衡，更为具体地表明了姜寨环壕遗址与半坡环壕遗址、半坡环壕遗址与鱼化寨环壕遗址是两个适应于不同条件的、针对一定人群祭祀活动和秩序建构需求的组合。

与其他环壕遗址相较，姜寨显然是一个特殊的发明，它的出现极大地提升了祭祀中心的形式号召力。由于半坡本身的构成元素已经与常规的环壕遗址对等，所以，这种由两个环壕地段构成的祭祀中心组合应该地位更高，是凌驾于单个环壕地段之上的设置。

虽然单从形态很难判定在这两个前后相继的"对子"中哪个遗址占据优势，但从古人明堂祭祀的出发点在西南，而祭祀对象在东北的设置推想，似乎可以认为，在半坡期，当以更具公共性的姜寨遗址为重，而在史家期，则是与统治核心相关的半坡遗址占据着主导的地位。

## 二、"姜寨－半坡"及"半坡－鱼化寨"环壕遗址组合的地位与半坡类型的权力架构

"姜寨－半坡"及"半坡－鱼化寨"环壕遗址组合作为前后相继的协同性祭祀礼仪单元，存在时期长达数百年。在这个时间里它们的辐射范围如何，是一个值得认真思考的问题。

《史记·留侯世家》记载张良劝刘邦定都长安时说："夫关中左崤函，右陇蜀，沃野千里，南有巴蜀之饶，北有胡苑之利，阻三面而守，独以一面东制诸侯，诸侯安定，河渭漕挽天下，西给京师；诸侯有变，顺流而下，足以委输。此所谓金城千里，天府之国也。"[27] 这里，张良涉及了两个层次的地理单元，即

第一层次的由"崤函""陇蜀""巴蜀之饶"和"胡苑之利"所围扩的地区，第二层次的通过"河渭"的交通便利可以到达的地区。半坡类型的遗址分布于西至甘肃东部，东至陕豫交界，北近鄂尔多斯高原，南达巴山以北的广大区域里，这个范围正是张良所说的第一层次的地理单元。若以河谷为单位，所在区域内各单位之间没有重大地理障碍，容易进行相应空间与族群的整合。《左传·成公四年》云"非我族类，其心必异"[28]，反过来说，文化相同的人群之间就有更多的协同可能。这样，基于地理和文化两方面的理由，或者可以把半坡类型遗址分布区作为一个文化与政治上的关联整体来看待。按照河谷与重要地理界线的条件，并考虑遗址实际分布状况，半坡类型的遗址大致可以分为6个组团。这6个组团分别为秦岭与渭河之间包括半坡、姜寨和鱼化寨及其附近诸遗址的秦岭-渭河组团，渭河组团，泾河组团，嘉陵江上游组团，汉江上游组团，北洛河-黄河河套南段组团。其中，虽然黄河是独立河道，可位于黄河河套南段的遗址大多远离黄河干流而与沿北洛河及其支流河谷展开的遗址关系更为紧密，故将沿黄河河套南段的遗址归入北洛河组团；沿渭河上游支流葫芦河河谷展开的遗址虽然有一定的空间独立性，但遗址数量较少，故依流域将其归入渭河组团（图2.6）。

在上述各组团中，秦岭-渭河组团面积最小，但其周边有十分明确的地理界线与其他组团区隔。这个组团中心区有连续展开的遗址面积5万～8万平方米的遗址，其中包括半坡、姜寨、鱼化寨等环壕遗址和多个发现有刻画符号的遗址；中心区域之外，则是一些面积在0～5万平方米之间的小型遗址；大致处在这些小型遗址之外、部分与之交叉的，则是一系列面积大于8万平方

图 2.6 半坡类型区域组团划分示意图

米的遗址。整个格局呈现为十分明确的中心-边缘结构。在东部与不同文化类型交接的方向上，有一系列较大遗址的存在，呈现某种防御倾向，进一步肯定了秦岭-渭河组团的独立性。在空间位置上，秦岭-渭河组团由其他 5 个组团簇拥，这种簇拥使其获得了区别于其他的中心性。在以河道为重要交通脉络的情况下，秦岭-渭河组团与渭河北侧的多条支流汇入渭河的汇点对应，又使得秦岭-渭河组团获得了足够的公共性。具有特殊祭祀地位的姜寨、半坡及鱼化寨环壕遗址出现在这一区域，加上在秦岭－渭河组团外遗址上见到的刻画符号也可以部分地在姜寨、半坡和鱼化寨遗址上见到，这些都启发人们把秦岭－渭河组团理解为一定地域的公共中心。

考虑"大房子"的尺寸、形态及与广场的关系，似乎可以对姜寨环壕遗址中心广场周边存在的 8 个礼仪活动单元做进一步的归纳。具体地说，可以把以 F17 为主导的建筑群视为由 F1 为主导的建筑群的次级单位，以 F54 为主导的建筑群可以视为由 F47 为主导的建筑群的次级单位，以 F36 为主导的建筑群可以视为由 F53 为主导的建筑群的次级单位。这样，姜寨环壕遗址中央广场周边就存在着包括 8 个礼仪活动单元的分别由 F1、F47、F74、F53、F103 等"大房子"统领的 5 个建筑组合[29]（图 2.7）。而在半坡类型遗址覆盖区内，除去秦岭－渭河组团之外，恰好有 5 个遗址组团存在。依据各遗址组团展开的地形条件和间距关系，这 5 个遗址组团中有 3 个还可进一步划分出次级单位（见图 2.6）。这样，基于半坡类型遗址所在区的地理条件划出的遗址组团数恰与姜寨环壕遗址上的建筑组合数两相对应，似乎暗示姜寨、半坡组合的功能支配范围应与半坡类型遗址覆盖区对应。

按照实地遗址分布，可将渭河组团分为渭河干流组团和葫芦河组团，由于渭河干流组团规模远大于葫芦河组团，所以渭河干流组团为主导组团，葫芦河组团为次级组团；将北洛河－黄河河套南段组团分为北洛河组团和黄河河套南段组团，北洛河组团遗址数量远大于黄河河套南段组团，故北洛河组团为主导组团，黄河河套南段组团为次级组团；将汉江上游组团分为汉江干流组团和丹江组团，因为丹江组团的遗址数量多于汉江干流组团，故丹

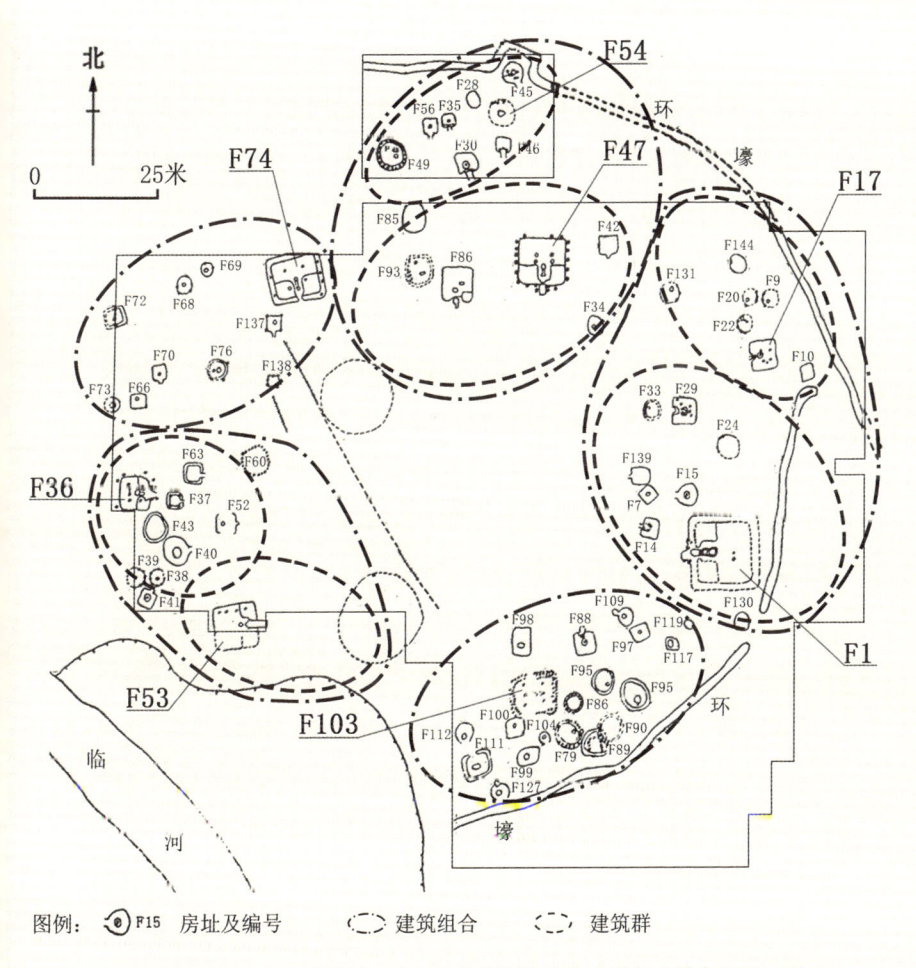

图 2.7 姜寨遗址半坡期建筑组合与建筑群划分（底图采自《姜寨：新石器时代遗址发掘报告》）

江组团为主导组团，汉江干流组团为次级组团。这样区别的结果，就形成了在半坡类型的遗址组团架构与姜寨遗址建筑组合之间做更多的比照的基础。

首先，相较于其他的河流，渭河居于仰韶文化半坡类型空间的主干地位，且渭河组团确定了半坡类型的西部边界，设想渭河组团与姜寨遗址上由建筑面积最大的"大房子"F1统领的建筑组合对应是合理的。恰巧的是，这一建筑组合可以分为以F1为主导的建筑群和以F17为主导的建筑群两个部分，其中，以F17为主导的建筑群明确小于以F1为主导的建筑群且与广场疏离，正与葫芦河组团规模有限且独处一地的状态相呼应。其次，半坡类型遗址中的北洛河-黄河河套南段组团涉及北洛河和黄河这两条主要河流，黄河处于半坡类型与仰韶文化系统其他文化类型交接处，该组团的存在确定了半坡类型的东部边界，其涉及范围最大，涵盖遗址最多，遗址中出现了遗址面积达到150万平方米的洛川圪盘遗址，设想其与姜寨遗址上以建筑面积第二大的"大房子"F47为统领的建筑组合对应是合理的。而在姜寨遗址的以F47为统领的建筑组合中，也带有一个从属的以F54为主导的建筑群，F54平面为礼仪水平较低的圆形，尺寸较小，与广场关系断裂，与黄河河套南段组团规模有限及位置偏离相对应。再次，汉江干流组团和丹江组团既可以视作一组又可以认为各自独立的情况，正与姜寨遗址上以F53为统领的建筑组合中，以F53为主导的建筑群和以F36为主导的建筑群的"大房子"面积差别不大、关系密切且都与广场有直接联系的情况相似。按照上述讨论所循之逻辑，在姜寨遗址上的F74是面积排位第三的"大房子"，以其为主导的建筑组合对应的是泾河组团。以F103为统领的建筑组合对应的是嘉陵江上游组团，F103不仅尺寸不大且坐南朝北不占正向，与嘉陵江上游组团地处边缘且遗址数量有限的情况相对应。

实地遗址组合方式与姜寨遗址上建筑组合空间格局的更细致的对应，应该可以作为"姜寨－半坡"或"半坡－鱼化寨"遗址组合是半坡类型中心说法的进一步支持。

也许有人认为姜寨遗址上的与实际遗址格局的空间关系相应、景观感受一致的建筑群体的组织是一件颇费心力的设计，可实际上，这种实地遗址组团与建筑组合的对应关系的形成，完全可以是在一定权力支配下每个具有资格的单位在现场自我裁量与相互协调的结果。这一结果使得有限的礼仪环境和巨大的视觉上难以完整把握的实地状况密切对应，让人们在仪式活动中反复体认不同族群的确切地位，其在社会秩序建构上的作用不容小觑。

姜寨、半坡、鱼化寨等环壕遗址作为高等级礼仪场所，它们自身的安全问题当然十分重要。一般说来，当时保证自身安全的最基本方式是扩大自身的规模，或在其附近安排大型聚落，通过人口集聚形成较强的防卫能力。可实际上，不仅姜寨、半坡、鱼化寨本身规模不大，而且秦岭－渭河组团的遗址数量、大型遗址个数及最大遗址规模等方面均不能和与之紧密联系的泾河组团、北洛河组团和渭河干流组团等相比（表2.2）。而其他组团中的大型遗址或遗址密集区，均与秦岭－渭河组团保持一定距离（见图2.6）。这种空间组织上的特征应该表明了半坡、姜寨和鱼化寨环壕遗址并不是简单地依附于半坡类型区域中的其他任何组团，或者说，半坡类型的覆盖范围与一个组团间存有足够协商空间的联盟对应。

表 2.2 半坡类型各组团遗址信息统计表[30]

| 组团名称 | 组团内遗址数量（个） | 组团内大于 21 万平方米遗址数量（个） | 组团内最大遗址规模（万平方米） |
| --- | --- | --- | --- |
| 秦岭－渭河组团 | 35 | 0 | 21 |
| 泾河组团 | 95 | 11 | 75 |
| 北洛河组团 | 71 | 4 | 150 |
| 渭河组团 | 46 | 6 | 60 |

在半坡期，秦岭－渭河组团以外有三处环壕遗址：一处与泾河有关，一处与汉江有关，一处与北洛河有关。而独独是拥有多处含刻画符号遗址的在空间上有着最明确骨干作用的渭河一线没有环壕遗址出现。之所以存在这种情况，可以理解为半坡环壕遗址有直接应对渭河沿线人群的任务。由于姜寨环壕遗址上的 F1 同样针对半坡环壕遗址，所以在更加强调联盟性的半坡期，半坡遗址上的"大房子"平面等级较低且规模有限，用以取得秩序上的平衡。

如前所述，祭祀权和军事权是早期社会最重要的权力，依此就可以从与这些权力相关遗存入手，确定一定遗址或遗址组团在权力架构中的位置，从而形成对半坡类型权力格局的某种把握。在半坡类型遗址上，明确地与高等级的祭祀或礼仪活动相关的遗存有彩陶、刻画符号和环壕等三种，因此，可以用遗址上是否存在彩陶、刻画符号和环壕来判断祭祀权力的等级。上古时斧钺类遗存往往与军事权力有关[31]，并且"大约自仰韶文化时期开始，以斧钺随葬的现象似乎已经有了某种限制"[32]，因而可以用遗址上是否存在斧钺类遗存来判断军事权力的有无。

对半坡类型遗址中含有彩陶、刻画符号、环壕及斧钺类遗存等权力显示遗存的遗址的统计表明[33]，彩陶出现概率最大，为70.8%；刻画符号的出现概率大为降低，为4.9%；环壕出现的概率更低，为2.6%；与军事权相关的斧钺类遗存出现概率为15.4%。依据稀有水平，或可认为，含有环壕的遗址祭祀权力等级最高，含有刻画符号的遗址次之，仅含有彩陶遗存的遗址又次，祭祀权力等级最低的是不含这三种遗存的遗址。具体的材料表明，在这里，含有彩陶甚至是刻画符号和环壕的遗址未必含有斧钺类遗存，而不含与祭祀权相关遗存的遗址上又可能有斧钺类遗存出现，所以祭祀权和军事权的拥有在当时并不是完全并行的。

把祭祀权遗存和军事权遗存的存在情况在遗址分布图上进行标识，就可以看到这一地区权力分布的粗略的空间框架图示（图2.8）。

图2.8 半坡类型含有权力显示遗存的遗址分布图

含有刻画符号遗址的定位，明确地显示出河流的针对性。在这种情况下，其数量有限应该意味着其在人群组织上具有相当的中心作用。在秦岭-渭河组团以外的半坡类型活动区，有些遗址同时拥有环壕和刻画符号，这或者指向其所对应的人群较多，或有更多的当地基础。有的环壕遗址上不见刻画符号，这或者指向其对应人群有限，或者与当地人群较少有关联。有的地区只有含有刻画符号的遗址，似乎指向上位权力对该处关注有限。在现在的条件下，究竟如何很难说得清晰，但从种种迹象看，某种规则存在应该是一定的。

含有刻画符号的遗址既可以和环壕遗址毗邻布置，两相结合形成更具吸引力的中心单位，也可以独处一处，作为对应地区的中心。所以汧河一线虽至为重要，也不再有环壕遗址在这一区出现。

由坐落位置看，半坡类型的外围环壕遗址中，瓦窑沟十分特殊。从大的区位看，其应与北洛河及黄河组团有关，但实际上瓦窑沟所傍的河流既不是北洛河的支流，更不是黄河的支流。由于瓦窑沟环壕遗址应该涉及两个河谷，而从安全的角度考虑，对应于这一组团的环壕遗址应该放在北洛河西侧，这就使其在空间上与黄河组团相当疏离，简单地把满足整个地区需求的祭祀中心放在北洛河流域难以获得沿黄河一线分布族群的认同，由于黄河组团实力不俗，这一问题必须重视，选择独立地点安排，是一个可以照顾到不同人群的感受的解决方案。

在史家期，葫芦河组团中出现了大地湾环壕遗址，显示出此时葫芦河组团的地位特异。但此时的实地景观和葫芦河组团在姜寨遗址上与一个远离中心广场的次级礼仪组合对应似乎并不匹配。针对这一点，合理的解释应该是在实地组团中出现的环壕遗址并不是"自下而上"的设置，而是"自上而下"的安排，或者说大地湾环壕遗址的存在是上位权力对这一地区格外关注的结果。秦岭－渭河组团以外的环壕遗址中，只有丹江组团的紫荆环壕遗址的遗址面积远大于姜寨、半坡和鱼化寨遗址等。虽然丹江组团总体规模有限，但却针对汉水乃至长江流域，具有重大战略价值，所以，这种情况同样表明了紫荆遗址环壕是因为受到特别关注，"自上而下"安排的。在史家期，在已经拥有设壕遗址的北洛河－黄河河套南段组团东边缘，在汾河入河口的对面，出现了吴家营环壕遗址。总体上看，此时正是半坡类型遭受白泥窑文化严重挑战的时期（详后），其不畏上游冲击的定位和不含刻画符号，显示其未必是服务于北洛河－黄河河套南段组团的设置，而可能和汾河一线的人群相关，故其当有相当大的"自上而下"性。不仅如此，统计结果显示，半坡类型环壕遗址的规模均在 10 万平方米以下，含有刻画符号遗址的规模为 2 万～30 万平方米，含有斧钺类遗存遗址的规模为 0.6 万～40 万平方米，含有彩陶遗存遗址的规模为 0.08 万～150 万平方米，而没有权力显示遗存的普通遗址的规模为 0.3 万～60 万平方米。也就是说，遗址的规模和祭祀权力的等级并不对应。把上述情况结合在一起考虑，似可认为在整个半坡类型覆盖区，祭祀权的获得甚至是遗址功能属性的确定都不是简单地由下而上"自然地"生成的。

依据祭祀权力表征元素的存在情况，或可认为，仰韶文化半坡类型的覆盖区存在着四个权力层级：一是文化区域层级，其与姜寨－半坡或半坡－鱼化寨环壕遗址组合对应；二是河谷层级，其与环壕遗址或含刻画符号的遗址对应；三是强势聚落；四是普通聚落。以这四个层级的权力为基础，结合军事权的有无和具体的人群规模，可以认为，在仰韶文化半坡类型覆盖区存在着一个结构复杂、层次绵密的权力体系。

除了和环壕、刻画符号共存的情况，在大型遗址组团中，含有斧钺类遗存的遗址往往位于河谷的两端；在小型遗址组团中，含有斧钺类遗存的遗址往往位于河谷的上游或者遗址密集处。占据河谷上游有居高临下控制河谷的便利，占据河谷下游则可以防止外人随意进入河谷，在遗址密集处出现则有助于被多数人口保护。具体的分布方式凸显了斧钺类遗存的军事属性，也在一定程度上表明了以河谷为基准进行组团划分的合理性。

半坡类型环壕遗址的定位并不见得与相应流域遗址密集区相关，这就使其在到达上并不方便，从大地湾、崔家河西村、瓦窑沟和吴家营等遗址的纬度大致相同看，之所以如此，应该在很大程度上是为了形成景观突出的针对于整个族群的中心区。在半坡期，崔家河西村、瓦窑沟都在渭河以北的高地上与半坡、姜寨呼应，形成一个相互支撑的中心景观结构。到了史家期，大地湾和吴家营等环壕遗址出现，它们与崔家河西村和瓦窑沟配合，形成了一个西起葫芦河一线，东达黄河、渭河交汇处的长约420千米的宏大的神圣景观轴带。单就遗址本身来说，这些含有刻画符号或环壕的遗址间未必有明确的视觉关联，可因为祭祀活动总是和燔烧、鼓乐相关，当此类活动举行时升腾的烟雾和喧闹的乐声足以显示这些特异点的存在，使得这一轴带成为明确的现实（见图2.8）。

可以想象，在姜寨、半坡和鱼化寨等遗址中有一批"神职人员"。从姜寨和半坡遗址的"大房子"中往往有睡眠空间看，当时的"神职人员"应会在此较长时间地停留。这里出土的大量生产工具，则表明"神职人员"多要参与生产劳动。因为姜寨环壕遗址上的各个"大房子"通过结构不同的方式强调彼此不同，甚至可以设想在姜寨环壕遗址上活动的主要"神职人员"并非土著，而是来自各个组团所对应的地区或人群。基于社会组织的要求，这些来源不同的"神职人员"努力坚持自身文化特性和独特的祭仪是必需的。

## 三、仰韶文化早期的空间架构

由于半坡、姜寨等之所在正是汉长安之所在，上古时河道本是最重要的交通通道，其涉及的渭河、泾河、北洛河、嘉陵江正与《史记·留侯世家》所说的"巴蜀之饶""胡苑之利"有着对应关系，这就似乎使我们有条件设想，早至公元前4500年前后，由关中出发，通过相关河流实施对更为广大的地区进行控制的做法已经存在。

半坡类型只是当时仰韶文化圈的一个单元，结合关中地区与周边地区联系的可能，或可首先将半坡类型权力空间的观察范围扩展到当时的整个仰韶文化圈。当时的仰韶文化圈，在半坡类型的东部是同属于仰韶文化的后岗类型以及前后相继的枣园类型[34]、东庄类型[35]，在其东南为下王岗类型，而在半坡类型的北部则是属于仰韶文化系统[36]的白泥窑文化[37]和石虎山类型[38]。这些文化和文化类型可以通过黄河、汾河、汉江等与半坡类型发生关系。

在上古，祭祀活动之所以能够成为"国之大事"，是因为与神灵沟通的能力和水平是人间权力合法性的最为直接的证明，而环壕遗址的有无及规格正是相关人群与神灵沟通的能力和水平的标志。以这样的思考为基础,仰韶文化圈内其他文化和文化类型的环壕遗址的有无和其设置规格就成了了解它们与半坡类型权力关系的基础。

在半坡类型半坡期的仰韶文化圈的其他单位中,位于豫西晋南地区的枣园类型拥有遗址面积 11 万平方米的垣曲古城东关环壕遗址[39];广泛分布在黄河下游地区的后岗类型拥有遗址面积约 5 万平方米的濮阳西水坡环壕遗址[40];豫西南、鄂西北地区的下王岗类型拥有遗址面积约 6 万平方米的淅川沟湾环壕遗址[41];主要分布于内蒙古中南部与南流黄河相关的白泥窑文化[42]拥有遗址面积近 6 万平方米的清水河岔河口环壕遗址[43]。那么至少在半坡期,除了半坡类型拥有由姜寨、半坡两个环壕遗址组成的礼仪中心及其与崔家河西村、瓦窑沟、紫荆等环壕遗址共同构成的环壕遗址群,仰韶文化圈的其他单位只有单一环壕遗址。而且仰韶文化圈其他单位的涉及地域均不能和半坡类型相比,亦即其综合实力远不及半坡类型。这些文化类型所据有的最高等级的礼仪中心在数量和规格上不及半坡类型,就有条件被理解为是其受到某种制约所致。也就可以将半坡类型理解为仰韶文化圈的主导单位,而其他单位为从属单位。

由半坡类型与其他文化类型的空间关系看,只有白泥窑文化和石虎山类型位于半坡类型的上游,其他的枣园 – 东庄类型、下王岗类型和后岗类型都处在半坡类型的下游,在河道系统中所处位置不同,似乎在很大程度上决定了这些文化类型与半坡类型的关系。

半坡类型区域的秦岭 – 渭河组团内除了三个环壕遗址出土有刻画符号外,还有零口村、元君庙和沙河等三个遗址含有刻画符号，而这三个含有刻画符号的遗址分别处在姜寨、半坡和鱼化寨遗址的东或东南方，这种空间关系恰与目前所知的仰韶文化的后岗类型、枣园－东庄类型和下王岗类型与半坡类型的空间关系相同。有姜寨环壕遗址的建筑组合与半坡类型区域组团存在对应关系为前提，或者可以设想这三处含有刻画符号的遗址分别是仰韶文化的枣园－东庄类型、下王岗类型和后岗类型在此处设立的专属祭祀场所。另外，基于对姜寨遗址上"神职人员"来源的认知，亦可设想，零口村、元君庙和沙河遗址上的"神职人员"分别来自后岗类型、枣园－东庄类型和下王岗类型覆盖区。这样的思考基础，就使得《史记》上的一段记载特别引人瞩目。《史记·封禅书》说，高祖六年"令祝官立蚩尤之祠于长安。长安置祠祝官、女巫。其梁巫，祠天、地、天社、天水、房中、堂上之属；晋巫，祠五帝、东君、云中（君）、司命、巫社、巫祠、族人、先炊之属；秦巫，祠社主、巫保、族累之属；荆巫，祠堂下、巫先、司命、施糜之属；九天巫，祠九天"[44]。在西汉王朝的疆域范围东达大海、北至辽河、西至大漠、南过大庾岭的条件下，上列巫祝涉及的空间范围相当有限似乎应该是一个问题。而更值得关注的是，梁，在空间上有条件和后岗类型所在地区对应；晋，在空间上有条件和枣园－东庄类型所在地区对应；荆，在空间上有条件和下王岗类型所涉地区对应。也就是说，汉长安招集的这些祝官、女巫中的相当一部分，在文化来源上与上文推说的零口村、元君庙和沙河遗址上的"神职人员"的文化来源一致。

造成汉王朝在长安设置梁巫、晋巫、荆巫的原因有多种可能。一种可能是仰韶时代在秦岭－渭河组团服务的神职人员为世人所重，其后人在文化上有所坚持并持续以巫祝为业，成为地方文化的重要内容，以至于在西汉时为王朝所用。另一种可能是因为文化传统的存在，使得西汉的当政者以为这样的巫祝人员和礼仪有利于国家。无论如何，《史记·封禅书》的说法都应该支持半坡时期秦岭－渭河组团上曾经有对应的巫祝人员存在，而这种存在应该指向半坡类型有能力在某种水平上对后岗类型、枣园－东庄类型和下王岗类型进行管控。

《史记·封禅书》记载，西汉时长安城里还安排了秦巫和九天巫。秦原本在关中以西活动，《三辅故事》云"胡巫事九天于神明台"[45]，古代用"胡"来指称北方民族。把这与梁、荆、晋巫涉及东方和南方结合在一起，似乎正好形成了四方之巫聚于都城的概念，可见刘邦的安排还有通过巫觋的设置营造长安的中心性的意图。

孔安国曰"九黎君号蚩尤"[46]，九黎为中国北部的民族，其活动范围与北方的白泥窑文化和石虎山类型覆盖区高度相关。在长安城已经安排与北方对应的九天巫的情况下，又专门"立蚩尤祠"一事，表明了蚩尤的地位十分特殊。

从半坡类型的遗址分布状态看，从一开始，其就对上游的应与蚩尤相关的白泥窑文化等有所防范。河套地区半坡类型的遗址主要集中在河套南段且往往避离黄河主道，瓦窑沟环壕遗址放在北洛河以西、崔家河西村环壕遗址远离泾河主道的安排都表明了这一点。

从半坡类型环壕遗址变动的情况看，白泥窑文化等对半坡类型的影响至为深刻，具体表现为，在史家期，岔河口遗址的西偏南24千米处的阳湾遗址上出现了环壕[47]。虽然阳湾环壕遗址与岔河口环壕遗址之间的距离大于半坡环壕遗址和鱼化寨环壕遗址之间的距离，又隔着黄河，但因为它们同属于白泥窑文化且二者之间存在着西南—东北的照应关系，应可将它们视为一个礼仪组合，使用两个环壕遗址构成的礼仪组合作为中心性单位应该意味着一个族群的强势崛起。与这一强势族群的出现相应，半坡类型撤除了姜寨环壕遗址，改用鱼化寨环壕遗址。让公共性单元远离交通孔道位置的做法，一方面显示了外来压力的增加，另一方面意味着权力架构的变化。一般说来，当一个权力面对更大的外来压力时，权力的相对集中以更为及时地应对外来挑战往往是需要的，前文叙及的半坡环壕遗址取代姜寨遗址占据公共性较强的地点，以及半坡环壕遗址上使用规模更大的"大房子"可以理解为权力集中的表达。

白泥窑文化以南流黄河两岸为核心，沿胡焕庸线活动，从位置上看，在以河道为主要交通通道的情况下，其还有条件持续地对枣园－东庄类型施加压力。正是因为如此，白泥窑文化的兴起不仅造成了中心单位由"姜寨－半坡"而"半坡－鱼化寨"的转变，而且导致了豫西晋南地区的枣园类型向东庄类型的转变及对古城东关环壕遗址的放弃[48]。从大结构着眼，吴家营环壕遗址是这种变迁的结果之一，史家期出现的大地湾环壕遗址也是为了应对白泥窑文化等崛起的产物。大地湾环壕遗址位于半坡类型所涉地域西端，处在勾连胡焕庸线与渭河的葫芦河流域，在阻止白泥窑文化等由欧亚草原南下上担当重要角色。半坡类型环壕遗址系统性变化与白泥窑文化环壕遗址系统性改变相对应，不仅表明了白泥窑文化能力非凡，也明确地显示了半坡类型权力架构的整体性。

计算到阳湾环壕遗址规模只有2万平方米，阳湾遗址与岔河口遗址的遗址面积之和也不超过半坡与鱼化寨的遗址面积之和，白泥窑文化崛起中其中心祭祀规格上的某种分寸上的把握，应该显示它与半坡类型之间并非简单的敌对关系，由之，其首领也自然会在半坡类型人群中获得某种尊重。这样，汉长安在已有九天巫的情况下单列蚩尤之祠有其道理。十分有趣的是，在北边与姜寨遗址隔渭河相望、逼近渭河，有一出土刻画符号的垣头遗址，从位置和必要性看，其或者与以白泥窑文化为代表的北方族群的祭祀对应。是为刘邦"立蚩尤之祠于长安"的根据。垣头遗址的设置，在一定程度上表明，虽然存在着种种问题，但对于占有主导地位的半坡类型来说，将白泥窑文化置于自己的麾下，应是群体发展的应有之意。

这样，"姜寨—半坡"或"半坡—鱼化寨"环壕遗址组合作为中心和周边含有刻画符号的遗址相结合，形成了一个在某种程度上与后世的"都"相对的空间的主导部分。至少在白泥窑文化尚不强势的半坡期，这个"都"的辐射范围至少可以包括当时仰韶文化圈的覆盖范围，即大致北至燕山南缘，东至黄、济之间，南至汉江、嘉陵江上游，西近鄂尔多斯高原，面积达到85万平方千米的区域（图2.9）。并且，如果认为居于主导的面积达到26万平方千米的半坡类型覆盖区类于"王畿"，而居于从属的、仰韶文化圈的其他部分类于"方国"，那么仰韶文化圈的空间区划和殷商及西周以王畿为主导，在王畿以外存在诸侯管制区的情况基本相似。

其实，在仰韶文化前期，处于仰韶文化周边的其他文化中也不存在规格上超过半坡类型的祭祀中心，因而它们对仰韶文化实行某种礼仪上的服从并非不可想象，至于具体的形式细节，则是需要另外开展的工作。

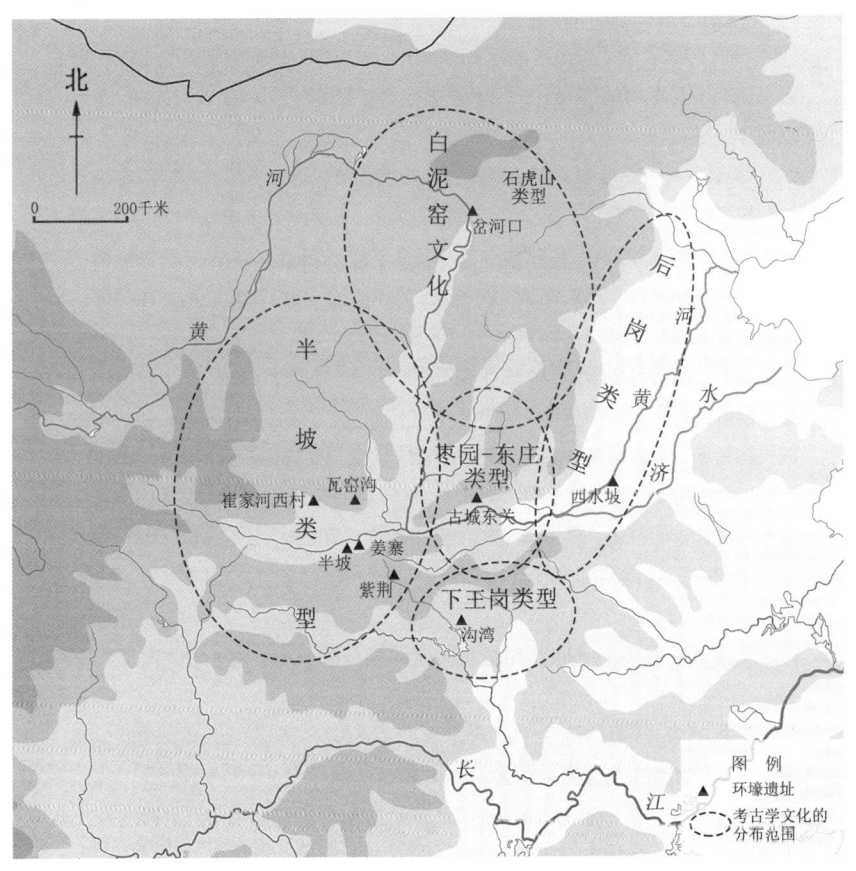

图 2.9 半坡期仰韶文化圈的空间区划（底图采自《先秦城邑考古》）

## 注　释

[1]　本文所称半坡类型,包括所谓的属于半坡类型后段的史家类型(或称史家类遗存)。在时间序列上,把半坡类型的前段称作半坡期,半坡类型的后段称作史家期。

[2]　本章有关西安半坡、临潼姜寨、西安鱼化寨遗址的资料,非特别注明,主要来源自以下文献:中国科学院考古研究所、陕西省西安半坡博物馆:《西安半坡:原始氏族公社聚落遗址》,北京:文物出版社,1963年。钱耀鹏:《关于半坡聚落及其形态演变的考察》,《考古》1999年第6期。钱耀鹏:《关于半坡遗址的环壕与哨所——半坡聚落形态考察之一》,《考古》1998年第2期。西安半坡博物馆、陕西省考古研究所、临潼县博物馆:《姜寨——新石器时代遗址发掘报告》,北京:文物出版社,1988年。陈雍:《姜寨聚落再检讨》,《华夏考古》1996年第4期。西安市文物保护考古研究院编著:《西安鱼化寨》,北京:科学出版社,2017年。翟霖林:《西安鱼化寨遗址的聚落考古学研究》,西北大学博士学位论文,2013年。

[3]　王炜林:《瓦窑沟史前遗址发掘取得重要成果》,《中国文物报》1995年5月21日。

[4]　曹发展、景凡:《陕西旬邑县崔家河遗址调查记》,《考古与文物》1984年第4期。

[5]　陕西省考古研究所配合基建考古队:《陕西合阳吴家营仰韶文化遗址清理简报》,《考古与文物》1990年第6期。

[6]　甘肃省文物考古研究所编著:《秦安大地湾:新石器时代遗址发掘报告》,北京:文物出版社,2006年。

[7]　王世和、张宏彦:《1982年商县紫荆新石器时代遗址的发掘》,《文博》1987年第3期。

[8]　半坡类型遗址数量依据以下文献统计。国家文物局:《中国文物地图集·陕西分册》,西安:西安地图出版社,1998年;国家文物局:《中国文物地图集·甘肃分册》,北京:测绘出版社,2011年;国家文物局:《中国文物地图集·内蒙古分册》,西安:西安地图出版社,2003年;张宏彦:《再论

"史家类遗存"》,《考古》2016 年第 4 期；中国社会科学院考古研究所渭水考古调查发掘队：《渭水流域仰韶文化遗址调查》,《考古》1991 年第 1 期；王世和、钱耀鹏：《渭北三原、长武等地考古调查》,《考古与文物》1996 年第 1 期。崔家河西村的壕沟调查报告称"灰沟、安全防护沟"。吴家营遗址的壕沟发掘报告称"排水沟？"。

[9] 钱耀鹏：《半坡聚落与黄河流域夯筑城址的发生》,《文博》2000 年第 2 期。

[10] 西安市文物保护考古研究院编著：《西安鱼化寨》,北京：科学出版社，2017 年，序。

[11] 按照翟霖林《西安鱼化寨遗址的聚落考古学研究》，鱼化寨遗址"壕沟可能最早是在第二期最晚阶段也就是第④层偏晚阶段出现的"，"真正使用时间应为第三期的较早阶段，废弃时间为第三期的较晚阶段"，"第二期为第④~⑧层及相关遗迹（第 22 页）"。"第三期即第③层及相关遗迹（第 22 页）"。根据翟文及发掘报告《西安鱼化寨》的分期对应，翟文中的"第二期""第三期"分别对应本文和《西安鱼化寨》所称的"半坡期""史家期"，后文不再一一注明。

[12] 马承源主编：《中国青铜器》,上海：上海古籍出版社，1988 年，第 2 页。

[13] 张鹏程：《仰韶时代彩陶的量化研究》,《考古与文物》2014 年第 5 期。

[14] 王鲁民：《中国古典建筑文化探源》,上海：同济大学出版社，1997 年，第 71~73 页。钱志强：《"观象制器"与中国史前器物符号文化传统》,《西北美术》2015 年第 1 期。刘云辉：《仰韶文化"鱼纹""人面鱼纹"内含二十说述评——兼论"人面鱼纹"为巫师面具形象说》,《文博》1990 年第 4 期。

[15] [美]张光直著，刘静、乌鲁木加甫译：《艺术、神话与祭祀》,北京：北京出版社，2017 年，第 88 页。

[16] 拱玉书、颜海英、葛英会：《苏美尔、埃及及中国古文字比较研究》,北京：科学出版社，2009 年，第 119~120 页。

[17] 依据以下文献统计。中国科学院考古研究所、陕西省西安半坡博物馆：《西安半坡：原始氏族公社聚落遗址》,北京：文物出版社，1963 年；西安半坡博物馆、陕西省考古研究所、临潼县博物馆：《姜寨：新石器时代遗址发掘报告》,北京：文物出版社，1988 年；西安市文物保护考古研究院：《西安鱼化寨》,北京：科学出版社，2017 年；甘肃省文物考古研究所：《秦安

大地湾：新石器时代遗址发掘报告》，北京：文物出版社，2005年；中国社会科学院考古研究所：《宝鸡北首岭》，北京：文物出版社，1983年；西安半坡博物馆：《铜川李家沟新石器时代遗址发掘报告》，《考古与文物》1984年第1期；甘肃博物馆大地湾发掘小组：《甘肃秦安王家阴洼仰韶文化遗址的发掘》，《考古与文物》1984年第2期；赵康民：《临潼原头、邓家庄遗址调查记》，《考古与文物》1982年第1期；北京大学历史系考古教研室：《元君庙仰韶墓地》，北京：文物出版社，1983年；王世和、张宏彦：《1982年商县紫荆新石器时代遗址的发掘》，《文博》1987年第3期；宝鸡市考古工作队、陕西省考古研究所：《陇县原子头》，北京：文物出版社，2005年；陕西省考古研究所：《临潼零口村》，西安：三秦出版社，2007年；陕西省考古研究所、西北大学文博学院文博教研室：《陕西铜川吕家崖新石器时代遗址试掘》，《考古与文物》1993年第6期；曹发展、景凡：《陕西旬邑县崔家河遗址调查记》，《考古与文物》1984年第4期；蓝田沙河遗址资料来源于国家文物局：《中国文物地图集·陕西分册》，西安：西安地图出版社，1998年。

[18]　半坡遗址的主体遗存属半坡类型，因此遗址所见的刻画符号绝大部分应属半坡类型时期。

[19]　"大房子"一般指仰韶文化时期的遗址上尺寸可观并占据中心或特殊位置的建筑。

[20]　甘肃省文物考古研究所编著：《秦安大地湾：新石器时代遗址发掘报告》，北京：文物出版社，2006年。内蒙古自治区文物考古研究所：《内蒙古准格尔旗阳湾遗址发掘简报》，《考古与文物》2016年第2期。杨鸿勋：《宫殿考古通论》，北京：紫禁城出版社，2001年，第2页。

[21]　王鲁民：《营国：东汉以前华夏聚落景观规制与秩序》，上海：同济大学出版社，2017年，第24～31页。

[22]　赵春青：《也谈姜寨一期村落中的房屋与人口》，《考古与文物》1998年第5期。

[23]　王鲁民：《营国：东汉以前华夏聚落景观规制与秩序》，上海：同济大学出版社，2017年，第30～50页。

[24]　王鲁民：《营国：东汉以前华夏聚落景观规制与秩序》，上海：同济大学出版社，2017年，第26～27页。

[25]　王鲁民：《营国：东汉以前华夏聚落景观规制与秩序》，上海：同济

大学出版社，2017年，第40~41页。

[26] 王鲁民：《营国：东汉以前华夏聚落景观规制与秩序》，上海：同济大学出版社，2017年，第50~59、115~127页。

[27] 司马迁：《史记》（第六册），北京：中华书局，1959年，第2044页。

[28] 十三经注疏整理委员会：《春秋左传正义（十三经注疏）》，北京：北京大学出版社，2000年，717页。

[29] 西安半坡博物馆、陕西省考古研究所、临潼县博物馆：《姜寨——新石器时代遗址发掘报告》，北京：文物出版社，1988年。毕硕本、裴安平、闫国年：《基于空间分析方法的姜寨史前聚落考古研究》，《考古与文物》2008年第1期。

[30] 渭河干流组团和葫芦河组团的遗址密集区中分别有5处、1处遗址的规模不明。

[31] 《史记·殷本纪》记载商纣王曾对周文王"赐弓矢斧钺，使得征伐，为西伯"，"斧钺"即作为征伐权与军事权的象征。

[32] 钱耀鹏：《中国古代斧钺制度的初步研究》，《考古学报》2009年第1期。

[33] 斧钺类遗存也可作为生产工具，可经过细致加工的斧钺类遗存虽耗费了更多精力但实用性提升有限，因而更具特殊价值。根据文献中的表述情况，这里仅统计了"磨制"或"磨光"的斧钺类遗存。

[34] 韩建业：《初期仰韶文化研究》，《古代文明（辑刊）》2010年。

[35] 魏兴涛：《仰韶文化东庄类型研究》，《考古学报》2018年第3期。

[36] 许宏：《先秦城邑考古》，北京：金城出版社、西苑出版社，2017年，第44页。

[37] 魏坚、冯宝：《试论白泥窑文化》，《考古学报》2019年第1期。

[38] 魏坚、冯宝：《试论石虎山类型》，《边疆考古研究》2018年第2期。

[39] 中国历史博物馆考古部、山西省考古研究所、垣曲县博物馆编著：《垣曲古城东关》，北京：科学出版社，2001年。

[40] 南海森主编：《濮阳西水坡》，郑州：中州古籍出版社，2012年。

[41] 郑州大学历史学院考古系、河南省文物管理局南水北调文物保护办公室：《河南淅川县沟湾遗址仰韶文化遗存发掘简报》，《考古》2010年第6期。

[42] 按照魏坚对白泥窑文化的认定和研究，白泥窑文化以河套东部地区为中心，主要分布在内蒙古中南部地区和陕北。严文明则认为山西中部、雁北、陕北和河套东段的仰韶文化第一期遗存有很大一致性。综合两者的观点，或

可认为山西中部、雁北的仰韶文化同时期遗存也应归入白泥窑文化因素的影响范围。

[43] 内蒙古文物考古研究所：《清水河县岔河口新石器时代遗址调查》，《内蒙古文物考古》2003年第2期。

[44] 司马迁：《史记》（第四册），北京：中华书局，1959年，第1378～1379页。

[45] 张澍编辑：《三辅故事》，北京：中华书局，1985年，第14页。

[46] 司马迁：《史记》（第六册），北京：中华书局，1959年，第4页。

[47] 内蒙古自治区文物考古研究所：《内蒙古准格尔旗阳湾遗址发掘简报》，《考古与文物》2016年第2期。

[48] 古城东关环壕的存续时间，参考魏兴涛：《豫西晋南和关中地区仰韶文化初期遗存研究》，《考古学报》2014年第4期。

## 第三章

东亚大陆腹地核心区东周以前设壕（城）遗址的分布与『中国』的产生

## 一、"神明之隩"与设壕（城）遗址

检查东亚大陆腹地[1]核心区东周以前设壕（城）遗址的坐落，有一点十分清晰，那就是此种遗址总是在某几个地点持续地、反复地、成群地出现，而在其他地方则难觅踪迹。所谓持续地出现，是指某一设壕（城）遗址在这些地点一经出现，就往往长时间地存在，甚至历经多个文化时期；所谓反复地出现，是指在不同时期这些地点总能见到设壕（城）遗址；所谓成群地出现，是说在一些时期这些地点不出现此类遗址则已，一旦出现就往往是多个遗址近距离相邻地存在。这些总是和设壕（城）遗址相关的地点，主要有渭河的宝鸡至西安一线、黄河的孟津或洛阳至郑州一线[2]、江汉平原西侧由湖南澧阳平原至湖北武汉一线、黄河壶口及其左近地区、济水与泰沂山系相夹处及环泰山地区、豫鄂陕交界的丹江口地区和岷江中游地区等（图3.1A、图3.1B）。

下面列出的地点中除了济水与泰沂山系相夹处及环泰山地区，其他地点均与大型河流的出山口相关。具体地说，宝鸡在渭河的出山口附近，孟津或洛阳在黄河的出山口附近，江汉平原西侧地区与澧水出山口和长江出山口相关，壶口即是黄河出山口，丹江口地区与汉江出山口相关，岷江中游地区与岷江出山口相关。

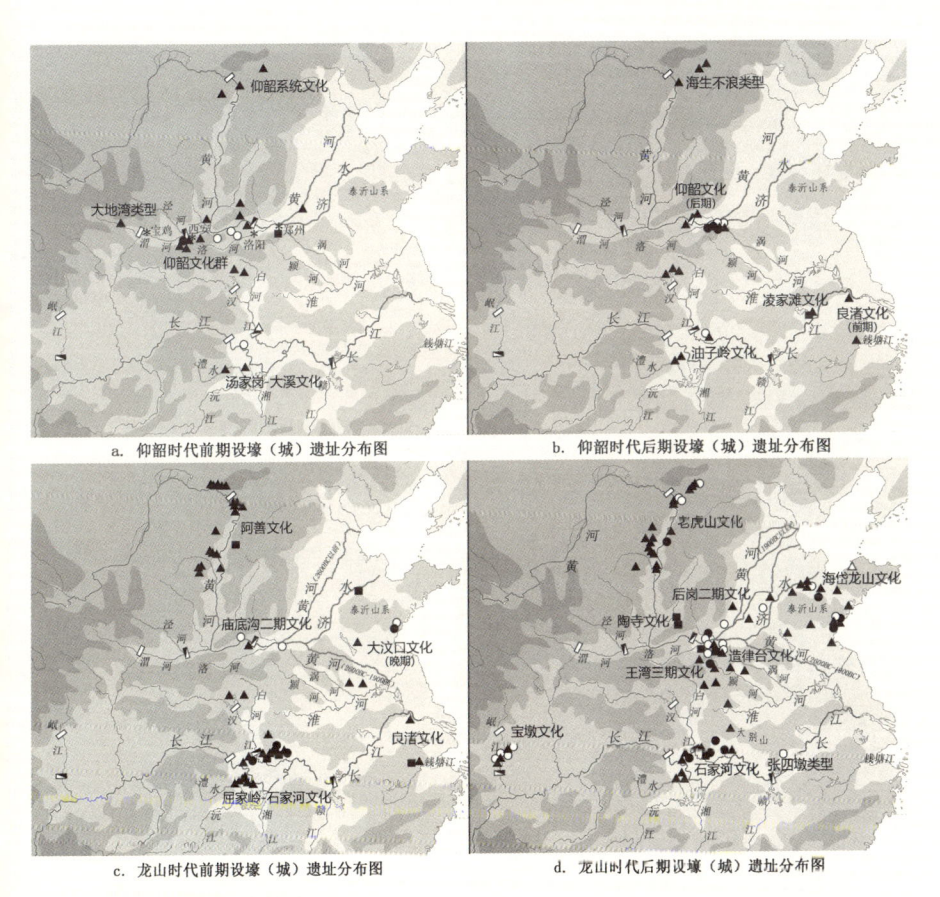

图 3.1A 东亚大陆腹地东周以前各时期设壕（城）遗址分布图（据《先秦城邑考古》改绘）

e. 二里头时期设壕（城）遗址分布图　　　　f. 二里岗时期设壕（城）遗址分布图

g. 殷墟时期设壕（城）遗址分布图　　　　h. 西周时期设壕（城）遗址分布图

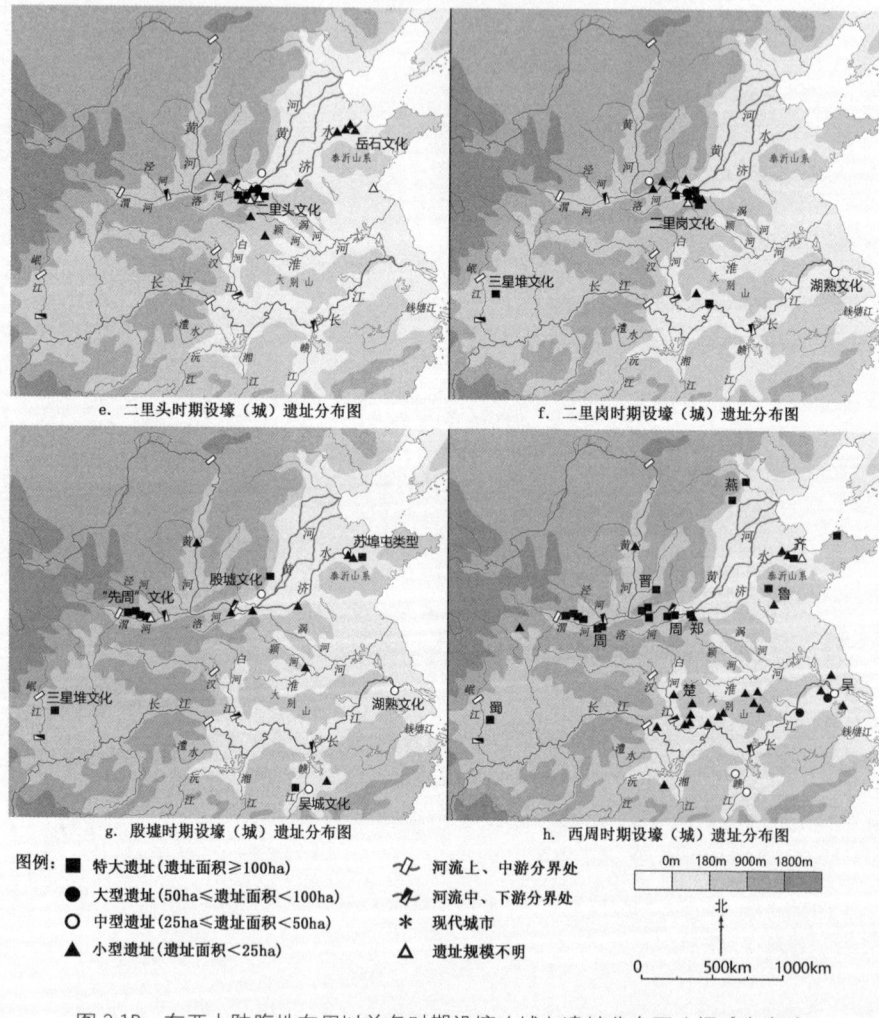

图例：
- ■ 特大遗址（遗址面积≥100ha）
- ● 大型遗址（50ha≤遗址面积<100ha）
- ○ 中型遗址（25ha≤遗址面积<50ha）
- ▲ 小型遗址（遗址面积<25ha）
- △ 遗址规模不明
- 河流上、中游分界处
- 河流中、下游分界处
- ✽ 现代城市

图 3.1B　东亚大陆腹地东周以前各时期设壕（城）遗址分布图（据《先秦城邑考古》改绘）

水是人类生活的基本资源，不仅能够饮用，也能向人类提供水产作为食物。河道及其驳岸还是人们特别是上古时期的人们可以凭借的重要交通通道，尤其是在枯水时期。由人类学资料看，沿河谷休养生息并实现殖民拓展是早期人类的重要选择[3]。《国语·晋语》云："昔少典氏娶于有蟜氏，生黄帝、炎帝。黄帝以姬水成，炎帝以姜水成。"[4]《史记·五帝本纪》云："嫘祖为黄帝正妃，生二子，其后皆有天下：其一曰玄嚣，是为青阳，青阳降居江水；其二曰昌意，降居若水。"[5]这些都涉及上古人类依托河道生存和发展的事迹。既然人类要依托河流生息繁衍，那么，控制河道并保证其安全应是当时特别重要的事项之一。

进一步地观察还可以看到，在长江、汉江、黄河、济水等长程河流上，一旦在河道附近出现设壕（城）遗址或遗址群，在其下游的相当长距离内就不会有异文化的设壕（城）遗址靠近河道出现。一般说来，下游的设壕（城）遗址与上游的异文化设壕（城）遗址之间不仅要有一定的距离作为缓冲，而且需要一定的地理障碍或易于防守的地形条件作为支持，即便如此，处于下游的异文化设壕（城）遗址的具体坐落还往往要与相应河流主道保持一定的距离（表3.1）。与这种情况形成对照的是，在同一河道边上下游出现文化类型相同的设壕（城）遗址时，上下游的设壕（城）遗址之间的距离则多相对有限，下游遗址一般距相应河道主干较近，甚至可以逼近河道设置，在具体坐落上对防守问题似乎也考虑得较少（表3.2）。这些现象应该表明，在东周以前的相当长时间里占据上游是控制相关空间的积极手段，在许多时候控制上游的人群甚至可以利用河道压制对手取得战略上的优势。

表3.1 文化类型相异时下游设壕（城）遗址坐落情况表[6]

| 序号 | 设壕（城）遗址名称 | 所属文化类型 | 坐落区位 | 遗址规模（万平方米） | 上游文化类型 | 上游设壕（城）遗址间的直线距离（千米） | 所处地形条件 | 与相关河道间的直线距离（千米） |
|---|---|---|---|---|---|---|---|---|
| 1 | 济南焦家 | 大汶口文化中期 | 济水与泰沂山系夹口 | 100 | 仰韶文化 | 410 | 复杂 | 12.6 |
| 2 | 天门谭家岭 | 油子岭文化 | 汉水与大别山夹口 | 26 | 仰韶文化 | 272 | 复杂 | 27.8 |
| 3 | 钟祥边畈 | 边畈文化 | 汉水与大别山夹口 | 80 | 仰韶文化 | 227 | 较复杂 | 4.7 |
| 4 | 襄阳凤凰咀 | 屈家岭文化 | 汉江流域 | 25 | 仰韶文化 | 90 | 复杂 | 16.5 |
| 5 | 常州象墩 | 良渚文化 | 长江下游 | 5.5 | 屈家岭文化 | 650 | 复杂 | 6.7 |
| 6 | 含山凌家滩 | 凌家滩文化 | 长江与大别山夹口 | 160 | 油子岭文化 | 475 | 复杂 | 18 |
| 7 | 怀宁孙家城 | 张四墩类型 | 长江与大别山夹口 | 25 | 石家河文化 | 277 | 复杂 | 42 |

表3.2 文化类型相同时下游设壕（城）遗址坐落情况表[7]

| 序号 | 设壕（城）遗址名称 | 所属文化类型 | 相关河道名称 | 与上游设壕（城）遗址间的直线距离（千米） | 所处地形条件 | 与相关河道间的直线距离（千米） |
|---|---|---|---|---|---|---|
| 1 | 三门峡三里桥 | 仰韶文化 | 黄河 | 54 | 复杂 | 1.7 |
| 2 | 三门峡庙底沟 | 仰韶文化 | 黄河 | 52 | 复杂 | 3.2 |
| 3 | 洛阳古湛城 | 仰韶文化 | 黄河 | 24 | 复杂 | 0.8 |
| 4 | 郑州西山 | 仰韶文化 | 黄河 | 35 | 复杂 | 5.8 |

续表

| 序号 | 设壕（城）遗址名称 | 所属文化类型 | 相关河道名称 | 与上游设壕（城）遗址间的直线距离（千米） | 所处地形条件 | 与相关河道间的直线距离（千米） |
|---|---|---|---|---|---|---|
| 5 | 郑州大河村 | 仰韶文化 | 济水 | 17 | 平易 | 7.2 |
| 6 | 石首走马岭 | 屈家岭文化 | 长江 | 59 | 复杂 | 7 |
| 7 | 华容七星墩 | 屈家岭文化 | 长江 | 85 | 复杂 | 5 |

从地理条件看，河流出山口以上一定距离内的河段一般都空间逼仄，地形复杂，河道落差较大，途径曲折，在河道两侧与河床高差较大。也就是说，出山口以上接近出山口的河段周边一定范围内一般不宜农耕，通过相应河段接近出山口需要克服一定的困难，在相关地区设防以维护下游一定范围的安定比较容易。而出山口以下，一般河道周边地势相对平坦，空间逐渐开阔，河道平顺，农耕条件改善，有利于定居；至于河流出山口以下的冲积平原，虽有洪涝问题，但土地肥沃，更是宜于农耕，是上古人类乐于驻扎的场所。

由于河道出山口一带易于形成坚固的防守，当沿着河道驻扎并进行殖民时，人们乐于通过一定的安排来控制河道的出山口地区。这既可以方便地阻止来自上游的干扰，又可以顺势在控制出山口以下具有良好农耕条件的地区上取得优势。

虽然取决于族群分布、地理条件和战争方式，控制出山口的办法不尽相同，可如果相关的设壕（城）遗址均为军事重镇，那么认为此类遗址总在一些河流的出山口附近出现的核心理由在于守卫就顺理成章了。由于人口规模是防御能力的关键性指标，而考古资料表明，东亚大陆腹地东周以前的与出山口相关的设壕（城）遗址往往规模有限，甚至规模偏小，因此它们很难被设想为军事重镇。这样，此类遗址总在河流出山口附近出现的理由还需要讨论。

渭河穿过宝鸡峡后即与汧河交汇，"汧渭之会"是渭河出山口的标志性地点。《史记·封禅书》云："秦文公东猎汧渭之间，卜居之而吉。文公梦黄蛇自天下属地，其口止于鄜衍。文公问史敦，敦曰：'此上天之征，君其祠之。'于是作鄜畤，用三牲郊祭白帝焉。"[8]这段文字似乎表明了当时渭河出山口应被视作祭祀上天灵应之地。汧渭之会地属宝鸡，宝鸡古为陈仓。《史记·封禅书》又载，秦文公作鄜畤后九年，人们狩猎抓获一只野鸡，野鸡被抓后随即化为石鸡，识者谓该鸡"得雄者王，得雌者伯"，于是秦人"于陈仓北阪城祠之……命曰陈宝"[9]。这个故事进一步暗示了渭河出山口之灵异，在祠庙外加城垣的做法则表明，这里是进行高等级祭祀的合适地点。从位置上看，后来长期作为秦人都城的雍城距汧渭之会不远，是渭河出山口附近相对开阔高敞宜于驻扎的地点。《史记·封禅书》云："雍旁故有吴阳武畤，雍东有好畤，皆废无祠。或曰：'自古以雍州积高，神明之隩，故立畤郊上天，诸神祠皆聚云。盖黄帝时尝用事，虽晚周亦郊焉。'"[10]"神明之隩"即神明常规的栖息之地。虽然司马迁说将雍城一带认作"神明之隩""其语不经见，缙绅者不道"[11]，不过事实却表明在当时有许多人对其地灵异深信不疑。鄜畤建后七十八年，秦德公将秦人之都城迁至雍地，使得"雍之诸祠自此兴"，后来的秦宣公又在雍地作密祠，加重了这里的祭祀分量[12]。密畤、吴阳武畤、雍东好畤以及鄜畤相互配合，使得雍地在秦汉两朝都是国家最为重要的祭祀和礼仪场所。

从汉代甘泉宫的设置看，不仅渭河，其他河流的出山口处及其附近的开敞地段都能够被视为"神明之隩"。泾河的出山口名为谷口，按照古代文献，谷口为黄帝升仙处，亦即实现天人沟通的灵异之地[13]。汉代的甘泉宫坐落于泾河边距谷口不远处的高敞之地上，谷口与甘泉在关系上和汧渭之会与雍城相仿。《汉书·郊祀志》说："黄帝接万灵明庭。明庭者，甘泉也。"[14]汉武帝时在此地"作甘泉宫，中为台室，画天、地、太一诸鬼神，而置祭具以致天神"。后来又因为在甘泉宫祭祀"灵验"，汉武帝又在这里"置寿宫神君"[15]，并将在汾阳发掘到的大鼎迎至甘泉[16]，以至于甘泉宫在相当长的时间里成为王朝的祭祀甚至政治中心。

《史记·周本纪》记载，周武王九年，武王"东观兵，至于盟（孟）津"。在孟津，"武王渡河，中流，白鱼跃入王舟中，武王俯取以祭。既渡，有火自上复于下，至于王屋，流为乌，其色赤，其声魄云。"[17]对这种神异景况的记述应该是时人视黄河出山口为通灵之地的明确表达。周武王克殷之后，即在洛阳盆地建造"周居"，并将此作为与王朝确立有关的重大行动。其核心的理由是此地"依天室"，"毋远天室"，在这里设置"周居"，可以更为方便、及时地与上天沟通，以获得上天之护佑[18]。从《史记》的叙述看，周武王显然认为洛阳盆地之所以成为"有夏之居"，即夏朝的重要居邑，理由同样是这里便于和上天沟通[19]（图3.2）。

以上种种，应该表明了在上古曾经存在过以河流出山口及其近便处的开敞之地为与神灵沟通的优胜之地的看法。之所以如此，其实是这种地点与更安全有效地控制资源实现殖民相关。从实际运作看，对河流出山口地区的控制应该会牵涉到更长的河段，是涉及诸多地点的系统工作。而出山口或与之相关的适于驻扎的地

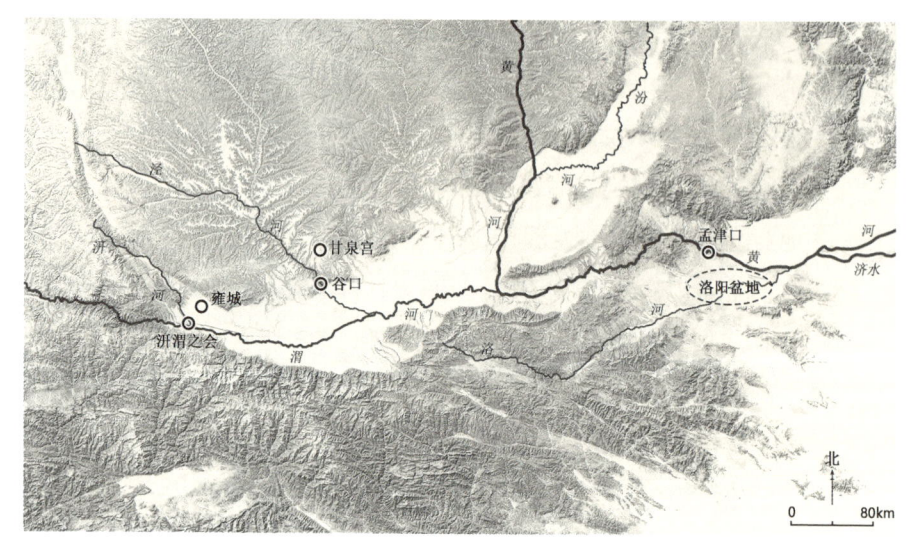

图 3.2　汧渭之会、雍城、谷口、甘泉宫、孟津口、洛阳盆地位置图

点，因为位置上的特殊和功能上的适宜被识别为这个地理系统的代表，被认作"神明之隩"，而将拥有环壕或者城垣的高等级的祭祀中心放在"神明之隩"，则是使其获得特殊效应或者强化其核心能力的合理选择。由于祭祀中心也是安全保障的重心所在，将祭祀中心安置于此，又是确保相应河段安全的重要保证，此时，祭祀中心的存在就是相关族群据有相关地区的标识。

按照同样的逻辑，不仅河流的出山口会被视作"神明之隩"，一些河道上易于防守，且拥有较丰厚农耕资源的地点都有可能被视作"神明之隩"。从东亚大陆腹地的情况看，当较大河流的中、下游河段甚至大海与山体相夹时，"神明之隩"就产生了。泰沂山系与济水相夹处、环泰山地区东侧五莲山与大海相夹处、汉江与大别山相夹处，以及长江与大别山相夹的一系列地点都是设壕（城）遗址的多见地，其道理应该在于这些地方也被古人视作"神明之隩"。

郑州和西安均可视为相关河流下游渐次展开的大规模丰腴之地的起点,控制住郑州与西安就意味着瞰览大宗的生存资源。虽然它们离出山口有一段距离,可如果将其放在足够大的范围里审视,它们也可以被视作出山口附近的适宜驻扎之地。在以河道为重要交通载体且上游具有战略优势的时代,只要有能力控制宝鸡或洛阳的族群必定要倾其全力实现对相距不远的西安、郑州地区的控制,这样做,能够极大地提升控制宝鸡和洛阳的实际效益。作为宝鸡和洛阳的必然性的关联体,西安和郑州也有条件被视作"神明之隩",这就是东周以前在这两个地点设壕(城)遗址多见的主要道理。

江、河、淮、济四渎,因为流程较长且直通大海,被视为古代中国最重要的河流。长江和黄河发源于东亚大陆腹地以外的西部地区,淮河与济水则发源于东亚大陆腹地核心区。古代四渎的祭祀,长江在宜昌,黄河在郑州与洛阳之间,两个地点均与河道的出山口相关,可见古人倾向于把河神的祭祀也选择在"神明之隩"进行。这样,淮渎庙在淮河的发源地桐柏,济渎庙在济水的发源地济源,就在相当程度上提示了河流的源头也具备被视作"神明之隩"的条件。从民俗材料看,人们对水体的源头关注有加,且往往将其视作神灵的栖息之地[20]。河流源头水道细小,也许并没有多少实际的空间控制价值,但却有可能具有巫术价值和空间占领的象征性,这样,设壕(城)遗址在河流的源头或其相关地点出现在一定条件下也就合情合理。

其实,在原始思维的框架中,凡是在空间控制或空间组织上占有优势的地点都可以被视作"神明之隩",除了上列的情形,还有一些地点为设壕（城）遗址多见之处。第一种是河流的支流汇入主流的交点地区。汧渭之会就是汧河汇入渭河的地方，西安是泾河汇入渭河的地方，郑州是济水与黄河交叉的地方，这种地点水文与地形条件相对复杂，在防御上具有一定优势，同时又是地理上具有空间标识性的地点，其被视作"神明之隩"很是自然。第二种与第一种类似，是河道的剧烈转折处，以及河道附近有突出地形变化的地点。这种地方也有利于形成防守，设壕（城）遗址往往在此出现。第三种是大面积沼泽或水网格外复杂的地区。沼泽和密集的水网都可以形成交通阻碍，为相关地段提供防护，在缺少其他屏障的情况下，这种地点的特异性就自然地显现出来了。第四种地点与河道关系并不密切，可使其远离异文化的冲击，并在空间组织上具有将多个"神明之隩"串联在一起的作用，一旦出现较大地域的控制需求，设壕（城）遗址在这里出现也就顺理成章。

在以上涉及的种种河流上的特异点中，出山口及类似地点因为空间控制上的实效性，使得它们从一般的"神明之隩"中脱颖而出。依托它们进行空间控制成为首选，甚至在必要时，可以将其作为基点把空间上相近的"神明之隩"组织在一起形成更具影响力的"神明之隩"系统。

按照以上的叙述，但凡空间控制上的特异点都有条件被视为"神明之隩"，那么，实际上的"神明之隩"就应该比比皆是，但为什么设壕（城）遗址仅与有限的地点相关？合乎逻辑的解释应该是，这些"神明之隩"在空间控制上的优势特别突出，控制这些"神明之隩"需要非凡的实力，一旦一定族群有能力对这些地点实施有效的控制，那么，与之相关的周边地区就很难有能与其抗衡的主张特殊祭祀权的势力存在。大致地说，"神明之隩"或"神明之隩"系统在空间控制上的价值高低取决于以下几点：一、自身宜居水平的高低；二、其拥有资源的丰饶水平；三、自身的安定性情况；四、由其出发对下游实施控制的方便程度；五、"神明之隩"系统组织上的方便程度。当然，所谓大小、高低都是相对的，在许多时候，一个地点在某些方面具有明确的比较优势就足以使其脱颖而出。

在特殊地点设置的高等级祭祀场所，不可能是一个孤立的存在，尤其当其自身军事能力有限时，其存在更要依托于系统的支持。虽然设壕（城）遗址最为基础的功能是强势族群的高等级祭祀，可是由于这一功能，它很自然地就会成为一定族群对于特定河流主导的地域拥有的标识，也是引导相应族群向一定地域集聚的旗帜。并且，一旦有必要，这种高等级的祭祀场所就有可能向军事重镇、行政中心、信息中心、空间监控点、精英人口的集聚地、特殊物品生产与分配的中心或具有较强辐射力的商贸中心转化。

## 二、公元前3400年至公元前3100年前后郑洛一线设壕（城）遗址群的组织

郑洛一线是最早出现设壕（城）遗址的地区。距今8000多年前这里就出现了裴李岗文化的新郑唐户环壕遗址。距今5900年左右，仰韶文化中期，这里又有新郑古城村环壕遗址。在距今5400年左右，郑洛地区出现了仰韶文化晚期的包括荥阳汪沟在内的由多个遗址构成的设壕（城）遗址群。此后的龙山时代前期，

这里有孟津妯娌、垣曲古城东关和郑州大河村三个环壕遗址。龙山时代后期，这里出现了包括巩义稍柴、郑州大河村乃至登封王城岗等遗址在内的设壕（城）遗址群。二里头时期，这里有包括偃师二里头、新郑望京楼在内的设壕（城）遗址群。二里岗时期，这里有包括偃师商城、郑州商城在内的设壕（城）遗址群。西周时期，这里有以大邑成周等为首的包括多个遗址的设壕（城）遗址群[21]。

总地看来，从仰韶文化晚期开始，只要郑洛一线出现设壕（城）遗址群，这个群体西侧就与黄河出山口相关，东侧则有遗址直面黄淮海平原的起点。在我们看来，这种分布方式本身已经明确提示这些设壕（城）遗址群是由功能上各司其职的单位构成的统一整体。

现有研究多认同由二里头、二里岗及西周时期在郑洛地区出现的设壕（城）遗址群为功能协同、相互支持的统一体。而对仰韶时代后期、龙山时代郑洛地区存在的此类遗址群中各设壕（城）遗址间的关系的认知，则基本上倾向于不相统属，甚至相互对立。为了说明这个问题，这里选择时间较早，包含遗址较多的仰韶文化晚期在郑洛地区出现的设壕（城）遗址群进行相对详细的考察。具体的断面选择在该遗址群相对丰满的公元前 3100 年前后（图 3.3）[22]。

一般说来，如果设壕（城）遗址或遗址群间为敌对或竞争关系，那么这些设壕（城）遗址或遗址群在元素设置和总体规模上应该接近，遗址或遗址群之间倾向于有一定的地理障碍或其他阻隔，并且在同一河道边上的下游遗址应有规避河道的表示。可是公元前 3100 年前后在郑洛地区出现的设壕（城）遗址群的情况

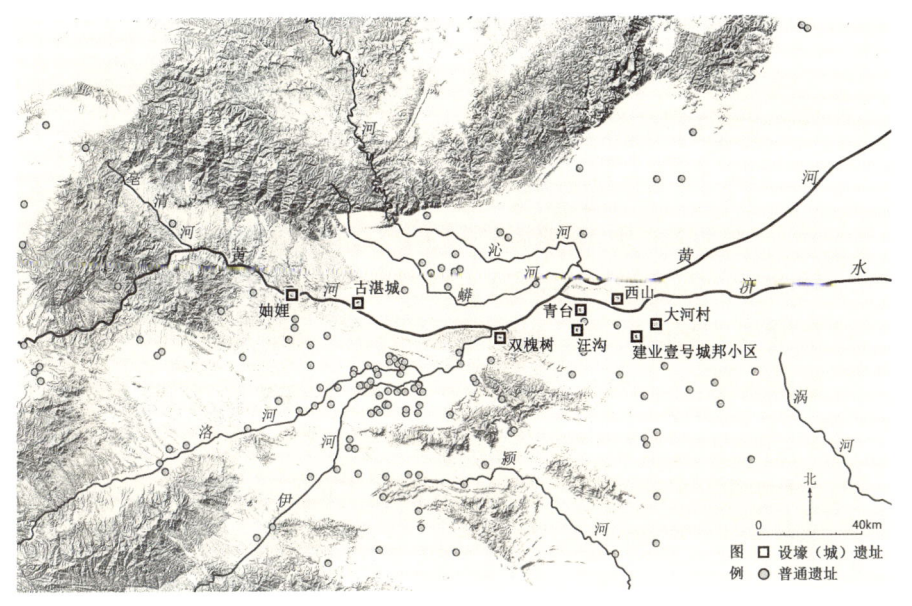

图 3.3　公元前 3100 年前后郑洛地区设壕（城）遗址分布图

并非如此。

公元前 3100 年前后的郑洛地区，由孟津口到郑州东，存在着孟津妯娌，吉利古湛城，巩义双槐树，荥阳汪沟、青台，郑州西山、建业壹号城邦小区和大河村等 8 个设壕（城）遗址[23]。据考古资料，妯娌遗址拥有单重深壕，遗址面积 1 万余平方米[24]。古湛城遗址有单重壕，遗址面积 20 万平方米[25]。双槐树遗址为三重深壕（其外壕与中壕均似有专意缺失），遗址面积 117 万平方米[26]。如将东侧河流视作外壕的一部分，青台遗址拥有四重深壕，仰韶遗址面积 31 万平方米[27]。将东侧索河计入，汪沟遗址东侧为三重深壕，遗址面积 62 万平方米[28]。西山遗址有两重壕，外壕为深壕，内壕南部存有黄河流域最早的城垣，外壕内面积 35 万平方米[29]。建业壹号城邦小区遗址有单重壕，遗址面积 10 余万平方米[30]。大河村遗址两重深壕，遗址面积40余万平方米[31]（图3.4）。把上列信息与具体的遗址定位图结合，可以看到，首先，这些遗址元素设置和遗址规模有较大差异，同时，这8个设壕（城）遗址也很难被分划为间距适当、规模和设置相类的组团。其次，这些遗址并不刻意在相互之间设置缓冲，西山遗址和大河村遗址之间、大河村遗址与建业壹号城邦小区遗址之间甚至未看到10万平方米以上的一般遗址存在。再次，当同一河道上出现近距离相邻的两个遗址时，位于下游的古湛城遗址、西山遗址、大河村遗址没有规避河道的表示，甚至其具体定位较之位于上游的遗址更靠近相应河道。这些现象应该十分具体地表明各设壕（城）遗址之间为非竞争关系。不仅如此，如果把壕的圈围大小和重数与空间隆重性相联系，壕的深度及城垣的有无与设防水平相联系，那么会出现几种情况，一、在这些遗址中，空间隆重水平最高、遗址面积较大的汪沟遗址与青台遗址大致南北相应，形成纵轴，处于群体的中部。二、设防水平较高的遗址位于群体边缘，设防水平较低的遗址则大致位于群体边缘内侧。三、在青台、汪沟遗址东西两侧大致距离相等的位置，存在着在这几个设壕（城）遗址中面积较大、相对隆重的双槐树和大河村遗址。这些状况都暗示着某种中心—边缘秩序的存在。

在这些遗址中，双槐树因其环壕三重、规模较大而特别突出。可是，从围壕的平面形态看，青台和汪沟均采用西南隅凸出的做法，而双槐树则为明确的西南隅压缩。因此，相较于青台和汪沟，双槐树的祭祀等级较低。把这一点与其在组团中偏离中心的位置结合起来，应可明确双槐树是青台和汪沟的从属。另外，处于群体北部边缘的西山遗址因为含有一段城墙而与众不同。值得注意

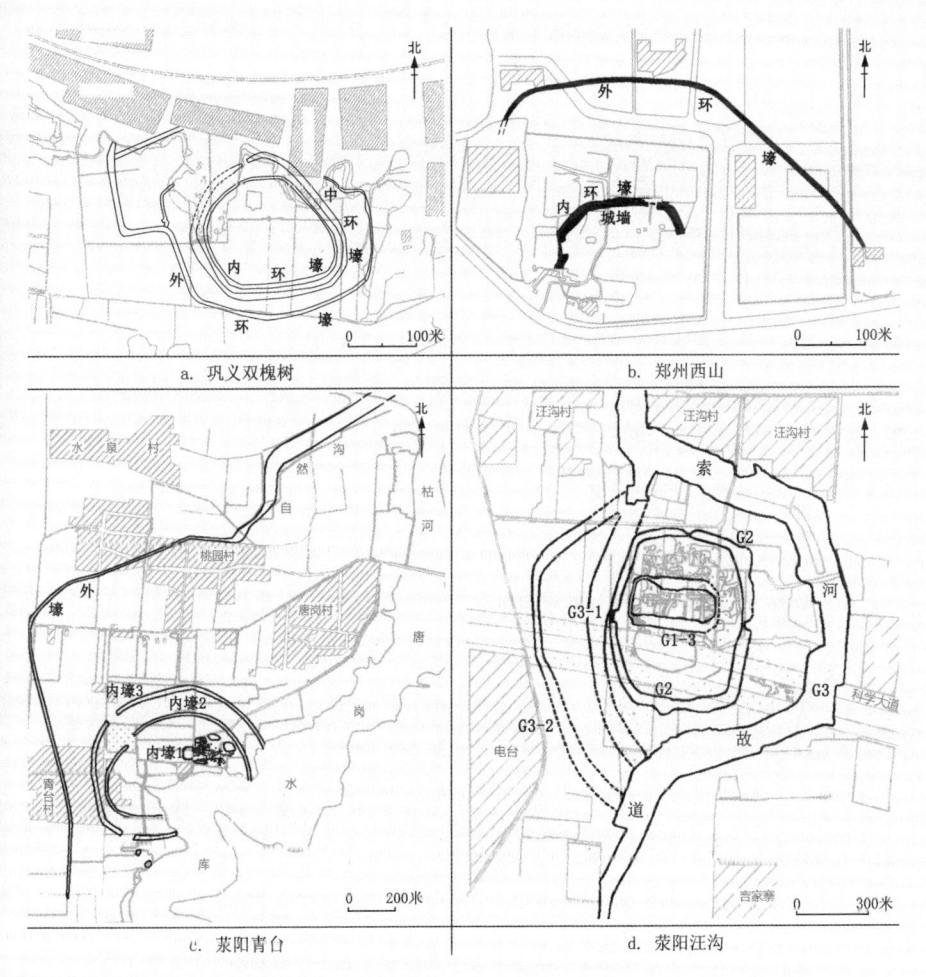

图 3.4 公元前 3100 年前后郑洛地区已知设壕（城）遗址平面图（a 据《先秦城邑考古》《河南郑州巩义双槐树古国时代都邑遗址考古获重大发现》，b～d 据《先秦城邑考古》改绘）

的是，这段城墙位于遗址面对黄河河谷的北侧，显示出其设置主要针对的是顺黄河主道而下的冲击；遗址南边城墙缺失，显示其对其南边的青台和汪沟遗址缺乏戒备。这就更利于做出将其视为青台和汪沟的回护单位，以及在此地存在着一个整体性的中心—边缘秩序的判断。

从遗址的具体坐落看，妯娌、古湛城正处于黄河出山口段，双槐树位于洛河与黄河交汇处，这三个遗址标识出对由西边进入郑州地区的主要通道控制的存在。西山、大河村、建业壹号城邦小区更多地与流向东北的黄河、正东流向的洛河以及淮河的重要支流涡河相关，这三个遗址暗示对郑州地区以东的广阔的黄淮海平原的关切。而在这些遗址中，最为隆重的青台和汪沟却缺乏与河流明确的对应关系，其在设壕（城）遗址组群中似乎主要是起空间衔接的作用。在我们看来，正因如此，反而使其脱颖而出，应被视作整个组群的公共中心。

综上，文化性质的一致、环壕（城垣）设置的差异、遗址规模的不同、相互间不加戒备、中心单元的存在、空间针对性的差异、对遗址间空间的连续的关注和对黄河出山口及黄淮海平原起点的系统关切应该表明了由青台、汪沟等组成的设壕（城）遗址群是一个内部协同的整体。

汪沟和青台在壕沟的重数上都明确地多于其他设壕（城）遗址，平面西南隅又都向外凸出，使得它们在祭祀规格上明确高于其他设壕（城）遗址。从具体定位看，两者相距仅 8.3 千米，且大致处在同一南北轴线的两端，位于北端的青台略向东偏，位于南端的汪沟稍向西移，形成了由西南到东北的呼应关系，勾画出早期礼仪活动的常规动线[32]。在这两个遗址中，青台遗址规模虽然较小，但其四重深壕的安排显示其更为隆重。汪沟遗址规模虽然较大，但壕沟重数不及青台，故其隆重性稍低。这种一强一弱，由西南而东北的照应，恰好表明青台与汪沟共同构成了一个在等级上凌驾于其他各设壕（城）遗址之上的功能性中心组合（见图3.4）。

包含明堂祭祀的设壕（城）遗址是涉及众多神明的场所，具有很强的公共性。从设施利用方便的角度看，这种场所应该定位于遗址系统的大致居中位置或遗址集中区，可实际上在郑洛一线看到的是，在妯娌、古湛城、西山等遗址的周边缺乏同期大于10万平方米以上的遗址的存在。这种在某种程度上放弃普通人员方便的做法，实际上暗示这个设壕（城）遗址群是依托黄河出山口这一特殊的"神明之噢"的系统性神圣之地组织。这个组织通过把与不同族群的高等级祭祀场地和神职人员聚集在一起，形成统一的更具辐射力的中心，达到强化族群控制、增强族群凝聚力的目的。基于这种考虑，以青台、汪沟为主导的设壕（城）遗址群对应着一个有足够的空间统摄能力的强势权力的存在。

"神明之噢"是河流上的特异点，依托"神明之噢"设置的设壕（城）遗址其实是依托相应河流生存的族群的精神中心。一般情况下这种中心是唯一的，可在仰韶文化晚期郑洛地区的设壕（城）遗址群中，黄河出山口处连续设有妯娌和古湛城两个环壕遗址，与之不同，西山遗址位于济黄交汇处，很难说其究竟针对哪条河流。与之形成对比的是，当时在整个汾河流域的仰韶文化晚期遗址中没有设壕（城）遗址，黄河北岸在沿太行山麓诸多仰韶文化遗址中，也不见设壕（城）遗址的踪影。这种情况一方面表明当时采取了将设壕（城）遗址集中布置的办法，可以作为权力执掌者利用高等级祭祀场所的定位进行整体人群控制的证据；另一方面也要求我们对相关设壕（城）遗址的对应流域或空间涉及范围做一些推测。

这里首先要说明的是，与以青台、汪沟为主导的设壕（城）遗址群存在的同时，在其西北黄河壶口及相关地区有清水河岔河口、凉城王墓山坡中和察右前旗大坝沟三个仰韶文化晚期的环壕遗址存在[33]；在其西面西安渭河与泾河的交汇处，有仰韶文化晚期的西安马腾空环壕遗址存在[34]；在其西南丹江口地区，有仰韶文化的淅川龙山岗、沟湾和镇平冢洼三个环壕遗址存在[35]。在与这些环壕遗址相关的河流流域活动的人群应以其为祭祀中心，它们的存在为这三个方向上的青台、汪沟设壕（城）遗址群的直接辐射范围边界的划定提供了约束。按照地理条件，可以把马腾空遗址的辐射东向边界划至潼关一线，把岔河口组团的辐射南向边界划至黄河河套中段，把华山南麓作为沟湾组团的辐射边界。而在其正东、正南、东南和东北四个方向的一定距离外，此时有大汶口文化、屈家岭文化、良渚文化和红山文化的设壕（城）遗址存在。这当然也成为青台、汪沟设壕（城）遗址群的辐射范围的限制。由于资料有限，很难精确界定，在这些方向上，权将两个设壕（城）遗址群的中间位置视作青台、汪沟等遗址辐射范围的分界点。这样，大略地说，青台、汪沟主导的设壕（城）遗址群的直接辐射范围达到25万平方千米（图3.5）。

在上述的25万平方千米范围内，首先考虑位于黄河出山口处的妯娌和古湛城遗址，二者位于发源于太行山的亳清河和蟒河汇入黄河的河口之间，紧贴黄河河道。妯娌距黄河主道不过200米，古湛城距黄河主道不足900米，表明二者不担心上游的侵扰，

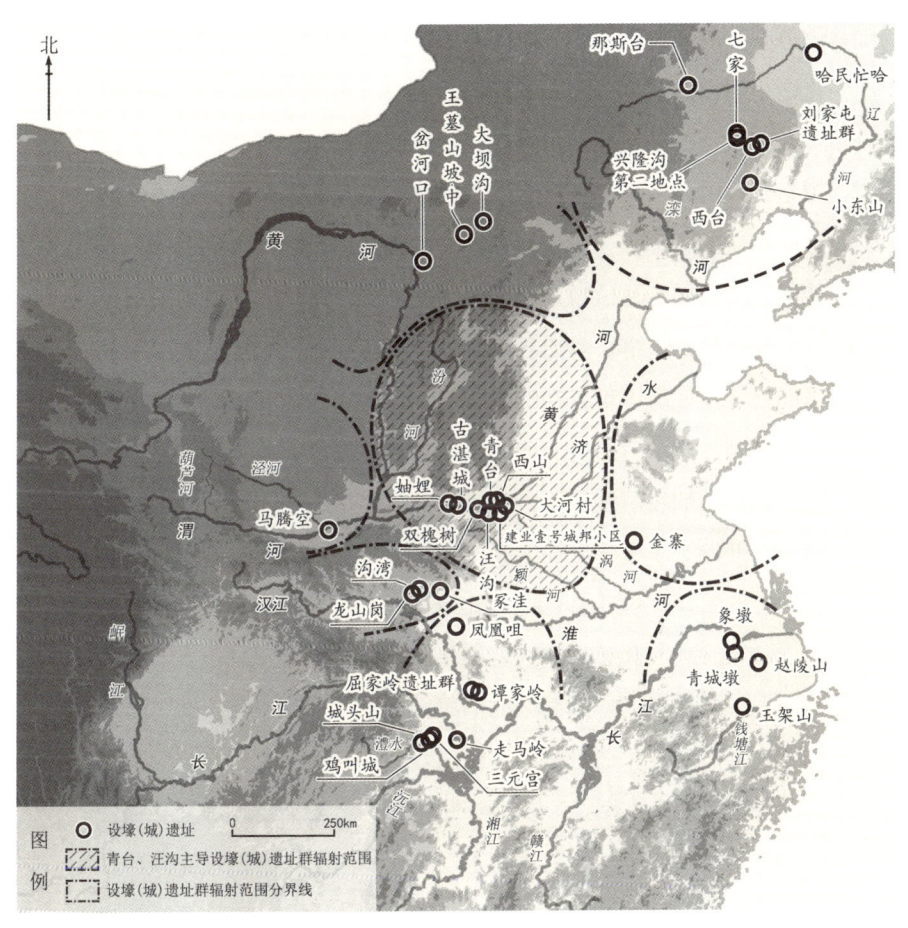

图 3.5　公元前 3100 年前后东亚大陆腹地设壕（城）遗址及空间区划示意图

因而它们当与上游沿黄人群及汾河流域的人群相关。在位置上，沿黄人群所处更为偏西，所以位于西边的妯娌可以被视为针对这部分人的设施。而偏东和在黄河北岸坐落这两点决定了可以考虑古湛城与汾河流域的人群相关。此时驻扎在汾河流域的人群或者可以分作上游和中下游两个组团，上游组团含多个大型遗址，显示出其对形成坚实防御的重视，中下游组团以小型遗址为主且多逼近汾河主道设置，显示出其并不担心上游的干扰，也就是说，这两个组团应共为一体。双槐树遗址位于洛河与黄河交汇处，其上游有大量仰韶文化遗址存在，设想双槐树为这些遗址的中心设置是合理的，特别需要注意的是，在洛阳盆地集聚的仰韶文化遗址分布实际上覆盖了颍水发源地，由此可以设想颍水上游亦为双槐树的辐射地。从位置上看，西山遗址应该针对的是黄河与太行山之间生活的人群。其边界可以划至仰韶文化遗址抵达的漳河入黄河处，从实际遗址存在的状况看，将这一地区的祭祀中心放在黄河以南，应该有避开北面异族压力的意图。建业壹号城邦小区遗址与涡河的发源地相关，设想其针对的是生活在涡河流域的族群是合理的。以上述叙述为基础，从位置与河流的对应看，大河村则应该主要面对济水流域（图3.6）[36]。

如果设想文化相异的人群相邻时，二者都将面对更多的挑战与压力，那么以上空间划分的结果，似乎指示各设壕（城）遗址的祭祀隆重水平和遗址规模与该遗址针对的河流流程的长短及面对的外部压力大小相关。双槐树遗址面对着洛河与颍河两条河流，关涉河道的流程最长，其既位于同文化的渭河一线和丹江口地区的下游，又要通过颍河应对淮河一线异文化人群，故其有三重围壕设置，遗址面积达到117万平方米。大河村遗址针对济水，下游为强势的异文化人群，故其有二重围壕设置，遗址面积40万平方米。西山遗址针对黄河下游的异文化人群，故其有二重围壕，遗址面积在35万平方米以上。建业壹号城邦小区遗址针对涡河，面对异文化人群，但由于涡河东有济水，西有颍河，大河村及双槐树可在一定程度上分担它的压力，故其为单重壕，遗址面积10余万平方米。古湛城遗址针对汾河，上游为同文化岔河口设壕遗

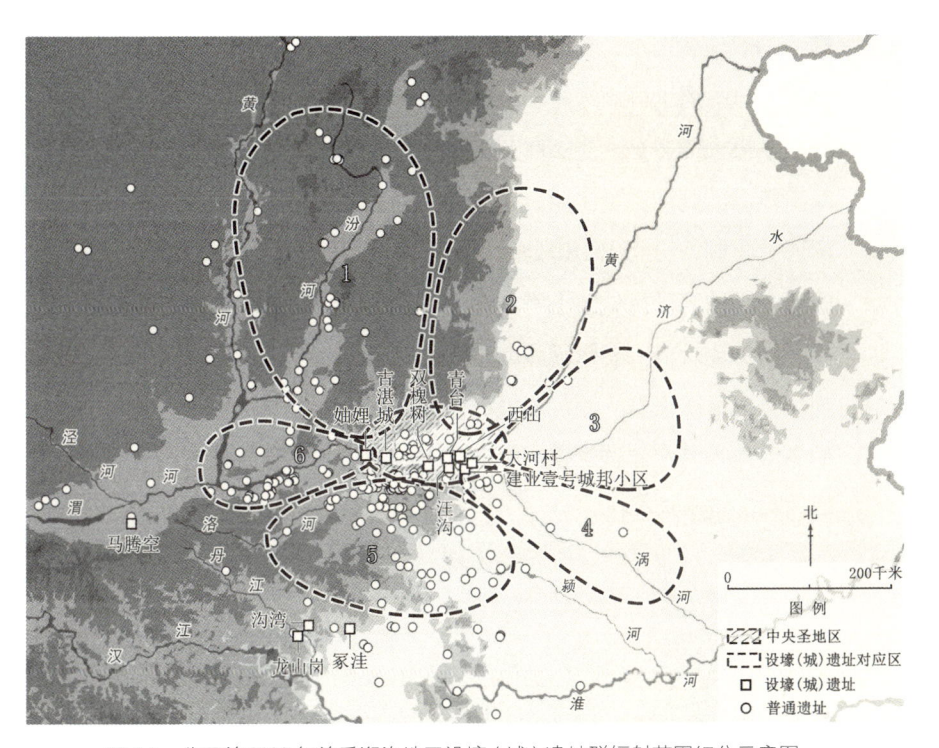

图 3.6 公元前 3100 年前后郑洛地区设壕（城）遗址群辐射范围细分示意图
（1.古湛城遗址对应区；2.西山遗址对应区；3.大河村遗址对应区；4.建业壹号城邦小区遗址对应区；5.双槐树遗址对应区；6.妯娌遗址对应区）

址，故为单重壕，遗址面积 20 万平方米。妯娌遗址针对的河段最短，上游又为同文化人群，故其为单重壕，遗址面积最小。遗址面积的大小和形制隆重的差异，其实就是对应族群的人口规模大小和政治地位高低。

这样的规则性一方面表明了上列遗址的河流针对性分析结果大略可靠，另一方面也让人们看到，这个包括 8 个祭祀中心的系统的安排，是一个考虑了多种因素的协调过程。

值得注意的是，即使是郑洛地区的设壕（城）遗址群中规模最大的双槐树遗址，其遗址面积也不过 117 万平方米，而在这个设壕（城）遗址群周边有一系列大于它的同时期仰韶文化的遗址存在，最大的甚至达到 200 万平方米。现知规模可观因而有较强军事能力的同期遗址主要分布在渭黄交汇处、洛河出山口与双槐树遗址之间、汾河出山口处、亳清河源头及沁河沿线以及颍河与涡河中游地区。从位置上看，它们才是以青台、汪沟为核心的设壕（城）遗址群所主张疆域的关键守卫者，而仰韶文化晚期出现在郑洛地区的设壕（城）遗址群体本身的军事价值应该有限，它们主要作为特定族群的祭祀中心、人群聚集的引导者和对一定空间占有的宣示物存在。

其实，在上述由 8 个设壕（城）遗址构成的群体出现之前的公元前 3400 年前后，郑洛一线已经存在着由古湛城、双槐树、汪沟、青台和尚岗杨 5 个环壕遗址构成的群体，这两个群体在空间结构、功能指向上是完全一致的。这也就是说，在公元前 3400 年前后，位于郑洛地区实际辐射范围应在 25 万平方千米左右的祭祀中心系统已经诞生了。

历史地看，以青台、汪沟为主导的秩序严整的设壕（城）遗址群所展示出的空间控制的方法和策略不可能是凭空产生的。也就是说，它是一定文化或族群以长期的实践与积累为基础的产物。由于相应做法具有多方面的优势的存在，故其一经产生就会自然地成为有条件者所乐于采用的办法。在我们看来，其前在东亚大陆腹地出现的设壕（城）遗址群，应该多是具有特定功能指向的统一体。它们的存在，不仅具体地形塑着相应时代的人类生存空间格局，而且在人们对于东亚大陆腹地核心区的整体空间框架认知上，应该产生了重大的影响。

## 三、"中国"成立的地理依据

1963年出土于宝鸡的西周初年的"何尊",铭文中有"宅兹中国"一句,这是现知最早将"中"和"国"连用作为词组的实例[37]。一般认为"何尊"所说"中国"指的正是郑洛地区或者洛阳盆地,现今人们还认为郑洛地区是中原的核心部分可以作为此种说法的证据。

"中国"的本义是指位于中央之"国"。前文已经指出,"中国"被许多人认作与上天沟通的场所,具有特别的灵性。在通常情况下,居中含有占据支配地位的意象,所以人们往往通过营造来塑造自身的中心性,可是依靠人为的中央—边缘结构的营造,很难获得大多数人持久地对其所拟定的中心地位的认同。把一定地点称作中国,或者说把一定地点设想为中央,需要有充分的理由作为支撑。从空间形成的角度着眼,应可以要求在这一地点周边各主要方向上有着某种公认的性质相同的、稳定的"天造地设"的界限或特殊的空间标识,并且这些界限或特殊的空间标识与被认定的中央区域距离大致相等。浏览相关的地图应可看出,视觉上可以标定郑洛一线为"中国"的自然界限并不存在,许多人视为中原标识的嵩山其实根本不在五岳所限定范围的大致中央。可如果把经常出现设壕(城)遗址群的地点视为公认的、天然的空间标识,那么我们就可以很顺利地看出,郑洛一线正好大致处在宝鸡至西安一线、黄河壶口及周边地区、江汉平原西侧、泰沂山系与济水相夹处等最为频繁出现设壕(城)遗址群的地点所限定范围的大致中央。在我们看来,正是这样的情况,从空间上奠定了郑洛一线位居天下之中的观念基础(图3.7)。

对于人类社会来说,居中只是一个形式问题,如果不与其他

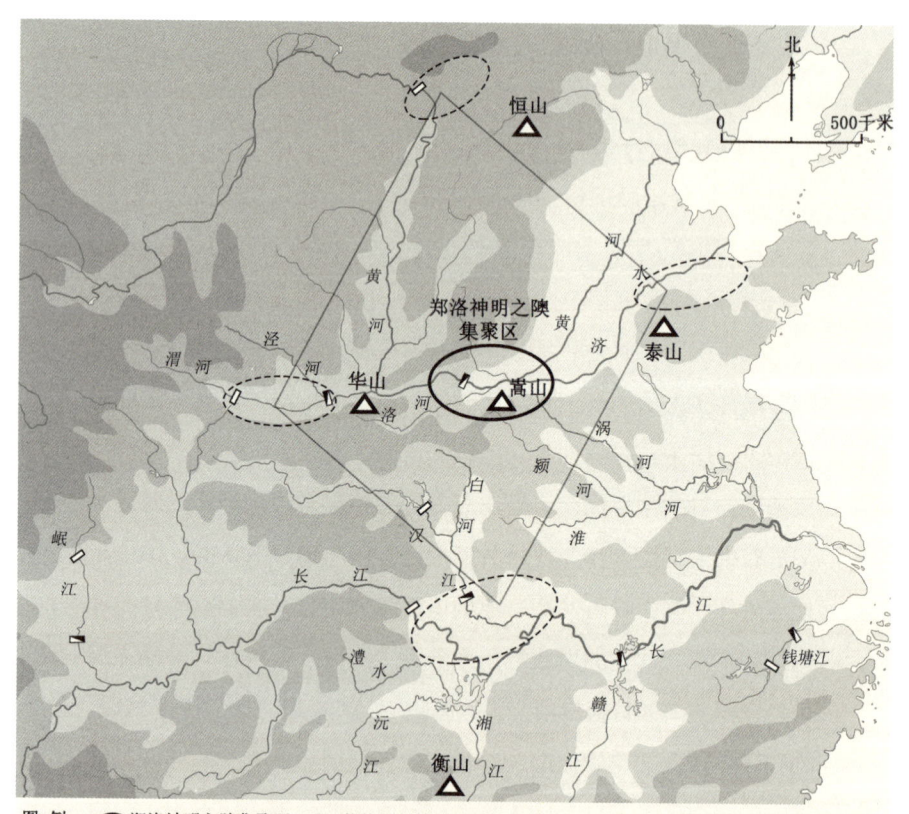

图 3.7　东亚大陆腹地五岳及五个主要"神明之隩"位置图

条件结合，其本身没有多大实际意义。也就是说，一个真实的被认作与上天有特殊关系的"中国"，其还应该具有某种水平的实际上的功能性支配能力，或者说，"中国"之所以为"中国"，还在于其在特定条件下在社会生活组织上的特殊价值。相较于东亚大陆腹地其他的特殊的空间支配点或"神明之隩"，在公元前3400年前后，以下事实决定了郑洛一线脱颖而出有机会成为对周边地区具有某种实际支配能力的"中国"。

(一)这里土地平整,水网丰富,气候温和,适于农耕。

(二)这里西、北、南三面山体回护,易于防守,空间安定。

(三)这里通过黄河、淮河、济水俯瞰东亚大陆规模较大的面积约47万平方千米的黄淮海平原,有着巨大的资源前景,即使扣除山东半岛、鲁中南及相关地区,剩余面积也在30万平方千米以上,占据这个庞然大物的一角,也已经相当令人满意,这是其他的"神明之隩"所不能比拟的。

(四)这里与长程河流直接相关且高等级"神明之隩"聚集,郑洛一线不仅与黄河主道直接相关,而且与长江的支流白河、唐河,黄河的支流洛河、汾河、沁河、卫河,淮河的支流颍河、涡河以及济水主道相关,也就是说,它与中国人所谓的"四渎"悉数相关。宝鸡西安一线不与四渎之主道直接相关,与之密切相关的较大河流渭河、泾河、汉江和嘉陵江中,涉及的只是黄河与长江两渎。江汉平原西侧地区只与长江相关,较大河流沅江、澧水和汉江等均为长江支流。壶口本为黄河上的节点,虽然与桑干河等较大河流相关,但这些河流在东亚大陆腹地空间控制上的地位并非特别突出。济水与泰沂山系相夹处及环泰山地区可以称为较大河流的只有济水、淮河。这些情况当然使得郑洛一线成为"神明之隩"中最为突出者。

(五)相对于最具竞争力的地区,这里"神明之隩"密度较高,空间连续,易于凝聚为高水平的强势中心。以与主要河流关涉为基础,郑洛一线主要的"神明之隩"涉及的空间范围大致在1万平方千米左右,各"神明之隩"间空间关系紧密;宝鸡西安一线主要"神明之隩"涉及的空间范围大致在1.2万平方千米,秦岭以南与渭河沿线空间连续性不强;江汉平原西侧主要的"神明之隩"涉及的空间范围在 1.5 万平方千米左右，澧水、长江、汉江的各"神明之隩"间有一定阻隔；黄河壶口地区主要"神明之隩"涉及的空间范围在 1 万平方千米左右，黄河一线与海岱地区联系不便；环泰山地区主要"神明之隩"涉及的空间范围甚至超过 2 万平方千米，济水与淮河上的主要"神明之隩"距离较远，联系不便。

（六）黄河、济水、颍河及涡河等河流最终构成了以郑州为起点放射状入海的格局，实现了对所面对空间资源的最具覆盖性的控制，且这些河流之间无重大地理障碍，便于空间拓展过程中的力量协同，并可能有所选择，空间拓展投入的效益较高。江汉平原西侧地区也与多条长程河流相关，不过这些河流最终都汇入长江，单线索地东流入海，资源控制出路单一，空间拓展投入效益不高。宝鸡西安一线也可归纳为西安一线的放射状结构，但所涉及的渭河、汉江和嘉陵江之间山岭阻隔，难以实现拓展过程中的相互支援，一些地区地形破碎，空间拓展投入效益有限。黄河壶口及周边地区与宝鸡西安一线情况类似。环泰山地区的相关空间资源的控制更是由多个线索构成，难以实现高效的协同拓展。

（七）郑洛一线以下长程河流上可以利用地形形成坚强防御的地点较少。从历史上看，真正形成障碍的只有济水下游的泰沂山系及淮河下游洪泽湖地区。江汉平原东侧武汉以下立即就有蠡泽这样重大地理障碍，并且蠡泽以下，又有湖口以及大别山和长江相夹所形成的多处易于防守的空间节点，使得江汉平原西侧人群顺流拓展面临较大阻力。作为宝鸡至西安一线空间拓展的主轴渭河汇入黄河后就有崤山形成重大地理阻碍，汉江和嘉陵江沿线同样拓展阻碍点较多，黄河壶口以下有无定河入河口、延河入河口、汾河入河口以及潼关一带容易形成阻碍，桑干河一线同样阻碍较多。相比较而言，郑洛一线在空间拓展和控制上更为有利。

（八）总括地看，黄河干流、桑干河、欧亚草原边缘、葫芦河、渭河干流、丹江、洛河等结合，形成包含三个"神明之隩"，涉及两个"神明之隩"的巨大的交通闭合环（图3.8）。以占据黄河壶口及相邻地区为前提，积极利用泾河、北洛河、无定河、延河、汾河、沁河、济水、漳河，通过克服恒山、华山等并不严重的阻隔，就能够实现宝鸡西安一线、洛阳郑州一线和壶口地区"神明之隩"之间的有效沟通。也就是说，具体地理条件使得相关地区成为一个联系紧密的空间实体，占据了关键地位的郑洛一线的人群有机会与上游的宝鸡西安一线、黄河壶口及相邻地区乃至丹江口地区

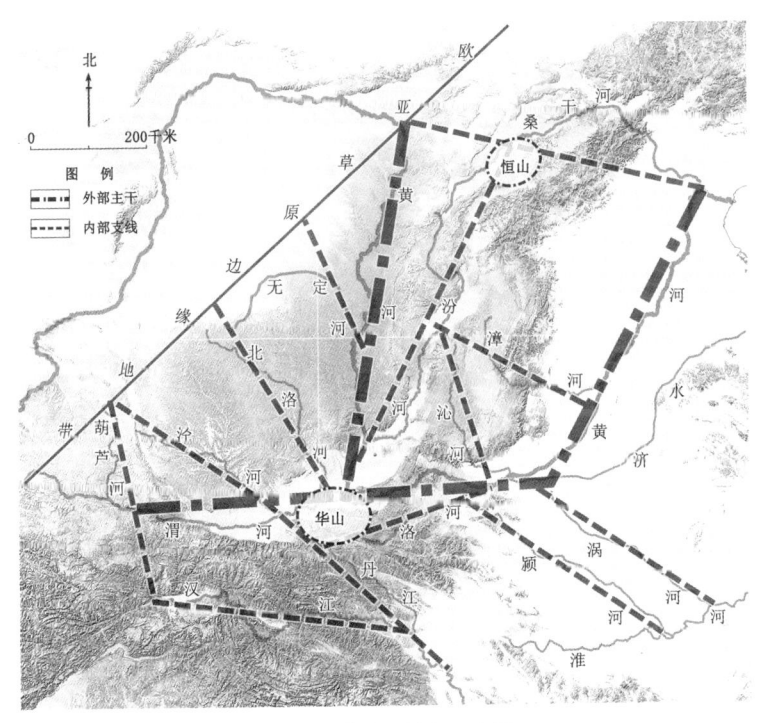

图3.8 仰韶文化圈以河流为主干的交通构架示意图

结合，从而形成超级地理单元。历史上空间覆盖面最大的仰韶文化集团快速地形成就证明了这一点。这种巨大地理文化统一体的存在，不仅培植了相应人群的心理优势，更是形成了凌驾于其他族群之上的实力，成为占据相关地区人群确认自身支配性地位的依据。

（九）仰韶文化的超级文化圈可以利用位于济水上游和汉江上游的优势，压制处于下游的在整体条件上最具竞争力的生活在环泰山地区和江汉平原上的族群。

（十）这里与巨型文化传播带欧亚草原直接相连，其有更多的机会获取多方面的外来资源（图3.9）。

（十一）这里有嵩山作为地理标记，空间形式感凸显，四季分明，有助于人们想象其为秩序的起点。

（十二）由于以上种种空间控制上的优势，使得郑洛一线很

图 3.9  东亚大陆腹地草原分布图（据百问百科"草原生态"词条附图3改绘）

早就被辨识为东亚大陆腹地最具灵性的场所。在许多情况下，占据这里成了天命所归的标识。这种认知不仅促使实力足够者以系统地控制这一地位为目标，而且也使在其他地区活动的族群默认以郑洛一线为基地的强势族群的支配地位。

应该说，上列优势条件才是被视作上天特别眷顾之地的"中国"的根本性，而空间的居中，在许多时候实际上成了这种优势地位的具体的形式说明。这里需要指出的是，由于四向大致对称分布的"神明之隩"是"中国"得以确立的必要条件，于是，某一方面"神明之隩"乃至相关领地的缺失，就会使"中国"名不副实，这对于上古活动在东亚大陆腹地核心区的人群来说应该是一个毋庸争辩的事实。

一般认为，历史上的黄帝时代大致距今5000多年，这就使得黄帝有可能与在公元前3400年前后就已经出现的以青台、汪沟为核心的设壕（城）遗址群相关。《史记·五帝本纪·索引》说："有土德之瑞，土色黄，故号黄帝。"[38]在五行中，"土"意味着中央。"土德"的意思是"以占据中央为特征"，所以，黄帝的上位实际上意味着郑洛一线正式成为东亚大陆腹地的中心。从空间的架构看，以青台、汪沟为主导的设壕（城）遗址群的出现应该是郑洛一线正式成为东亚大陆腹地中心的标志性事件。

一旦把仰韶文化晚期出现在郑洛地区的设壕（城）遗址群与黄帝对应，就有条件把《史记》中关于黄帝事迹的记述与考古遗址的分布结合起来讨论，更为具体地了解郑洛地区与周边那些拥有高等级的"神明之隩"的地区的关系。《史记·五帝本纪》说："轩辕之时，神农氏世衰。诸侯相侵伐，暴虐百姓，而神农氏弗能征。于是轩辕乃习用干戈，以征不享，诸侯咸来宾从。而蚩尤最为暴,莫能伐。炎帝欲侵陵诸侯,诸侯咸归轩辕。轩辕乃修德振兵,治五气,蓺五种,抚万民,度四方,教熊罴貔貅䝙虎,以与炎帝战于阪泉之野。三战,然后得其志。蚩尤作乱,不用帝命。于是黄帝乃征师诸侯,与蚩尤战于涿鹿之野,遂禽杀蚩尤。而诸侯咸尊轩辕为天子,代神农氏,是为黄帝。天下有不顺者,黄帝从而征之,平者去之,披山通道,未尝宁居。东至于海,登丸山,及岱宗。西至于空桐,登鸡头。南至于江,登熊、湘。北逐荤粥,合符釜山,而邑于涿鹿之阿。"[39]

炎、黄二帝及蚩尤均为五六千年前在黄河流域活动的族群,因而在考古学上他们与仰韶文化相关。这样,这段文字中"是为黄帝"之前的篇幅,讲的就是仰韶文化圈内部的权力纷争。具体叙述表明,仰韶文化圈内存有神农氏炎帝、轩辕黄帝和蚩尤三股主要的相互间具有明确博弈关系的力量。既然是主要的力量,就应该拥有或在一定时段拥有独立的高等级的祭祀中心。我们知道,仰韶文化区有四个高规格的祭祀中心:一是郑洛地区,二是宝鸡西安一线,三是黄河壶口及邻近地区,四是丹江口地区。丹江口地区在空间上独立性不强,且处在宝鸡西安一线和洛阳郑州一线的下游,虽拥有设壕(城)遗址,但其主要位于从属地位是明确的。至于其他三个,《史记·五帝本纪·集解》说:"谯周曰:有熊国君,少典之子也。'皇甫谧曰:'有熊,今河南新郑是也。'"由此,应可认定黄帝与郑洛一线相关。《帝王世纪》云:"神农氏,姜姓也。母曰任姒,有蟜氏女,登为少典正妃。游华阳,有神农首,感生炎帝。"[40] 姜姓长期在渭水中上游地区活动,华阳当为华山之阳,地与汉水中游相关,上文暗示炎帝是生活在渭河和汉江中上游的族群组合的"产物",由之可以设想炎帝与宝鸡西安一线相关。《史记·五帝本纪·正义》说："孔安国曰：'九黎君号蚩尤'是也。"[41] 九黎曾经活动于桑干河流域，而黄帝与蚩尤争战所在的涿鹿之野正在桑干河下游。设想蚩尤与涉及桑干河源头地的黄河壶口及邻近地区相关也应合理。

在《史记》的叙述中，蚩尤以难以制服的不服从者的面目出现。考古发掘显示的仰韶文化晚期在桑干河一线活动的族群在文化上与在宝鸡西安一线和郑洛一线活动的族群有较大差异；同时黄河壶口及邻近地区处于宝鸡西安一线和郑洛地区的上游位置，其对两者都具有某种战略优势。这应该就是其难以制服的不服从者面目得以形成的基础。仰韶文化晚期汾河流域仰韶文化遗址上游组团强调军事守卫的姿态则应该是"蚩尤最为暴，莫能伐"的最为具体的说明。至于仰韶文化早期在宝鸡西安一线出现的由半坡、姜寨和鱼化寨主导的规模可观的设壕（城）遗址群的消失，可以理解为黄帝最终战胜炎帝的表达。而在仰韶文化晚期晚段的公元前3000年前后，黄河壶口及邻近地区的王墓山坡中和大坝沟两个环壕遗址的消失则是蚩尤一族遭受重大打击的显示。由公元前4500年到公元前3000年的仰韶文化的设壕（城）遗址的存在及格局变迁与《史记》记述呼应，鼓励我们继续依托《史记》展开相关讨论。

"是为黄帝"以后的文字，则说的是黄帝与仰韶文化圈以外其他地区的关系。其主要内容是黄帝为了维护必要的秩序而四向巡狩，东登泰山，西临空桐，南至熊、湘，北逐荤粥。

崆峒山是泾河出山口的标志，泰山和济水与泰沂山系相交处相关，湘山则与江汉平原相连，这样，黄帝巡狩的东、南、西三个方向均涉及"神明之隩"。泰沂地区和江汉平原存有异文化的设壕（城）遗址，在泾河中上游至今未发现这一时期的同类设置，位于泾渭交汇处的马腾空环壕遗址定位在渭河南岸且远离主河道的做法，显示其应承受着泾河一线的压力。由此，泾河上游地区或亦当为有一定实力的异文化族群控制。从《史记》的叙述看，黄帝到达这三个地点并无多大的阻碍。由设壕（城）遗址存在的状况看，此时的中原地区势大，所以以这三个"神明之隩"为圣地的族群在一定程度上的服从也是可以想象的。但北方的情况就十分不同，黄帝在这一方向上动用了武力，订盟后才能"邑于涿鹿之阿"。这种情况也恰与此时西辽河平原红山文化势力强大及空间相对独立对应。涿鹿之阿就在桑干河出山口处，其亦为重要的"神明之隩"。因为上列四个"神明之隩"与郑洛一线大致距离相等，所以，黄帝的四向巡狩不仅是具有一定军事价值的权力空间认定行为，而且也是通过四个方向上的"神明之隩"的到达来确定"中国"成立的神圣仪式。黄帝巡狩最终以四个方向上的"神明之隩"为落脚点，应该确切地证明了"中国"的概念应的确来自东亚大陆腹地的"神明之隩"间的相互关系，或者说，郑洛一线是因为在诸"神明之隩"中的地位特殊而被标定为"中国"的。

空桐和涿鹿并非设壕（城）遗址多出之地，空桐偏离中原正西较多，在郑洛一线正西向的更为隆重的"神明之隩"由仰韶文化人群所据有的前提下，这种巡狩的格局当是由这些地点与更具体的外部压力相关来确定的，也就是说，是黄帝迎合实际政治、军事需要的务实表现。

《史记》述及的黄帝东向和南向巡狩的一些细节值得特别关注。首先，黄帝东巡狩所登之丸山并不高大，只是一处相对独立的开敞高岗，那为什么把到达此地作为东巡狩完成的标志，而登泰山只是顺带地"及"，在我们看来，这是因为丸山大略处于泰山以东，通向大海的丹水发源于丸山[42]，这使其具有了"神明之隩"的地位。注意到环泰山地区另外两处重要的"神明之隩"，即位于丸山西北的济水与泰沂山系相夹处和位于丸山东南的山海相夹的日照一带，而丸山正大致处于这两处"神明之隩"连接线的中间位置。并且，如果在丸山上以丹水河道为轴，向东直面一个半圆形海湾的顶点，同时沂山主峰恰为背景，而沂山主峰正是发源于泰沂山系流程较长的汶水、沂河、沭河的源头所在，当时这一地区的强势族群正是依托这几条河发展的。各种条件结合在一起，使得登临丸山成为最有利于形成占据支配地位意象的办法，使得先至丸山、再登泰山是一项功能与象征兼顾的有机礼仪顺序（图3.10）。

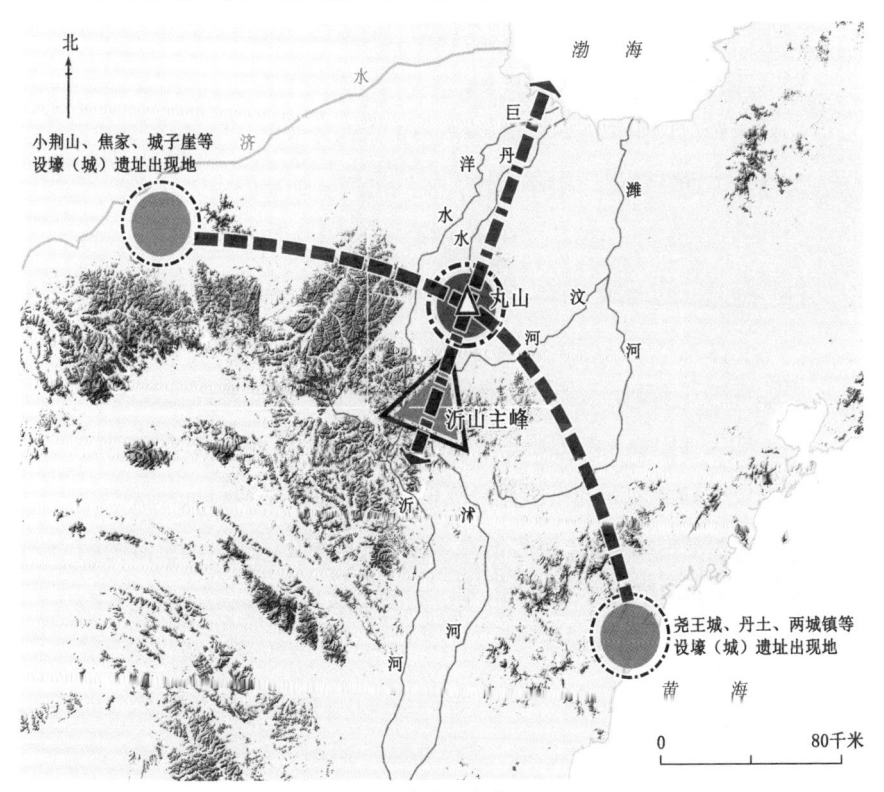

图 3.10　作为圣地的丸山及支撑要素空间架构

黄帝南巡狩的格局与东巡狩的明显不同，在此处涉及相隔距离可观的熊、湘二山。熊山又名熊耳山，在西安附近，是丹江源头地的标识，齐桓公曾经登熊山"以望江汉"，可见其为熊山在空间控制上的特殊的象征价值[43]。此时，在丹江口附近，有属于仰韶文化的沟湾、冢洼和龙山岗三个设壕（城）遗址作为仰韶文化压制江汉平原势力的要点。湘山位于长江主道与洞庭湖交接处[44]，洞庭湖是接纳澧水之所，所以这也应是特殊的与江汉平原诸势力有关的灵应之地。从空间上看，由熊而湘，势必要经过丹江口地区，因而先熊后湘，有依次宣示上游占有、实施对两股势力的镇抚的意思。这正与黄帝所在时，与江汉平原诸设壕（城）遗址文化属性相同的凤凰咀城址[45]逼近沟湾等遗址设置，暗示两者间存在激烈博弈的格局呼应（图3.11）。

由司马迁说民间将雍城一带认作"神明之隩"，"其语不经见，缙绅者不道"可知，时至西汉，视河流源头地和出山口处为神异之地的观念已不为精英文化所认同，所以《史记》所记黄帝巡狩行状与当时的设壕（城）遗址分布情势呼应，巡狩所达"神明之隩"的务实表现以及巡狩活动在细节上对"神明之隩"的关切等，更能够作为《史记》所述确有历史事实为支撑的证据。

如果《史记》的记述是可靠的，那么在公元前3400年前后，核心位于郑洛地区的人群已经获得周边族群的某种服从，从而实现了对西至甘肃东部、东至胶东半岛、北至燕山南麓、南至洞庭湖地区广大地域的一定水平的控制，使得实际上的"中国"得以产生。从设壕（城）遗址的情况看，这个"中国"的核心部分是以青台、汪沟为主导的设壕（城）遗址群的直接控制范围。在这个核心的周边，存在着一个外围区域，这个外围区域里包含一些由设壕（城）

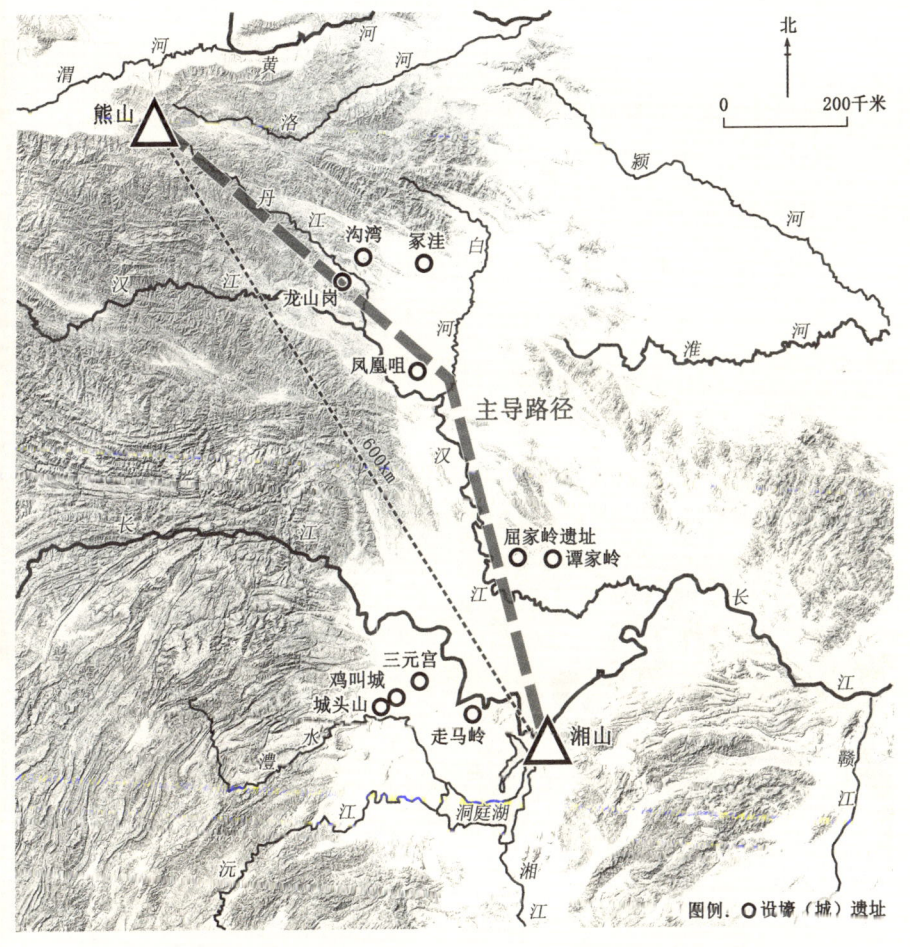

图 3.11 熊、湘二山空间关系图

遗址或遗址群主导的区域。这种包含设壕（城）遗址的区域可以分成两种情况：一种是由仰韶文化设壕（城）遗址主导的，从现有资料看，这里设壕（城）遗址的祭祀隆重水平较低，遗址规模较小，在构成设壕（城）遗址群时，所含遗址个数最多为三个。一种是由其他文化设壕（城）遗址主导的，这里设壕（城）遗址的祭祀隆重水平虽然不能和核心区的遗址相比，但却比处于外围的仰韶文化的设壕（城）遗址的水平高，同时遗址规模较大，在构成设壕（城）遗址群时，似乎有条件多于三个。这种情况充分表明，核心权力对不同地区的支配能力是不同的。在这个周边区以外的西辽河流域，此时存在着属于红山文化的由六个遗址构成的设壕（城）遗址群。其中规模最大的那斯台环壕遗址面积达到了150万平方米。这样的情况表明了其与郑洛一线的关系又有不同（表3.3）。

表3.3　公元前3100年前后东亚大陆腹地各地区设壕（城）遗址情况一览表

| 区位 | 遗址名称 | 圈围层数 | 圈围平面特征 | 圈围面积（万平方米） | 遗址面积（万平方米） |
|---|---|---|---|---|---|
| 郑洛地区 | 荥阳青台 | 4 | 不规则椭圆，西南隅突出 | 不详 | 31（仰韶遗址） |
| | 荥阳汪沟 | 4（西）3（东） | 规整矩形变体，西南隅突出 | 不详 | 62 |
| | 孟津妯娌 | 1 | 不详 | 不详 | 1 |
| | 洛阳古湛城 | 1 | 不详 | 不详 | 20 |
| | 巩义双槐树 | 3 | 规整矩形变体，西南隅压缩 | 70 | 117 |
| | 郑州西山 | 2 | 规整矩形变体 | 35（外壕内） | 不详 |
| | 郑州大河村 | 2 | 不详 | 不详 | 40 |
| | 郑州建业壹号城邦小区 | 1 | 不详 | 不详 | 10 |

续表

| 区位 | 遗址名称 | 圈围层数 | 圈围平面特征 | 圈围面积（万平方米） | 遗址面积（万平方米） |
|---|---|---|---|---|---|
| 宝西地区 | 西安马腾空 | 不详 | 不详 | 不详 | 3 |
| 壶口地区 | 察右前旗大坝沟 | 1 | 规整矩形变体（残） | 不详 | 2.6 |
| | 凉城王墓山坡中 | 1 | 椭圆变体（残） | 0.4 | 不详 |
| | 清水河岔河口 | 1 | 不规则椭圆 | 6 | 6 |
| 丹江地区 | 淅川沟湾 | 1 | 规整矩形变体，西南隅压缩 | 不详 | 6 |
| | 淅川龙山岗 | 1 | 规整矩形变体（残） | 不详 | 14 |
| | 镇平冢洼 | 1 | 不详 | 不详 | 7.5 |
| | 襄阳凤凰咀 | 2 | 规整矩形变体，西南隅压缩 | 14 | 25 |
| 江汉平原 | 天门谭家岭 | 1 | 规整矩形变体，西南隅压缩 | 26 | 不详 |
| | 澧县城头山 | 1 | 不规则椭圆 | 18 | 不详 |
| | 石首走马岭 | 2 | 规整矩形变体，西南隅压缩 | 7.8 | 不详 |
| | 澧县三元宫 | 1 | 不规则椭圆，西南隅压缩 | 9.5 | 不详 |
| | 荆门屈家岭遗址群 | 1 | 规整矩形变体，西南隅突出 | 70 | 236 |
| | 澧县鸡叫城 | 1 | 规整矩形变体，西南隅突出 | 15 | 不详 |
| 环泰山区 | 萧县金寨 | 不详 | 不详 | 不详 | 50 |

续表

| 区位 | 遗址名称 | 圈围层数 | 圈围平面特征 | 圈围面积（万平方米） | 遗址面积（万平方米） |
|---|---|---|---|---|---|
| 西辽河区 | 巴林右旗那斯台 | 不详 | 不详 | 不详 | 150 |
| | 科左中旗哈民忙哈 | 1 | 规整矩形变体（残） | 不详 | 18 |
| | 敖汉旗七家 | 不详 | 不详 | 不详 | 不详 |
| | 敖汉旗兴隆沟第二地点 | 1 | 不详 | 不详 | 4.8 |
| | 敖汉旗西台 | 1 | 规整矩形变体，北环壕西南隅压缩，南环壕西南隅突出 | 3 | 不详 |
| | 敖汉旗刘家屯遗址群 | 不详 | 不详 | 不详 | 不详 |
| | 朝阳小东山 | 1 | 不详 | 不详 | 8 |
| 环太湖区 | 常州象墩 | 1 | 不详 | 不详 | 5.5 |
| | 常州青城墩 | 2 | 不详 | 25 | 不详 |
| | 昆山赵陵山 | 1 | 规整矩形变体，西南隅不存 | 1 | 16 |
| | 杭州玉架山 | 1 | 规整矩形变体，六个环壕地段 | 7.3 | 15 |

如果把青台、汪沟直接辐射范围与王畿对应，把同文化设壕（城）遗址的辐射范围理解为强势同族诸侯国，把异文化设壕（城）遗址辐射范围视为强势异族诸侯国，把在西辽河流域以及上述诸侯国以外地区活动的人群与外夷对应，那么当时已经可以看到一个以王畿为核心、四向存在不同性质的诸侯国、诸侯国以外为四夷的结构的存在。

《史记·索隐》说，《史记》之所以以黄帝为五帝之首，并将其作为历史的开端，根源于五行之说[46]。但由东亚大陆腹地核心区空间架构的角度看，黄帝之所以为五帝之首，道理应该在于其上位标志着"中国"的确立，或者说道理在于一个以郑洛一线为核心具有实际意义的空间秩序的出现，而这才是中国历史的大事。

## 注　释

[1]　这里的"东亚大陆腹地"主要指胡焕庸线以东的地区，其核心区则为北至燕山、南至大庾岭、西至四川盆地西侧、东至大海这一空间范围。

[2]　在地理上，孟津与洛阳毗邻（2021 年，孟津市成为洛阳市下辖的孟津区，为叙述方便，此处仍遵照以前区划行文），但各有特殊性（详后），以下统称这一地区为"郑洛一线"或"郑洛地区"。

[3]　[美]路易斯·亨利·摩尔根著，杨东莼、马雍、马巨等译.《古代社会》，南京：江苏教育出版社，2005 年。

[4]　徐元诰撰，王树民、沈长云点校：《国语集解》，北京：中华书局，2002 年，第 336～337 页。

[5]　司马迁：《史记》（第一册），北京：中华书局，1959 年，第 10 页。

[6]　遗址定位据相关文物地图及发掘报告。

[7]　遗址定位据相关文物地图及发掘报告。

[8]　司马迁：《史记》（第一册），北京：中华书局，1959 年，第 1358 页。

[9]　司马迁：《史记》（第一册），北京：中华书局，1959 年，第 1359 页。

[10]　司马迁：《史记》（第一册），北京：中华书局，1959 年，第 1359 页。

[11]　司马迁：《史记》（第一册），北京：中华书局，1959 年，第 1359 页。

[12]　司马迁：《史记》（第一册），北京：中华书局，1959 年，第 1360 页。

[13]　班固：《汉书》（第四册），北京：中华书局，1962 年，第 1228～1229 页。

[14]　班固：《汉书》（第四册），北京：中华书局，1962 年，第 1228～1229 页。

[15] 司马迁：《史记》（第一册），北京：中华书局，1959 年，第 1388 页。
[16] 司马迁：《史记》（第一册），北京：中华书局，1959 年，第 1392 页。
[17] 司马迁：《史记》（第一册），北京：中华书局，1959 年，第 120 页。
[18] 司马迁：《史记》（第一册），北京：中华书局，1959 年，第 129 页。
[19] 司马迁：《史记》（第一册），北京：中华书局，1959 年，第 129 页。
[20] 例如："白族对自然出水的水塘很迷信，说是有龙神居住在龙塘内。这种龙塘，禁忌牲畜到里边饮水，禁忌小孩到里边洗澡，也禁忌妇女去洗衣服。"参见任骋：《中国民间禁忌》，北京：作家出版社，1991 年，第 485 页。再如："东巴教的第一神灵称作'术'，其形象为蛙头、人身、蛇尾。'术'神灵栖身于泉水丰盛、草木茂密之地，凡有泉水的地方，都是人与'术'神灵沟通的场所……"参见王鲁民、吕诗佳：《建构丽江：秩序·形态·方法》，北京：生活·读书·新知三联书店，2013 年，第 75 页。
[21] 许宏：《先秦城邑考古》，北京：西苑出版社、金城出版社，2017 年。
[22] 郑洛地区目前没有系统的有关仰韶文化晚期遗址的资料，图 3.3 中设壕（城）遗址之外的遗址参考以下文献中的遗址面积大于 10 万平方米的"仰韶文化遗址"绘制，河南省文物局：《河南文物》，郑州：文心出版社，2008 年；国家文物局：《中国文物地图集：河南分册》，北京：中国地图出版社，1991 年。
[23] 许宏：《先秦城邑考古》，北京：西苑出版社、金城出版社，2017 年，第 368~369 页。
[24] 河南省文物管理局：《黄河小浪底水库考古报告（二）》，郑州：中州古籍出版社，2006 年。
[25] 河南省文物局：《河南文物》，郑州：文心出版社，2008 年。
[26] 王胜昔、王羿：《河南郑州巩义双槐树古国时代都邑遗址考古获重大发现》，《光明日报》2020 年 5 月 8 日。
[27] 参考顾万发编著：《文明之光：古都郑州探索与研究》，北京：科学出版社，2016 年，第 19 页；方燕明：《2017 年河南省五大考古新发现》，《华夏考古》2018 年第 3 期。
[28] 参考顾万发编著：《文明之光：古都郑州探索与研究》，北京：科学出版社，2016 年，第 20~23 页；杨凡、顾万发、靳桂云：《河南郑州汪沟遗址炭化植物遗存分析》，《中国农史》2020 年第 2 期。
[29] 国家文物局考古领队培训班：《郑州西山仰韶时代城址的发掘》，《文

物》1999 年第 7 期。

[30] 索全星、刘彦锋、秦德宁：《河南郑州发现一处仰韶文化晚期聚落遗址》，中国新闻网 2014 年 8 月 26 日。

[31] 郑州市文物考古研究所：《郑州大河村》（全两册），北京：科学出版社，2001 年。

[32] 王鲁民：《营国：东汉以前华夏聚落景观规制与秩序》，上海：同济大学出版社，2017 年，第 21 页。

[33] 许宏：《先秦城邑考古》，北京：西苑出版社、金城出版社，2017 年，第 368 页。

[34] 王志友、徐雍初：《陕西西安马腾空遗址考古发掘获得新成果》，《中国文物报》2019 年 7 月 19 日。

[35] 许宏：《先秦城邑考古》，北京：西苑出版社、金城出版社，2017 年，第 368 页。

[36] 图 3.6 中设壕（城）遗址之外的遗址参考以下文献中遗址面积大于 10 万平方米的绘制：河南省的"仰韶文化遗址"，详见河南省文物局：《河南文物》，文心出版社，2008 年；国家文物局：《中国文物地图集·河南分册》，中国地图出版社，1991 年。山西省的"仰韶文化晚期""西王村类型""大司空类型""义井类型"遗址，详见国家文物局：《中国文物地图集·山西分册》，中国地图出版社，2006 年。陕西省的"半坡晚期类型""西王村类型""仰韶晚期"遗址，详见国家文物局：《中国文物地图集·陕西分册》，西安地图出版社，1998 年。

[37] 马承源：《何尊铭文初释》，《文物》1976 年第 1 期。

[38] 司马迁：《史记》（第　册），北京：中华书局，1959 年，第 6 页。

[39] 司马迁：《史记》（第一册），北京：中华书局，1959 年，第 3~6 页。

[40] 司马迁：《史记》（第一册），北京：中华书局，1959 年，第 3 页。

[41] 司马迁：《史记》（第　册），北京：中华书局，1959 年，第 4 页。

[42] 《史记正义》引《括地志》云："丸山即丹山……丹水出焉。"详见司马迁：《史记》（第一册），北京：中华书局，1959 年，第 6 页。

[43] 《史记正义》引《括地志》云："熊耳山在商州上洛县西十里，齐桓公登之以望江汉也。"其实，从视觉上看，由熊耳山"以望汉江"是根本不可能的，之所以有这种说法是因为在特定条件下，占据这里是控制江汉的重要条件。详见司马迁：《史记》（第一册），北京：中华书局，1959 年，第

7页。

[44]　司马迁:《史记》(第一册),北京:中华书局,1959年,第7页。

[45]　向其芳:《襄阳凤凰咀城址的确认与意义》,《中国文物报》2019年8月9日。

[46]　司马迁:《史记》(第一册),北京:中华书局,1959年,第1~2页。

# 第四章 良渚文化的空间架构与权力规模

## 一、良渚文化与良渚文化的产生

2019年,第43届世界遗产委员会会议将"良渚古城遗址"[1]列入《世界遗产名录》,世界遗产委员会认为,良渚古城遗址展现了一个中国新石器时代晚期的以稻作农业为经济支撑、存在着社会分化和统一信仰体系的"早期区域性国家形态",印证了长江流域对中国文明起源的杰出贡献[2]。目前,对良渚"早期区域性国家"形态的认识主要有两种:第一种认为最有可能的是良渚文化区中存在多个并立的"古国",良渚古城是其中一个古国的"都"[3];第二种则把整个良渚文化区视作一个"广域王权国家",良渚古城是这个"广域王权国家"的"首都",地方中心与首都之间存在某种程度的隶属关系[4]。目前关于良渚文化权力架构的讨论大多是基于现有的文明和国家认定标准并结合相关发掘物展开的,对遗址系统的格局与变迁的关注还不充分,以至于因为发掘物性质判定标准的不同而产生较大的差异。由于"区域性国家"或"广域王权国家"与权力的空间覆盖范围相关,而权力的空间覆盖范围会通过遗址系统的空间组织形态具体地呈现出来,所以,以遗址系统组织为核心的研究应该能够帮助人们达成对相关问题更为贴切的认识。

对中国早期遗址的研究表明,环壕及城垣意味着强势族群高等级的祭祀存在。中国上古，祭祀权是一项十分重要的社会、政治权力，所以设壕（城）遗址是相关权力在一定空间范围实现的关键支撑，它的规模、构成、等级和空间定位十分具体地反映着当时的社会组织及权力架构的基本轮廓。目前，在良渚文化区有一系列设壕（城）遗址发现，它们的覆盖范围基本上涉及良渚文化区全体，同时，已发现的良渚文化遗址已经表现出某种系统性，因而我们有条件尝试以设壕（城）遗址为主导，以相关遗址系统空间格局为支撑，结合其他考古迹象对良渚文化政治权力空间涉及范围和架构进行探讨。

良渚文化以长江三角洲平原的太湖周边为中心区域，西至宁镇地区，东至大海，向北跨越长江可达江淮南部，向南跨越钱塘江可达宁绍地区，遗址集中区面积约6万平方千米。此外，在近海的舟山群岛，浙西丘陵地区的千岛湖也有良渚文化遗址发现，大体看，良渚文化总的涉及范围超过10万平方千米。自1936年发现良渚遗址以来，对良渚文化的探究已经有80多年。近几十年来，浙江、江苏、上海等地的考古工作蓬勃开展，以往考古调查和文物普查中发现的重要、重点遗址大多进行了发掘或勘探，从而形成了对良渚文化关键空间支撑要素的相对完备的知识。目前，有确切考古资料的良渚文化遗址达到597处[5]，其中含有环壕或城垣的遗址有7处（表4.1），并且通过相关资料能够把握已知设壕（城）遗址在不同时期的形态特征，正是这些考古资料形成了我们探讨良渚文化的权力空间范围与架构的基础。

表 4.1 良渚文化设壕（城）遗址信息汇总表

| 遗址名称 | 圈围类型 | 遗址面积（万平方米） | 圈围面积（万平方米） | 主要使用时期 | 环壕（城垣）的设置 |
|---|---|---|---|---|---|
| 常州青城墩（横林青墩） | 环壕 | 不详 | 25（外环壕以内） | 崧泽文化晚期，良渚文化早期、中期 | 崧泽文化晚期一道环壕，良渚文化时期两道环壕 |
| 杭州良渚古城 | 环壕+城垣 | 630 | 300（城垣以内） | 良渚文化中期、晚期 | 三道环壕（城垣） |
| 杭州玉架山环壕遗址群 | 环壕 | 15 | 7.3 | 良渚文化早期、中期、晚期 | 包含六个环壕地段，每个环壕地段一道环壕 |
| 常州寺墩 | 环壕+城垣 | 90 | 不详 | 良渚文化中期、晚期 | 三道环壕（城垣） |
| 常州象墩 | 环壕 | 5 | 不详 | 良渚文化早期、中期 | 一道环壕 |
| 昆山朱墓村 | 环壕 | 14 | 不详 | 良渚文化中期 | 一道环壕 |
| 昆山赵陵山 | 环壕 | 16 | 1 | 良渚文化早期、中期 | 一道环壕 |

良渚文化存在于距今约 5300～4300 年间，一般认为早期阶段距今 5300～5000 年，中期阶段距今 5000～4600 年，晚期阶段距今 4600～4300 年。这里，我们参考良渚文化遗址系统以及设壕（城）遗址性状的变化，将良渚文化分为四个发展阶段，依次进行讨论。第一阶段为初创期，对应于良渚文化早期，这时玉架山环壕遗址群包括四个环壕地段[6]，而良渚古城还未建设；第

二阶段为壮大期,对应于良渚文化中期前段,距今约 5000~4850 年,此时玉架山环壕遗址群包括六个环壕地段[7],良渚古城形成;第三阶段为调适期,以良渚古城城垣的建设为标志,对应于传统的良渚文化中期后段,距今约 4850~4600 年;第四阶段为衰败期,对应于传统的良渚文化晚期[8]。

种种迹象表明,公元前 3000 年前后,东亚大陆腹地人口稠密地区不同族群间的争斗已经相当激烈。在这种情况下,良渚文化区为多个并立"古国"的说法面临的最为严厉的挑战是:良渚文化遗址在空间上的分布极不平衡,特别是作为一定族群祭祀中心的其他良渚文化设壕(城)遗址在规模上乃至形制上根本无法和良渚古城相提并论。良渚古城一枝独秀地存在数百年之久,这一事实就应该表明了良渚文化区存在着统一的组织。不过,这个统一的组织的形成,却并不是以良渚古城的出现为标志的。

距今 7000 年左右,海平面上升速率由快变慢,太湖平原东部冈身(贝壳沙堤)开始发育,保护了冈身西部的部分地区免受海水影响。距今 5600 年以后,除了一些潮汐通道还受到潮流侵扰,太湖平原冈身以西,包括地势较低的古太湖湾在内的大部分地区已经成陆,形成淡水湖沼环境[9],为人类的生存提供了更好的条件。距今 5500 年前后,突发的全球性的气候冷干事件,导致了降水减少,海平面下降。一方面,这使得沼泽消失,河流的阻隔水平降低,不同族群之间的互动水平提升,强势人群有了更多的机会对他人形成压迫;另一方面,环境的改变使得部分地区旧的生业方式无法满足当地族群的生存需求,有必要寻求新的空间进行族群或人口的安顿。在多方面因素的作用下,太湖周边特别是太湖东部的广阔地区逐渐成为人类活动的特别舞台。

根据现有的考古资料，人口的增长和族群的迁移导致了兼容在太湖附近地区活动的崧泽文化、在钱塘江南岸的宁绍平原和舟山群岛活动的河姆渡文化以及原来处在长江下游上段裕溪河两岸的凌家滩文化内涵的良渚文化的出现。这一点从良渚文化玉器上的神人兽面"神徽"包括上述三种文化的要素可见端倪。良渚文化神徽由一个头戴羽冠的神人和兽面组成，据相关研究，神人和兽面的眼睛、"臂章"状刻纹等来自崧泽文化晚期圆和弧边三角形组合的纹样母题[10]，神人的面部源于凌家滩文化玉人的方脸形象，兽面的形象综合了许多河姆渡文化的因素[11]（图4.1）。

神徽可以是高等级祭祀活动参与者的对应物。良渚文化神徽上同时包含崧泽文化、河姆渡文化和凌家滩文化要素，表明三种不同文化背景的族群都可以作为祭祀的主张者出席同一祭祀活动。这种状况，应该暗示良渚文化所涉及的三个族群都不是严格意义上的被征服者，也就是说，良渚文化大体上是以和平方式实现相关族群的兼并而产生的。

崧泽文化早期流行鱼鳍形足鼎，晚期大量使用凿形足鼎，但许多墓葬尤其是等级较高的墓葬中往往随葬特制的鱼鳍形足鼎明器，而良渚文化早期则大量使用鱼鳍形足鼎[12]。鼎在上古礼器中位置特殊，所以，良渚文化早期的礼器形式向崧泽文化早期的回归可以视为崧泽文化因素在良渚文化构架中地位不凡的具体表现（图4.2）。从遗址数量及涉及空间范围看，崧泽文化的遗址数量和涉及空间范围远大于凌家滩文化与河姆渡文化，且良渚文化的展开空间主要为崧泽文化的旧地，因而设想在良渚文化中崧泽文化居于主导地位有一定的根据。

凌家滩文化拥有遗址面积达到160万平方米的含山凌家滩

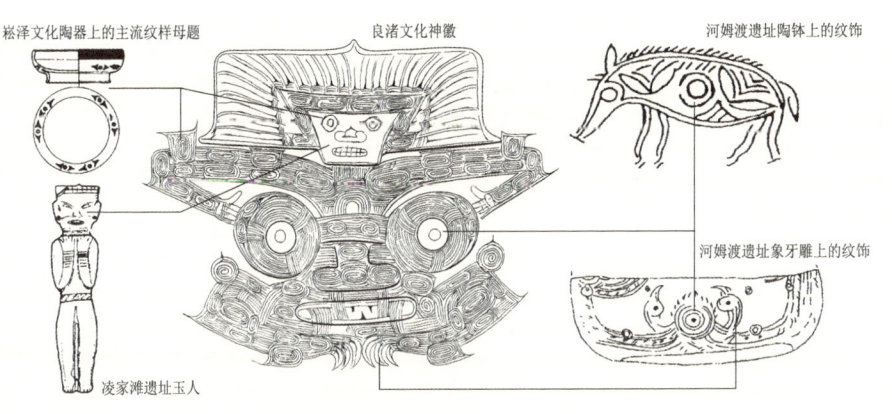

图4.1 良渚文化神徽中的不同文化因素（据《何以良渚》《法器与王权：良渚文化玉器》《良渚古城综合研究报告》《凌家滩：田野考古发掘报告之一》《神人兽面的真像》改绘）

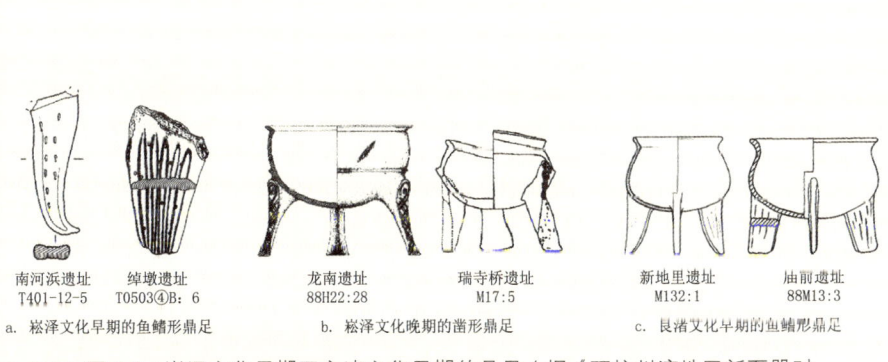

南河浜遗址 T401-12-5　绰墩遗址 T0503④B: 6　龙南遗址 88H22:28　瑞寺桥遗址 M17:5　新地里遗址 M132:1　庙前遗址 88M13:3

a. 崧泽文化早期的鱼鳍形鼎足　　b. 崧泽文化晚期的凿形鼎足　　c. 良渚文化早期的鱼鳍形鼎足

图4.2 崧泽文化早期至良渚文化早期的鼎足（据《环杭州湾地区新石器时代考古学文化研究》改绘）

大型环壕遗址[13]（图4.3），其主要在太湖以西今安徽巢湖下游的裕溪河两岸活动，该区域远离崧泽文化区且在后来的良渚文化区以外。所以，良渚文化的产生意味着一个强势文化向东迁移，一般说来，这一迁移势必对崧泽文化形成挑战。可结果是，应该正面承受这种压力的崧泽文化的青城墩环壕遗址未遭到损坏，在良渚文化期继续使用，同时，凌家滩文化的精英人群在良渚文化中占据高位[14]，这就在另外一个层次支持良渚文化主要是以和平方式产生的推论。

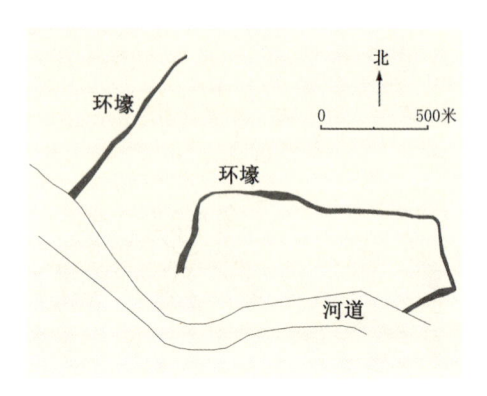

图 4.3 凌家滩遗址环壕平面示意图（据《含山县凌家滩遗址保护规划研究》改绘）

与周边的仰韶文化、大汶口文化和油子岭文化相比，凌家滩文化、崧泽文化和河姆渡文化遗址的覆盖范围均相当有限。由各关涉文化的主要活动范围的区位条件与人群分布看，凌家滩文化人群所处位置既受到西边沿江而下人群的压制，又要抵抗东北方向人群的侵扰，还要应对可能的崧泽文化人群的蚕食。崧泽文化人群主要活动在太湖以东，应该受限于人口数量，其很难形成对相关空间系统的强有力控制，以应对来自凌家滩文化、大汶口文化、河姆渡文化甚至是油子岭文化等方向上的压力。河姆渡文化人群偏居一隅，所在区域主要为丘陵，空间逼仄，发展严重受限。在其北面的较其远为强大的崧泽文化当会对其造成不小的生存压力（图 4.4）。

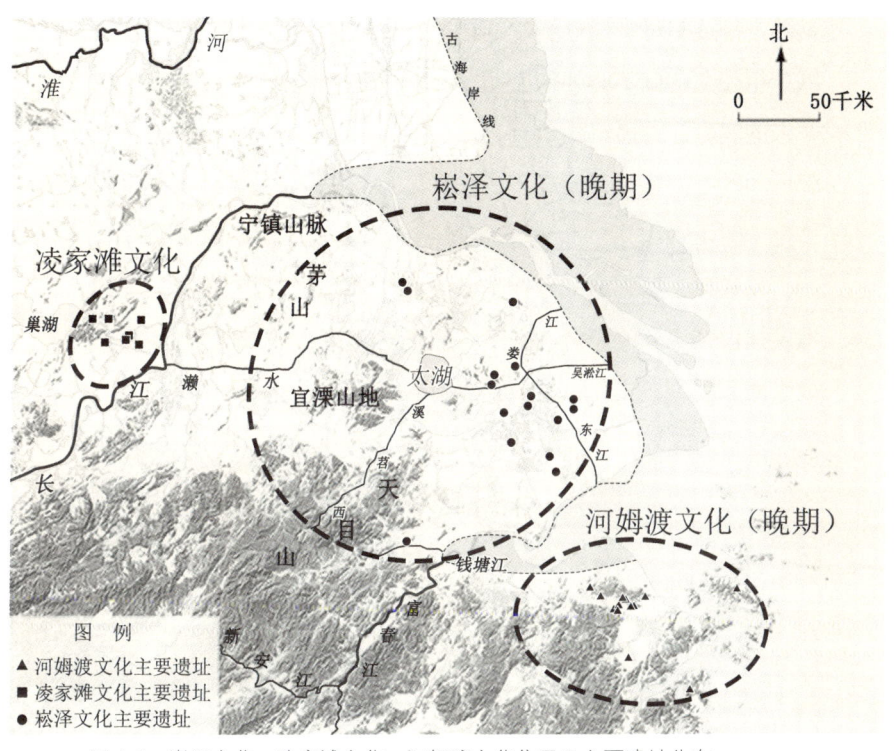

图 4.4　崧泽文化、凌家滩文化、河姆渡文化位置及主要遗址分布

　　由合并而产生的良渚文化，人口数量当有较大的增长，这就为其更加系统地进行一定地域的空间控制提供了条件。从整体上看，良渚文化遗址的密集区主要在太湖以东和南部，在这个密集区西侧，存在着宁镇山脉等一系列地理障碍。从空间的控制着眼，只要守住了长江、宁镇山脉、茅山、宜溧山地和天目山之间的交通孔道，就能构成一个以太湖以东和南部为主体的安定空间。现有的考古材料表明，在上述孔道上确实都有较大遗址或遗址组团存在，并且在这些孔道以西，存在着一个良渚文化遗址稀疏区作为缓冲。虽然这种状态应该不是一下就形成的，但却可以理解成

第四章　　117

某种安排或某种持续性要求的结果。据此有理由相信，正是为了减少相关文化间不必要的摩擦，以形成满足环太湖地区系统控制要求的实力，并最终构成具有多个空间层次的、能够有效应对外部压力的空间整体，促成了三种文化的合并，导致了良渚文化的产生（图4.5）。

从整体上看，新的架构防御成本大幅减缩，并为相关族群的发展提供了更多的机会。当然，这应该是以三种文化因素特别是凌家滩和河姆渡文化因素放弃原有的空间定式和文化区隔，全方位进行较为充分的融合为前提的。

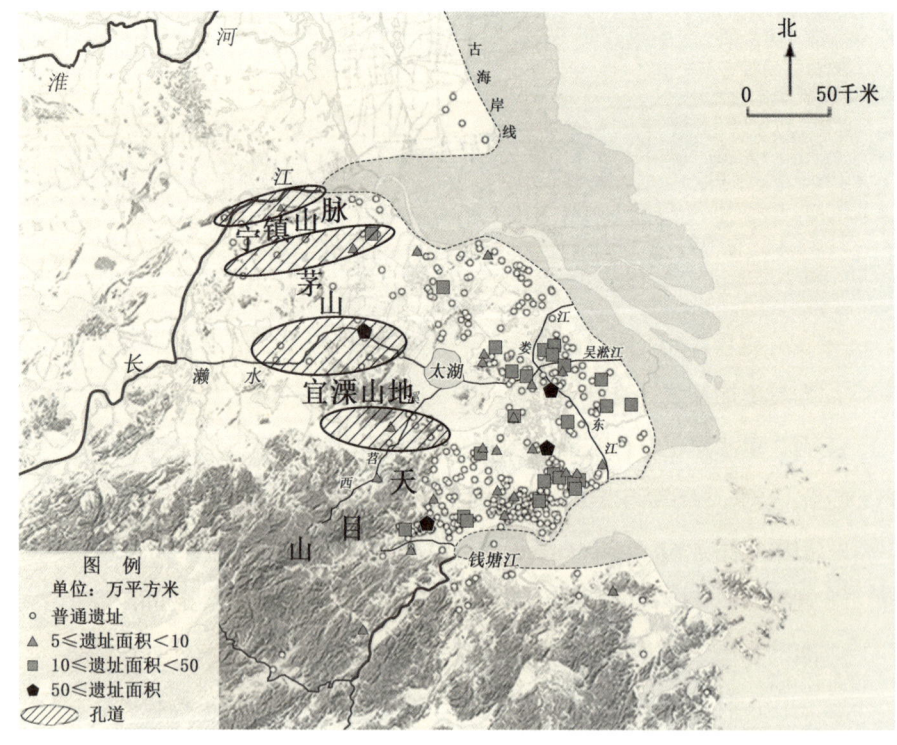

图4.5 关键孔道及良渚文化的遗址分布格局（底图采自《何以良渚》）

## 二、良渚文化初创期的聚落系统与权力规模

比较凌家滩文化、崧泽文化、河姆渡文化和良渚文化遗址的分布，可以看出，良渚文化从一开始就是一个由统一权力支配的整体。在上古中国，祭祀活动是族群组织不可或缺的核心性内容。由于良渚文化是为了谋求更为合理的秩序和平地产生的，因而针对整个良渚文化区的祭祀中心不可能长时期空缺。那么，认为面对整个良渚文化的"都城"良渚古城直到良渚文化形成后 300 年左右才出现就成了一个问题。那么在初创期，良渚文化的祭祀中心究竟在哪里？

良渚文化设壕（城）遗址中，形态上最为特别的是使用时间贯穿整个良渚文化存在时段的玉架山环壕遗址群。现有研究或者是基于该遗址的规模有限，自动地将其识别为村落[15]，或是良渚文化社会的基本单元[16]，或者地位稍高，是一种由基层聚落群向城市变化的中间形态[17]。这些看法虽有不同，但都不能很好地解释为何一个聚落要采用多个环壕并立的做法，并且这种遗址在良渚文化中仅有一处这一基本事实。从工程上看，如果建设这些环壕是为了防御，那么将它们合为一个则既省力也更具实用价值。从性质上看，如果这是一处普通聚落，那么应该常常看到才是。其实，环壕的存在已经表明了这是一个高等级的祭祀中心，而考古材料所显示的各个环壕的内部以墓葬为主，且在此地居住的人员并不直接从事粮食生产，应该十分具体地支持这种判断[18]。把一个高等级祭祀中心分成多个独立的坏壕地段，显示这里具有区别于其他单独设置的环壕遗址的特殊性质。一般说来，这样处理的理由有两种可能：一种是每个环壕遗址针对不同的祭祀类型，

一种是每个环壕遗址针对不同的祭祀人群。玉架山环壕遗址群中的环壕均采用西南隅有变化的近似矩形平面，意味着相应的遗址是针对和明堂礼仪相关的西南而东北的动线而存在[19]，也就是说，这些近距离安排的环壕地段应是性质大致相同的、服务于不同族群的、以明堂祭祀为主导的综合性祭祀场所。

在玉架山环壕遗址群内部组织情况较清楚的环壕Ⅰ上[20]，中轴南端有"沙土面2"。"沙土面2"周边由墓葬环绕，提示这是一处礼仪活动场所。如果把环壕西南角上的入口、正当入口的方形台基以及在该方形台基东北的"沙土面2"视为一个组合，那么这个组合就使得人们接近"沙土面2"要采用由西南方迂回而至的路线，而这正与古代文献指出的明堂要"由西南方""迁延而入之"的做法相应。依据这一线路的存在，应可认定"沙土面2"是明堂一类的设置，它与环壕入口、入口处的方形台基共同构成了一个"明堂单元"（图4.6）。相应的做法在后来的偃师商城宫城上也可以看到（图4.7）[21]。只是在玉架山环壕Ⅰ上，明堂正当环壕的唯一入口，其后面才是墓葬区，明堂地位更为显豁。此种明堂类设置的存在，可以用来支持玉架山环壕遗址群为服务于不同族群的与明堂祭祀相关的综合性祭祀场所的看法。

将多个环壕遗址组织在一起形成强势的祭祀中心的做法，是中国上古的文化传统。参照仰韶文化环壕遗址设置的先例，玉架山环壕遗址群中环壕地段的数量应该和良渚文化实际上的人群空间区划单位在数量上对应。

以往的研究将良渚文化的中心区域划分为五个区块，即太湖以南的良渚－瓶窑区及临平区（以下简称良渚地区）、太湖东南的嘉兴地区、太湖东部的苏南－沪西地区（以下简称苏沪地区）、

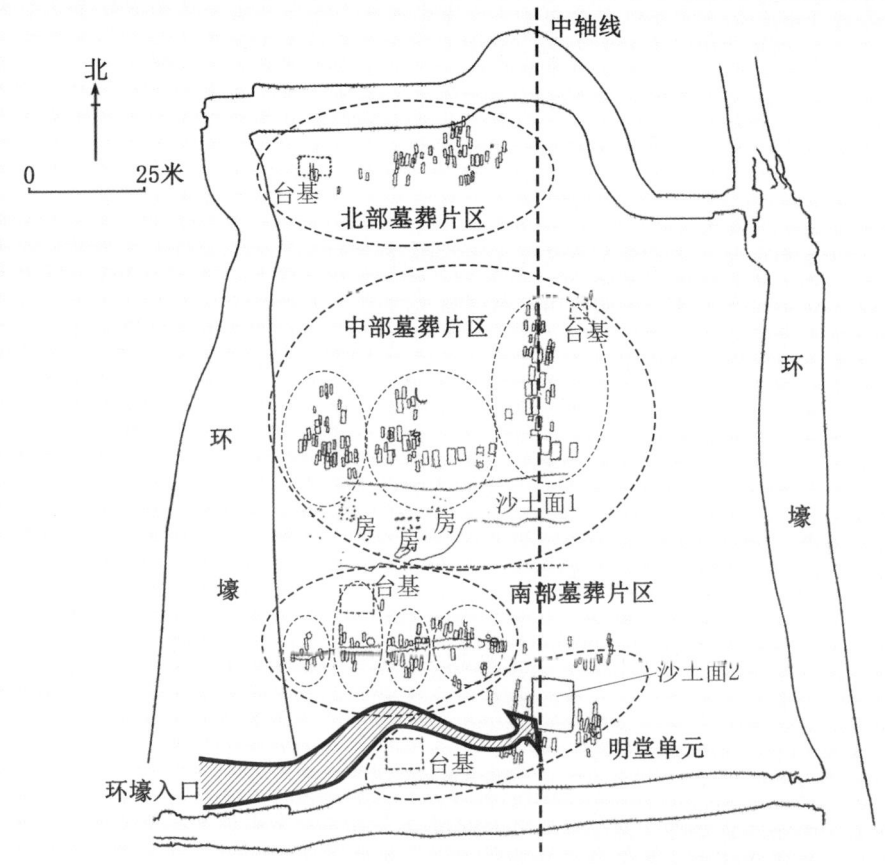

图 4.6　玉架山遗址群环壕Ⅰ的空间组织示意图（底图采自《何以良渚》）

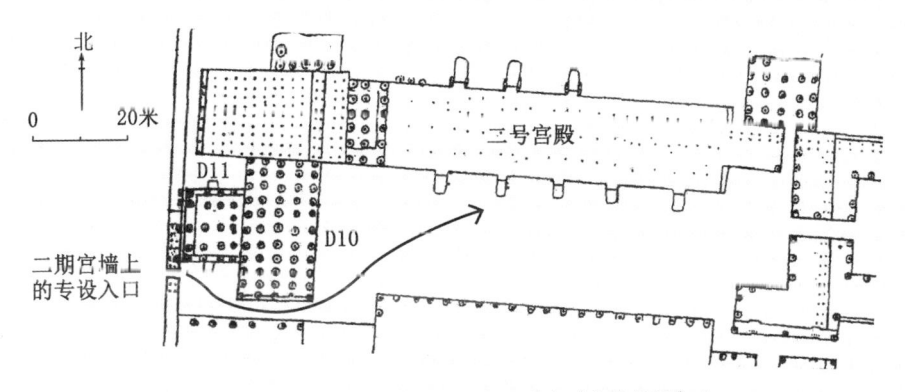

图 4.7　偃师商城宫城的"明堂单元"（底图采自《商代都邑》）

太湖西北长江以南的江阴－武进地区（以下简称江武地区）、太湖西岸的湖州－宜兴地区（以下简称湖宜地区）。此外，宁镇地区、宁绍地区和江淮南部也有良渚文化遗址分布[22]。这种划分当然为本文的探讨提供了基础，但因这种划分主要依托地形条件和遗址分布，似乎不甚关注遗址间的组织关联和片区的功能性考虑，因而很难与本文的研究目标有足够的呼应（图4.8）。

图4.8　原有的良渚文化区划图

在我们看来，既然在上古祭祀中心是社会及空间组织的关键，那么设壕（城）遗址就应该是一定规格的区域组织存在的标识。良渚文化初创期共有玉架山、赵陵山（图4.9）[23]、青城墩[24]和象墩[25]4处环壕遗址（群）[26]，其中，玉架山位于良渚地区，赵陵山位于苏沪地区，青城墩和象墩位于江武地区。于是，原有的分区方案就会面临两个问题：一是江武地区有两个环壕遗址，一是一系列地区没有环壕遗址。

首先需要注意的是，江武地区以西的宁镇地区直接面对外部压力，地位重要，涉及范围广阔，可以划分为一个区块。但是，若将环壕遗址放在宁镇地区安全保障水平不高，因而完全有条件设想，江武地区的两个环壕遗址中位置偏西的象墩环壕遗址是对应于宁镇地区的设置。将宁镇地区的祭祀中心置于江武地区，与江武地区的环壕遗址结合形成更为强势的中心，既保障了宁镇地区祭祀中心的安全，也有利于上位权力对宁镇地区的控制。其次，从地理空间上看，不含有环壕遗址的宁绍地区与含有玉架山环壕遗址群的良渚地区间不存在重大地理障碍，嘉兴、湖宜地区的遗址与良渚地区的遗址空间连续性较强，故有条件将相关部分视为一个整体，玉架山环壕遗址群为组团中心。苏沪地区与嘉兴地区、江武地区之间均有明显的遗址空白区，可以独自成组，赵陵山环壕遗址是苏沪地区组团中心。这样，良渚文化初创期应由四个人群空间区划单位组成，分别为宁镇组团、江武组团、苏沪组团和太湖南部组团（图 4.10）[27]。

与上述四个人群空间区划对应，在良渚文化初创期，玉架山环壕遗址群恰巧包括了四个环壕地段（图 4.11），在已有仰韶文

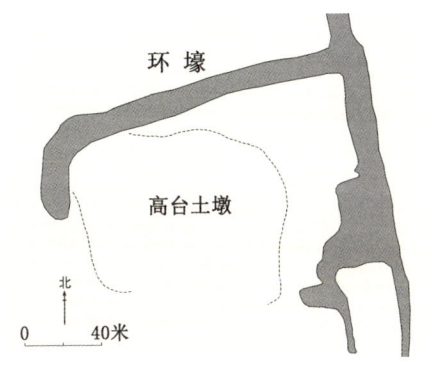

图 4.9　赵陵山环壕遗址平面示意图（据《赵陵山：1990～1995 年度发掘报告（全二册）》改绘）

图 4.10 良渚文化初创期的环壕遗址及遗址区划

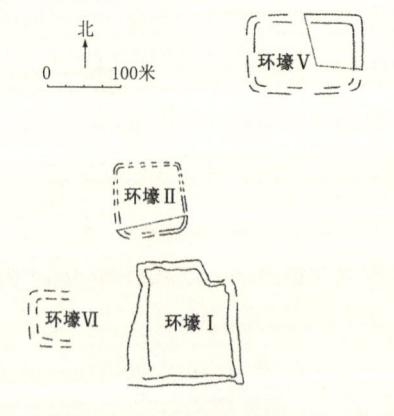

图 4.11 良渚文化初创期的玉架山环壕遗址群（据《何以良渚》改绘）

化聚落群形式为前导的情况下，这种数量上的对应，已经指示玉架山环壕遗址群就是此时的面对整个良渚文化区的祭祀中心。从平面形态看，玉架山环壕遗址群中的环壕Ⅰ，西南隅凸出明确，其祭祀等级最高，环壕Ⅱ、Ⅴ、Ⅵ形状差别有限，祭祀等级大致相近。如果环壕圈围地段的大小与其对应的实际空间的地位相关，那么环壕Ⅰ规模最大且在整个组织上处于前端，因而其应和良渚文化区的主导组团太湖南部组团对应。环壕Ⅴ尺寸其次，离环壕Ⅰ最远，其或者与涉及面积较大、处于战略要冲位置、更多地与凌家滩文化故地相关的需要特殊关照的宁镇组团对应。环壕Ⅱ尺寸上次于环壕Ⅴ，与环壕Ⅰ关系密切，或可与江武组团对应。这样，尺寸最小的环壕Ⅵ则应与位置相对安定、尺寸较小的苏沪组团对应。

仔细区别，太湖南部组团又可划分为三个次级组团：湖宜地区位于前端，良渚－嘉兴地区属于核心，宁绍地区则是后方，三个片区相互支持，共同构成一个具有特殊容纳能力的整体。与太湖南部组团对应的环壕Ⅰ中，"明堂单元"以外的部分可以区分为二个墓葬片区（见图4.6）。基于墓葬片区位置及墓葬的数量、等级，似乎北部墓葬片区与湖宜地区对应，南部墓葬片区与宁绍地区对应，而最高等级墓葬所在的中部墓葬片区则与良渚－嘉兴地区对应。虽然形式不同，但这种格局却实实在在地与仰韶文化的姜寨环壕遗址对应。参照仰韶文化早期的情况，太湖南部组团或有王畿的性质。正因为如此，所以才有必要将湖宜地区、嘉兴地区、宁绍地区与之归为一组，形成涉及地域最广、容纳人口最多，又在一定程度上自成体系的单位，保障统治阶层和相关族群的主导性。这样，整个良渚文化区就形成了以太湖南部组团为主体，

第四章　125

外侧宁镇、江武和苏沪组团环卫阻止外部侵扰的格局。

按照古代文献，明堂祭祀的对象不仅有相应族群的列祖列宗，而且包括军功卓著的功臣烈士[28]。在环壕Ⅰ中，明堂周边的墓葬应该独为一区，其所埋葬的应该不是因为血缘地位而是由于实际事功而获得特别对待的人员。也就是说，环壕Ⅰ是完整地满足太湖南部组团祭祀要求的空间。由此可设想，江武、宁镇、苏沪组团的象墩、青城墩、赵陵山等环壕遗址上埋葬的应是因为血缘地位而获得特别祭祀的人员，而玉架山环壕遗址群中的环壕Ⅱ、Ⅴ、Ⅵ埋葬的分别是针对相应组团的因为实际军功而获得特别对待的人员。

在我们看来，玉架山环壕遗址群所含环壕的个数与良渚文化遗址系统区划空间个数的对应，玉架山遗址环壕Ⅰ的内部分区与太湖南部组团实际区划的对应，以及在良渚文化出现伊始玉架山环壕遗址群就存在的事实，应该相当充分地表明了在良渚文化初创期玉架山环壕遗址群为整个良渚文化区的公共祭祀中心。

玉架山环壕遗址群中与太湖南部组团对应的环壕Ⅰ在面积上不仅大于群内其他环壕，而且比独立存在的赵陵山遗址的环壕圈围面积还大。在这种情况下，太湖南部组团内不再单独设置针对该组团的环壕遗址是可以理解的。在太湖南部组团涉及范围远大于其他组团的条件下，把这样的处理与这一时期良渚文化的环壕遗址规模差别有限联系起来，应可十分明确地认为，良渚文化初创期的空间组织更倾向于暗示联盟的团结，权力集中水平有限。

玉琮是良渚文化中神权的象征，因而玉琮的存在同样意味着高等级祭祀活动的存在。按照现有材料，在良渚文化的长江以南地区，含有玉琮的遗址一是出现在设壕（城）遗址附近，二是出现在苏沪组团与江武组团和太湖南部组团的交接处。由于设壕（城）遗址本为祭祀中心，所以玉琮在其附近出现是十分自然的，含玉琮遗址和设壕（城）遗址结合具有强化既有中心的作用，而在不同组团交接处的含玉琮遗址则需进一步解释。在古人那里，高等级的祭祀地点是族群的精神领地，是不容他人侵犯的神圣场所。设壕（城）遗址及含有玉琮的地段实际上都是具有特殊军事号召力的地点。从分布状态看，在两个组团交接处形成的含玉琮遗址应该分属于不同的组团，这就使之成为为两个组团共同关心的圣地，在必要时，能够动员更多的人对之加以维护，考虑到组团边界多有地理条件的变化，利用地形往往可以对来犯者进行更为有效的阻击。把设壕（城）遗址与含玉琮遗址统筹考虑，可以看到，在良渚文化初创期，良渚文化人群在长江以南形成了以玉架山遗址群为终点的、主要面向北部异文化的、间距有一定规律的六个层次的防御体系。这样的防御体系的存在，也是玉架山环壕遗址群为良渚文化初创期的中心单位，并且良渚文化区是一个秩序严整的，由统一权力控制的整体的证据（图 4.12）。

进一步注意到，这些防御层次之间，第一、二层防线的间距与第六层防线、玉架山环壕遗址群之间距大致相等，约为 25 千米；第二、三层防线之间距与第三、四层防线和第五、六层防线之间距大致相等，约为 43 千米；而第四、五层防线之间距则约等于第一、二层防线间距的 2 倍，约为 52 千米。就此似乎可以认为，这里的祭祀或防御系统的空间安排应该有着相当细致的计算依据。

从社会组织上看，玉琮在良渚文化组团或地区交接处集中地

图 4.12 良渚文化区的防御层次安排

出现,实际上形成了一定水平的祭祀中心,这样,良渚文化区的祭祀中心可以分成三个层次。玉架山环壕遗址群是整个良渚文化区的祭祀中心,玉架山遗址环壕Ⅰ、赵陵山、象墩和青城墩是组团中心,而含玉琮遗址集中区则是跨组团的中心。这样的中心安排,不仅考虑了空间和人群的分层与区划,而且考虑了空间和人群的整合,充分显示了良渚文化区社会与空间组织的缜密。

128　祭祀与疆域

## 三、良渚文化壮大期的聚落系统与权力规模

进入良渚文化壮大期,良渚文化初创期的环壕遗址仍然被使用,不过在苏沪组团中部,赵陵山环壕遗址西北新出现了朱墓村环壕遗址(图4.13)[29],在太湖南部组团中部,玉架山遗址西略偏南更为安定的位置新出现了良渚古城,与之大略同时,在玉架山遗址新出现了环壕Ⅲ和环壕Ⅳ,形成了六个环壕构成的群体(图4.14)。除了城池数量的增加,良渚古城西北部的大型水坝系统的修筑、良渚文化高等级王陵的修建及成组玉礼器、玉琮王、玉钺王、象牙权杖等均出现在这一时期,一系列迹象显示了此时良渚文化实力有了显著增长。

良渚古城此时开掘了圈围面积达到150万平方米的第二道环

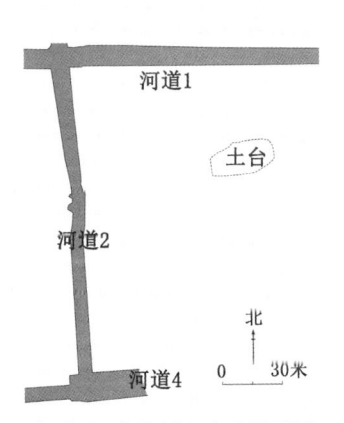

图4.13 朱墓村环壕遗址平面示意图(据《江苏昆山朱墓村遗址发掘简报》改绘)

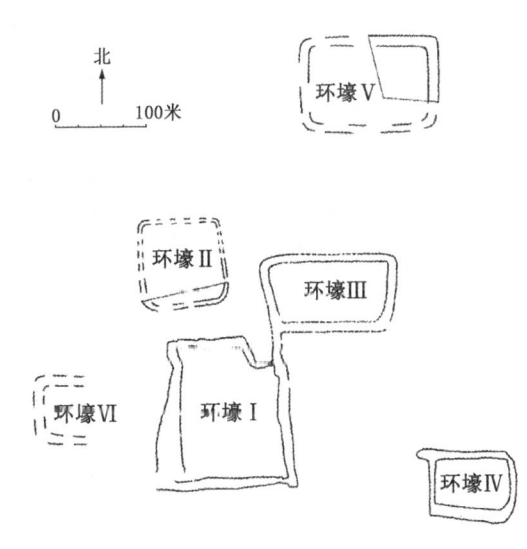

图4.14 良渚文化壮大期以后的玉架山环壕遗址群(据《何以良渚》改绘)

壕，这在中国已知的同时期的环壕中是圈围面积最大的。从平面形态看，这一环壕与其他良渚文化环壕以规则矩形为基础明显不同，完全采用了当时在黄河及长江中游地区行用的格局，西南隅明确凸出、东北角大幅度抹去，暗示着一定程度的文化转型以及将自身置于更广阔竞争平台的意图的存在。以此为背景审视其巨大的面积以及特别隆重的环壕平面形态，或可感知当时良渚文化主导者的雄心和气魄。

在良渚古城的中部偏东北，有一面积巨大的被称作莫角山的人工台地，台地上的东侧为被称作大莫角山的高台，西侧为南北相值的前为乌龟山、后为小莫角山的两个较小的高台。从格局上看，莫角山台地的设置与偃师商城宫城极为相似。不过，在莫角山台地以南，另有皇坟山台地。皇坟山台地可以分为西南而东北的两个部分，位于西南方的高地较低，位于东北部的八亩山台地较高，应是皇坟山的主体部分。两个台地间设有一条由西南而东北的路径，按照明堂需由"西南入"的要求，皇坟山上的建设组合当为"明堂单元"。因为已有明确的"明堂单元"存在，将莫角山台地与偃师商城宫城对照，可以认为大莫角山对应的是宗庙区，乌龟山对应的是朝会区，小莫角山对应的是寝居区[30]。与偃师商城明堂位于朝堂之后的做法不同，这里的明堂组合占有突出的视觉地位，不同的视觉意向，显示了良渚文化的权力架构与商代的明显不同。皇坟山台地的西北方是东西南三面环水、仅北面与莫角山台地相连的池中寺台地，台地的堆筑土下发现了总体量达到6000立方米的夹杂大量炭灰及红烧土颗粒的碳化稻谷堆积，从所处的环境条件和出土物情况考虑，这里应是用于祭祀地祇和相关神明的场所。在莫角山台地西边的高台上，发现有高等级的墓葬。把各种因素结合起来，应可认为良渚古城是与象墩、青城墩一样的祭祀圣地。

如果把莫角山台地和皇坟山台地作为整体视作良渚古城的宫殿区，那么大莫角山台地和八亩山台地南北相值构成了东路的祭祀轴线，小莫角山台地、乌龟山台地和皇坟山上的西南高地则南北相值构成西路的世俗轴线。在布置上，明堂在前，宫殿与宗庙在后，明堂景观地位更高；在体量上，宗庙又远大于明堂的体量。这种处理似乎暗示不同权力博弈的存在（图 4.15）。

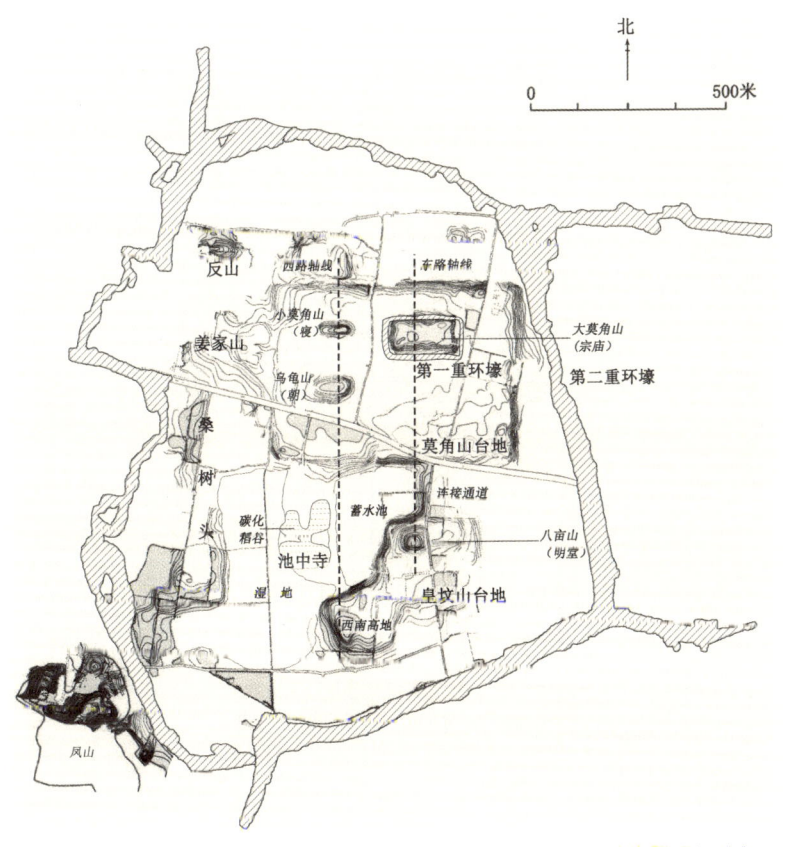

图 4.15　良渚文化壮大期的良渚古城平面图（据《良渚古城综合研究报告》改绘）

第四章

从考古资料看，江淮之间也有良渚文化遗址，不过，在良渚文化势力不算强大的初创期，这里似乎很难存在一个分量足够的良渚文化空间。在良渚文化壮大的情况下，与空间扩展的努力相伴，这一边缘性地域的良渚文化因素增加，从而获得独立组团的地位是可以设想的。由于此时良渚文化原本就特别关注的正北方向上的大汶口文化势力相对较弱，加强对江淮南部地区的渗透应是良渚文化空间扩张的合理选择。江淮之间与良渚文化中心区的气候条件和水文条件相似，使得两个地区的生业条件差别不大，良渚族群向这一地区殖民顺理成章。从空间发展的角度看，一旦良渚文化能够在江淮之间立牢脚跟，就有条件溯流西向，与长江南岸协同，争取更大的生存空间。综合地看，江淮南部组团在当时担负着良渚文化空间拓展的重任，虽规模有限，却应能够得到较多的关注（图4.16）。

江淮南部组团未发现环壕遗址，之所以如此应与宁镇组团内不安排环壕遗址相同，在其承受更多外来压力的情况下，设想苏沪组团中新出现的朱墓村环壕遗址对应的就是这一地区是合理的。较之江武组团，江淮南部组团距离苏沪组团更远，不把江淮南部组团的祭祀中心放在江武组团而置于苏沪组团，能够起到平衡各组团权力、防止江武组团尾大不掉的作用。由此或可认为，朱墓村环壕遗址的位置选择是"自上而下"安排的结果。

在玉架山遗址上，与朱墓村环壕遗址对应的是新出现的环壕Ⅳ，用于容纳江淮南部组团不因血缘地位而获得特别祭祀人员的祭祀。环壕Ⅳ虽然规模不大，但与江淮南部组团的相对规模比较，已经相当可观。环壕Ⅳ与环壕Ⅱ、Ⅴ、Ⅵ相比，其西南隅压缩更明确，表明了其祭祀等级不高。它的存在使得已有的环壕Ⅰ成为

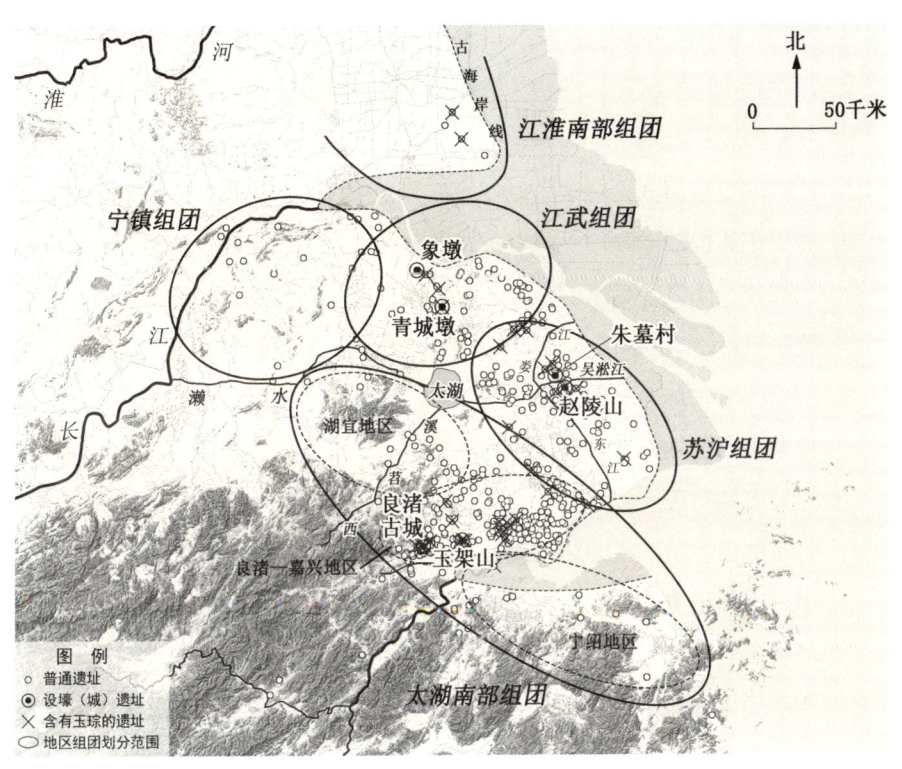

图4.16 良渚文化壮大期的设壕（城）遗址及遗址区划

玉架山环壕遗址群的中心元素，提升了环壕Ⅰ的地位。环壕Ⅰ东北方新出现的环壕Ⅲ，应该是与良渚古城对应的单位。与良渚文化其他环壕遗址相同，良渚古城也有墓葬区，其所埋葬的应该是统治集团的主导者。这样，环壕Ⅲ应是为了祭祀统治集团中不由血缘位序确定的有功者而设置的场所。环壕Ⅲ与环壕Ⅰ之间有壕沟相连，二者共同构成一个强势组合，一个位于西南，一个位于东北，构建了一条独立的神圣动线，体现了太湖南部组团特别是良渚文化主导人群地位的大幅度提升。

包括良渚古城在内的良渚文化设壕（城）遗址，与黄河中游、长江中游的同期设置相比，一个显著特点是倾向于在环壕或城垣内中轴上设置高台，并将关键性设置置于其上。青城墩环壕遗址从崧泽文化晚期已经开始建设，环壕内的中心土墩由东、西两座并列的土台组成，应该可以作为良渚文化同类做法的渊源。高台有助于礼仪活动隆重性的形成，在高台上进行隆重设置的做法此为最早，所以，后世的设壕（城）遗址上高大台基逐渐增多，甚至是高台建筑的流行，或可以视作受长江下游地区文化的影响。

良渚古城巨大的体量，改变了良渚文化初创期各环壕遗址规模差别有限的格局，显示权力向少数人手里集中，是良渚文化的主导者拥有更大权力的表达。它的出现意味着良渚文化初创期的具有联盟性质的权力结构发生了重大的转向，良渚文化中最为隆重、出土了玉琮王和玉钺王的墓葬安置在良渚古城而不是玉架山环壕遗址群就是这种结构转变的表达。不过，良渚古城出现后，玉架山环壕遗址群有所增益并持续使用应该表明了原有的联盟架构并未完全放弃。

良渚古城位于玉架山环壕遗址西南约 26 千米处，基于两者的功能不同，也可将其与玉架山环壕遗址群视为一个祭祀组合。这个祭祀组合与关中地区的仰韶文化早期"半坡 – 姜寨"环壕遗址组合、郑洛地区的仰韶文化晚期"汪沟 – 青台"环壕遗址组合的组织方式有相同之处。一方面按照东北位尊而西南位卑的传统，至少在礼仪上，良渚文化的主导者还是选择将自己置于联盟之下；另一方面良渚古城位置更为安定，靠近钱塘江出山口，在战略上占据更为重要的地位，则在实际上点出了主导者的强势。

良渚文化初创期的玉架山、青城墩、象墩和赵陵山等环壕遗址（群）均延续了崧泽文化晚期的地方文化传统，环壕内的中心设置为其上埋设墓葬的高台，神灵的地位突出。在良渚文化壮大期，朱墓村遗址环壕内的中心土台上仅发现了大面积的红烧土堆积，墓葬主要安置在中心土台东侧的另一处人工土台朱墓墩上。良渚古城中，墓葬分布在宫殿区西侧的人工土台上，较之玉架山环壕Ⅰ，建筑部分体量更大，位置更加显豁，与生人相关的空间占据了更显著的地位。这种转变或可理解为权力世俗化的表达。

在某个层面上，权力的集中和一定程度的世俗化是良渚文化在更大范围有所作为的要求，良渚古城的建设与形制正是这一要求得到满足的表现。正是因为如此，从某个层面看，可以认为此时良渚古城取代了玉架山环壕遗址群，成为统领整个良渚文化的"首都"。

玉架山环壕遗址群的构成与良渚文化遗址系统和空间区划的动态耦合，占据良渚文化所涉范围大部的空间系统呈现出了严整秩序，应该表明了在良渚文化遗址涉及的10万平方千米的范围里，存在一个由上至下的、足够稳定的强制性权力。所以，认为整个良渚文化区对应着一个"广域王权国家"应该是合理的[31]。

## 四、由调适到衰落的良渚文化聚落系统与权力规模

在良渚文化调适期，良渚古城在第二道环壕外加建了城垣，形成了三道圈围的格局。城垣以石垫基，上面堆土，最宽处达到150米，最大残高约4米，总长度约6000米，圈围范围显著扩大，城垣以内面积达到300万平方米，是当时东亚大陆腹地最为壮观的城垣系统。它的实施，显示了一定时期的良渚文化主导者的强大支配能力。

良渚古城现知的九座正式城门的两侧大都加设突出的平台，形成一定纵深以利防御，而南陆门的做法则明显不同，现在的资料显示此处形成了连续开启的四个缺口。这样的做法既缺乏功能必要性，又在相当程度上削弱了城垣的防御能力。不仅如此，良渚古城南城垣外没有其他三面都有的护城河，因为堆筑良渚古城城垣的部分土方为在城垣附近开挖河沟所得，护城河的开掘实际上可以减少城垣建设的消耗，所以护城河的缺失，当是以增加城垣建设的投入为前提的。把上述情况结合在一起，可以明确这里存在一个刻意留下的防御薄弱环节，也就是说，加施了城垣的良渚古城是一座"轩城"。在城南垣以内一定距离加设与第二道环壕平行的河沟，同时在城外数百米处，又有与这一防御薄弱环节对应的卞家山居住地段的安排[32]，这些显示补充薄弱环节意图的做法，更表明了"轩城"的实际存在。不仅如此，从良渚古城圈围的平面看，城垣修建之前，第二重环壕平面西南隅突出明确。城垣修建以后，城池平面基本可以归纳为一个圆形，西南隅突出的状态相当含糊，也就是说，城池的祭祀等级应该有所下降。这样，虽然规模扩大，防御能力提升，但却明确地显示出某种示弱的姿态。由于良渚古城在良渚文化区内处于绝对优势地位，所以，导致良渚古城让渡一定的防御能力、降低祭祀规格的势力应该来自良渚文化区之外（图 4.17）。

良渚古城城垣修建之时，与良渚文化北部紧邻的大汶口文化进入晚期阶段。在环泰沂山系地区出现了以山东日照尧王城为主导的包括 6 个设壕（城）遗址的中心系统[33]，其势力范围囊括整个淮河北岸的苏北、皖北和豫东地区，并靠近淮河设置了尉迟寺、刘堌堆、赵庄三处环壕遗址，直接对良渚文化的江淮南部组团施

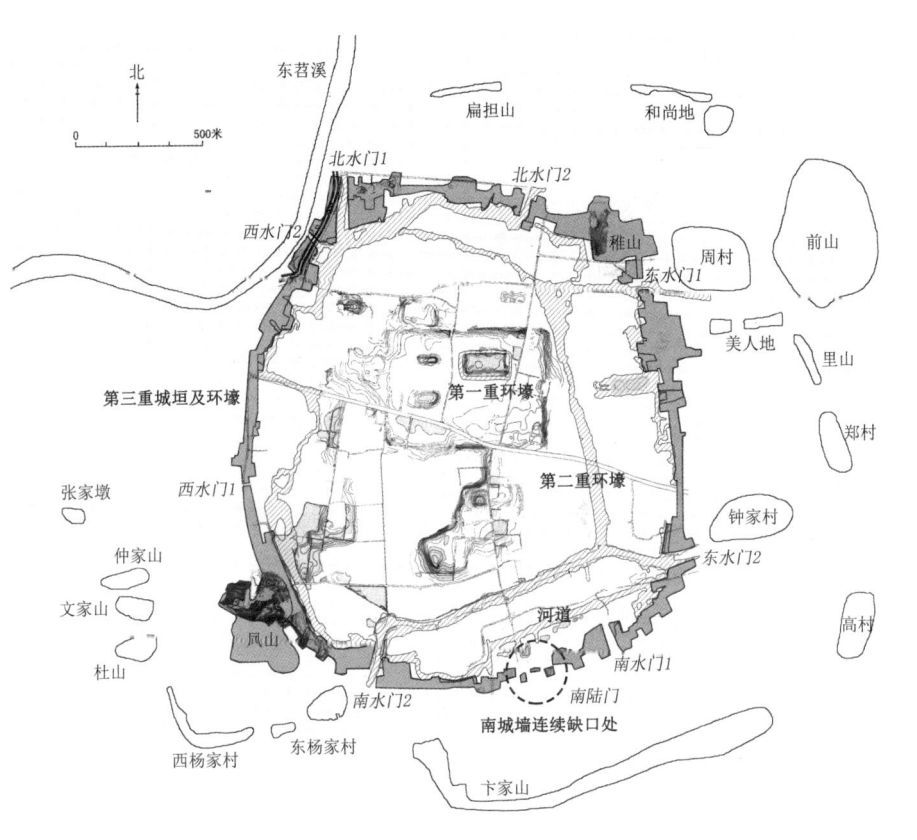

图 4.17　良渚文化中期后段以后的良渚古城平面图（据《良渚古城综合研究报告》《2006—2013 年良渚古城考古的主要收获》改绘）

压。考虑到大汶口文化晚期覆盖范围远较良渚文化大，又是良渚文化近邻，设想良渚文化是向大汶口文化示弱是有道理的。从某种角度上看，甚至可以把良渚古城大城的建设理解为良渚文化扩张受阻的标识。

虽然环泰沂山系的大汶口文化晚期人群相对强势，但其最大的壕垣遗址尧王城的平面却采用了良渚文化多用的以规则矩形为基础、在西南隅和东北角稍加变化的形态，其城垣也采用了与良

第四章　137

渚古城类似的以石块垫底的做法，显示出规则矩形平面在形式上的说服力和良渚文化的影响[34]。

此时，江武组团的中心部位出现了寺墩壕垣遗址。寺墩遗址有三重环壕或城垣圈围[35]，遗址面积达到 90 万平方米，是良渚古城以外良渚文化面积最大、规格最高

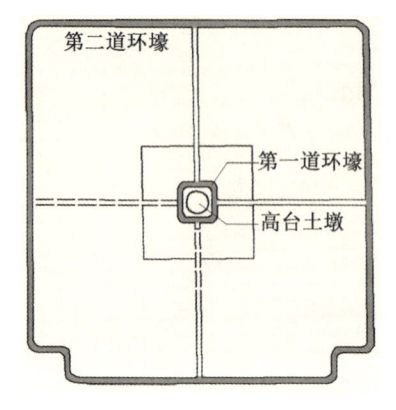

图 4.18　寺墩遗址环壕平面示意图（据《先秦城邑考古》改绘）

的壕垣遗址（图 4.18）。因为寺墩遗址规模小于良渚古城，又处于良渚文化区北部边缘位置，其应为良渚文化抵抗北方压力的前沿单位。

在良渚古城城垣修建和寺墩遗址三重圈围结构形成后，青城墩、象墩、朱墓村和赵陵山等环壕遗址逐渐消失。已有的地方性中心的消失和寺墩遗址超乎寻常的规格，表明了寺墩的性质不同于原来的组团中心，应为中央权力的派出单位。在青城墩、象墩等组团中心设置消失后，良渚文化区只剩下良渚古城、玉架山和寺墩三个设壕（城）遗址。这种情形一方面可能表明权力的进一步集中，以应对日益严峻的外部压力；另一方面可能也意味着人群的散失（图 4.19）。

较之其他文化，良渚文化的环壕和城垣似乎更乐于采用更接近规则矩形的平面。这种平面因为轮廓清楚、方位明晰，具有某种形式和礼仪上的优势。应该囿于传统，在寺墩遗址的第二道环壕出现之前，在东亚大陆腹地并无规则矩形平面的环壕或城垣出

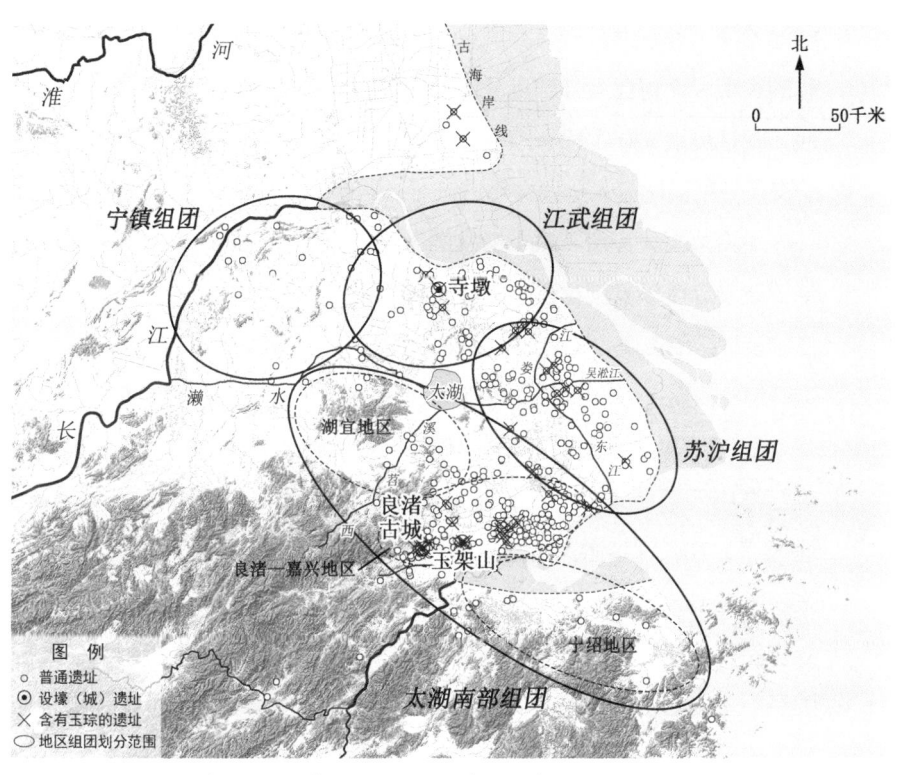

图 4.19　良渚文化衰落期的设壕（城）遗址及遗址区划

现。以现有材料，寺墩遗址第二重环壕在西南、东南角部做内折处理，形成了与传统对应的西南隅的形态变化，在一定程度上是用规则矩形应对传统要求的创制。此后，规则矩形平面的城池在成都平原的宝墩文化[36]、河南龙山文化造律台类型[37]的遗址上使用，应和寺墩遗址的启发不无关系。

　　壮大期的良渚古城和朱墓村环壕遗址已经将墓葬与中心土台分离，但在更晚出现的寺墩遗址，虽然中心土台仍然不安排墓葬，却将墓葬环绕在中心土台下的二级台地上[70]，这在一定程度上回归了崧泽文化晚期的传统。同时，也许可以把寺墩的正方形平面

第四章　139

城池的使用理解为基于自身文化传统的创造，是强调自身文化特质的表现。面对巨大外部挑战时，在关键设置上体现更多的本地性，既是良渚文化主导者塑造自身合法性的手段，也有强调自身的文化特征激励族人与异文化进行对抗的价值。

由良渚文化设壕（城）遗址的圈围平面形态的采用、高大台基的建设等可以看到，良渚文化不仅接受了黄河中下游地区和长江中游地区的影响，而且反过来对黄河流域及长江流域产生影响。这种情况决定了它在中华文明建构上的特殊地位。

良渚文化进入衰落期后，环泰沂山系地区的文化因素经由今江淮中西部持续南下，前锋抵达了皖西南和长江南岸的宁镇地区[39]，在长江下游上段的原来凌家滩文化区的西部出现了属于张四墩类型的孙家城城垣遗址[40]。周边异文化势力的不断崛起，应该使得良渚文化持续受到外部的挑战。虽然良渚文化的控制范围经历了一定水平的缩减，但只要良渚古城、寺墩壕垣遗址特别是玉架山环壕遗址群继续存在，良渚文化还应是一个统一的整体。

在良渚文化存在的最后阶段，良渚古城经历着一个败坏的过程。首先，第二道环壕的钟家港河道中段莫角山宫殿区以东部分被逐渐填平，三重圈围解体，良渚古城成为名副其实的"轩城"。其次，良渚古城城墙的附近以及莫角山遗址出现了一般的居住用房，打破了既有的空间秩序，表明了统治集团的全面失势。再次，在四面城墙的内外城河内和莫角山台地边坡均发现了大量良渚晚期的生活垃圾，良渚古城的防洪设施也逐渐破败，更是对良渚古城的安全形成了威胁。这些良渚古城的拥有者管控能力丧失的迹象，可以视为良渚文化解体的标识。

公元前 2300 年至公元前 2000 年，太湖周边地区进入钱山漾文化阶段。洪水的泛滥使得包括良渚古城和玉架山环壕遗址群在内的 1000 多平方千米的土地上普遍留下了一米多厚的洪泛层，大尺度的地形改变使得良渚文化进一步退入历史的幕后。钱山漾文化继承了良渚文化的传统并存在着一部分黄淮地区的文化因素[41]。考虑到良渚文化区设壕（城）遗址系统性建设与周边文化区的系统性互动，北方势力的南下应该是良渚文化解体的主要原因。

## 注　释

[1]　按照一般以"地名 + 文化类型"命名遗址的规则，该古城遗址或者应命名为"良渚文化瓶窑古城"。目前学术界对该古城遗址称作"良渚古城"，为了行文的方便，本书也称"良渚古城"。
[2]　徐秀丽：《"良渚古城遗址"成功列入〈世界遗产名录〉》，《中国文物报》2019 年 7 月 9 日第 1 版。
[3]　王宁远：《何以良渚》，杭州：浙江大学出版社，2019 年，第 64 页。
[4]　参见刘斌、王宁远、陈明辉、朱叶菲：《良渚：神王之国》，《中国文化遗产》2017 年第 3 期；严文明：《良渚随笔》，《文物》1996 年第 3 期；赵辉：《良渚的国家形态》，《中国文化遗产》2017 年第 3 期。
[5]　依据以下文献统计。高蒙河：《长江下游考古地理》，上海：复旦大学出版社，2005 年；林华东：《良渚文化研究》，杭州：浙江教育出版社，1998 年；浙江省文物考古研究所：《良渚遗址群》，北京：文物出版社，2005 年；费国平：《浙江余杭良渚文化遗址群考察报告》，《东南文化》1995 年第 2 期；赵晔：《浙江余杭临平遗址群的聚落考察》，《东南文化》2012 年第 3 期；郭明建：《良渚文化宏观聚落研究》，《考古学报》2014 年第 1 期；国家文物局：《中国文物地图集：浙江分册》，北京：文物出版社，2009 年；国家文物局：《中国文物地图集：江苏分册》，北京：中国地图出版社，2008 年；国家文物局：《中国文物地图集：上海分册》，北京：中国地图出版社，2017 年。

[6] 王宁远：《何以良渚》，杭州：浙江大学出版社，2019年，第94页。

[7] 王宁远：《何以良渚》，杭州：浙江大学出版社，2019年，第94页。

[8] 有关良渚古城的材料，除特别注明外，均来自浙江省文物考古研究所：《良渚古城综合研究报告》，北京：文物出版社，2019年。

[9] 陈艇：《中晚全新世太湖平原南部水文环境变化及其对新石器文明发展的影响》，华东师范大学2017年博士学位论文。

[10] 方向明：《神人兽面的真像》，杭州：杭州出版社，2013年，第71~83页。

[11] 王宁远：《何以良渚》，杭州：浙江大学出版社，2019年，第188页。

[12] 浙江省文物考古研究所：《良渚古城综合研究报告》，北京：文物出版社，2019年，第8~9页。

[13] 王虎：《含山县凌家滩遗址保护规划研究》，安徽建筑大学2019年硕士学位论文。

[14] 王宁远：《何以良渚》，杭州：浙江大学出版社，2019年，第189页。

[15] 浙江省文物考古研究所：《良渚古城综合研究报告》，北京：文物出版社，2019年，第61页。

[16] 浙江省文物考古研究所：《浙江余杭玉架山遗址》，《中国文物报》2012年2月4日。

[17] 王宁远：《何以良渚》，杭州：浙江大学出版社，2019年，第93页。

[18] 王宁远：《何以良渚》，杭州：浙江大学出版社，2019年，第105页。

[19] 王鲁民：《营国：东汉以前华夏聚落景观规制与秩序》，上海：同济大学出版社，2017年第21、73~75页。

[20] 王宁远：《何以良渚》，杭州：浙江大学出版社，2019年，第96页。

[21] 王鲁民：《营国：东汉以前华夏聚落景观规制与秩序》，上海：同济大学出版社，2017年，第119页。

[22] 王宁远：《何以良渚》，杭州：浙江大学出版社，2019年，第8页。

[23] 南京博物院：《赵陵山：1990~1995年度发掘报告（全二册）》，北京：文物出版社，2012年。

[24] 李政：《青城墩遗址考古成果论证会在常州召开》，《中国文物报》2019年10月15日。

[25] 江苏省考古研究所：《江苏常州象墩遗址的考古调查与发现》，《中国文物报》2013年5月10日。

[26] 本文对良渚文化设壝（城）遗址使用阶段的判断，以现有资料的分期为基本，结合遗址遗存的存在状况和良渚文化的整体发展脉络确定。

[27] 由于大部分良渚文化的遗址没有确切分期，本文各时期图中包括目前统计的所有良渚文化遗址。

[28] 王鲁民：《营国：东汉以前华夏聚落景观规制与秩序》，上海：同济大学出版社，2017年，第40页。

[29] 苏州市考古研究所、昆山市文物管理所：《江苏昆山朱墓村遗址发掘简报》，《东南文化》2014年第2期。

[30] 王鲁民：《营国：东汉以前华夏聚落景观规制与秩序》，上海：同济大学出版社，2017年，第68页。

[31] 按照相关研究，当人口规模大于10万人，就有可能脱离"古老的国家形式"，如果当时的良渚文化圈平均人口大于每平方千米2人，其人口应在10万人以上。由此也可以认为良渚文化区是一个"广域王权国家"。参见彼得·图尔钦著，张宇进译：《超级社会》，太原：陕西人民出版社，第21页。

[32] 浙江省文物考古研究所：《2006—2013年良渚古城考古的主要收获》，《东南文化》2014年第2期。

[33] 这6个遗址是焦家、西康留、尉迟寺、刘堌堆、赵庄、尧王城，参见第五章。

[34] 中国社会科学院考古研究所山东队、山东省文物考古研究所、日照市文物局：《山东日照市尧王城遗址2012年的调查与发掘》，《考古》2015年第9期。

[35] 李政：《江苏组织专家论证寺墩遗址群考古调查暨象墩遗址考古发掘成果》，《中国文物报》2016年11月29日。

[36] 左志强、何锟宇、白铁勇：《略论成都平原史前城的兴起与聚落变迁》，《成都考古研究》2016年第00期。

[37] 河南省文物考古研究院、北京大学考古文博学院、周口市文物考古管理所等：《河南淮阳平粮台遗址2018年度发掘简报》，《华夏考古》2019年第4期。

[38] 徐湖平：《东方文明之光：良渚文化发现60周年纪念文集》，海口：海南国际新闻出版中心，1996年，第42～56页。

[39] 王清刚：《简论大汶口文化到龙山文化之交海岱地区文化因素的南下》，《东南文化》2017年第3期。

[40]　安徽省文物考古研究所、怀宁县文物管理所：《安徽怀宁孙家城新石器时代遗址发掘简报》，《文物》2014年第5期。

[41]　王清刚：《简论大汶口文化到龙山文化之交海岱地区文化因素的南下》，《东南文化》2017年第3期。曹峻：《钱山漾文化因素初析》，《东南文化》2015年第5期。

# 第五章 尉迟寺环壕遗址及大汶口文化晚期的地域控制

## 一、一个特别的遗址

距今4800年左右的尉迟寺环壕遗址地处淮北的安徽省蒙城县，是我国已知保存较完整的新石器时代遗址之一。遗址为高出地面2~3米的堌堆状堆积，距淮河支流北淝河仅2.6千米。北淝河在此有一个折点，雨季时北淝河涨水，河水仅能到达堌堆附近的坡底。在淮河平原上，这样的地形已经构成了明确的视觉特异点，是为"神明之隩"所在。遗址现存面积约10万平方米，东西长约370米，南北宽约250米。遗址中心部分有一环壕圈绕，环壕平面为椭圆形，东西约220米，南北约230~240米；环壕内面积（含环壕）约5万平方米，环壕宽约25~30米，深约4.5米；壕沟内侧陡峭而外侧徐缓，其西南有一缺口，内侧宽约40米，外侧宽约50米[1]。遗存以大汶口文化晚期为主，环壕存在时环壕内主要包括20组房屋、9处红烧土广场、2处祭祀坑、7处兽坑、若干灰坑和墓葬[2]，以及大量的生产、生活用具。在环壕外的东南和西北约60米处，分别存有面积约为1万平方米和2万平方米的考古遗存[3]。20栋房屋中，除两栋为单间外，其余均为排房（图5.1）。

尉迟寺环壕遗址的发现被评为"1994年度全国十大考古新发现"之一。自其发现以来，许多学者对遗址的性质进行了讨论。

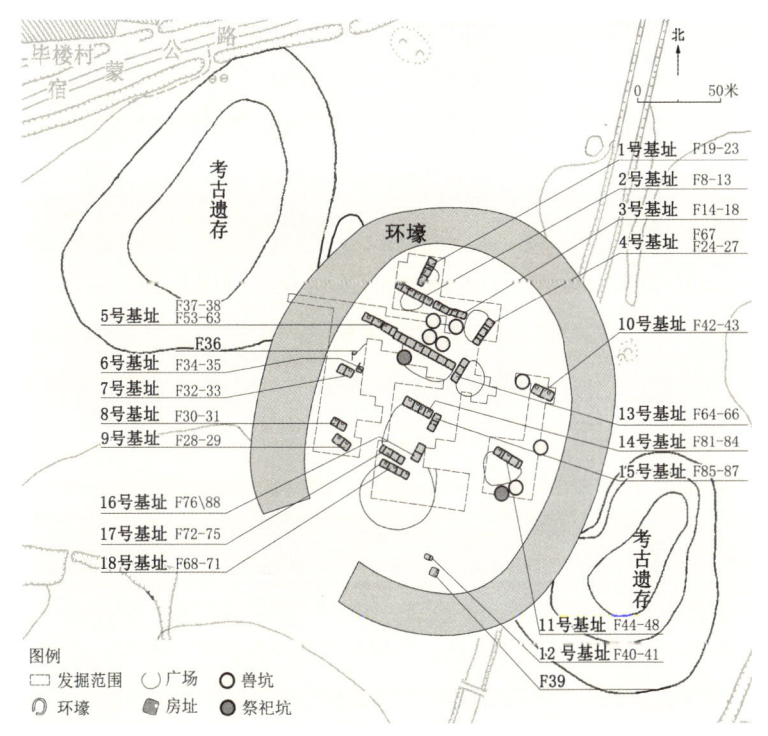

图 5.1 蒙城尉迟寺环壕遗址总平面图（据《尉迟寺大汶口晚期聚落内部的社会结构——以遗存的空间分布为视角》《蒙城尉迟寺：皖北新石器时代聚落遗存的发掘与研究》《蒙城尉迟寺（第二部）》改绘）

多数学者认为它是一定地区的中心聚落，其辐射范围可能达到数十里[4]；也有人对其中心地位提出了质疑，认为尉迟寺环壕内部面积与周边其他聚落在面积上的差别并不显著，并无明确证据显示其较周边聚落具有更高的社会经济发展水平和政治水平[5]，所以应该是一般村落。

尉迟寺环壕遗址不仅拥有环壕，而且还拥有面阔超过 50 米的排房，这在同时期的遗址中十分少见。

现知大汶口文化晚期遗址 170 余处[6]，目前有尉迟寺、济南

第五章　　147

焦家[7]、日照尧王城[8]、五莲丹土[9]、滕州西康留[10]、固镇垓下[11]、固镇南城孜[12]、蒙城刘堌堆[13]、泗洪赵庄[14]等9处遗址基本可以确认在这一时期存有环壕或城垣；而与尉迟寺同期或更早的大汶口文化遗址中，目前发现排房遗存的则仅有尉迟寺、焦家、垓下和萧县金寨[15]4处[16]，长度如此可观的排房更是稀见。排房是通过单间房屋共用山墙相连而成的多间房屋，相较于单间房屋，排房可在未显著增加建设难度的情况下，减少单位室内面积的平均人力投入和材料用量的同时，也减少了与外界的热交换面积，冬季减少热量散失，夏季减少受热面延缓室内温度提升，且有利于房屋之间热能的共享。一般说来，这种建造和使用上的优势本应使排房被迅速推广，但其不仅在大汶口文化晚期少有使用，而且随后的推广也异常缓慢，这种情况更表明了排房使用的特异性。

## 二、尉迟寺环壕遗址的构成分析

尉迟寺环壕遗址内的房址明显地可以分为东、西两路，东路只有两幢房子，相对单纯，西路则为一个包括多个空间层次的复杂组合。这种构成方式与偃师商城宫城二期3段的内部建筑可以分为东、中、西三路，东路相对单纯，西路亦为一个包括多个空间层次的复杂组合十分相似[17]。一般认为偃师商城的拥有者商族曾在鲁西南、豫东地区活动[18]，考古学界亦将这一地区作为探索商文明起源的重要场所，而鲁西南和豫东也是大汶口文化人群长期活动的空间，这里有与大汶口文化尉迟寺类型密切相关的大汶口文化段寨类型（或称颍水类型）[19]的分布，设想商族先民与大汶口文化的遗存有一定接触，从大汶口晚期文化中汲取了某些营养是合理的。同时，注意到中国古代的宫室建筑系统首先是一种礼仪设置，功能相同的建筑间形制沿袭的程度较高。而且，由距今4800年的大汶口文化晚期到距今3500年的偃师商城的建造，其间虽然相差1300余年，但木构技术并未发生突破性的变革。在此情况下，功能相同的设置在格局上同构是完全可以设想的。基于文化传递的可能和中国古代建筑形制沿袭程度较高的特性，应该可以把偃师商城宫城与尉迟寺环壕遗址在构成上进行深入的比照（图5.2、图5.3）。

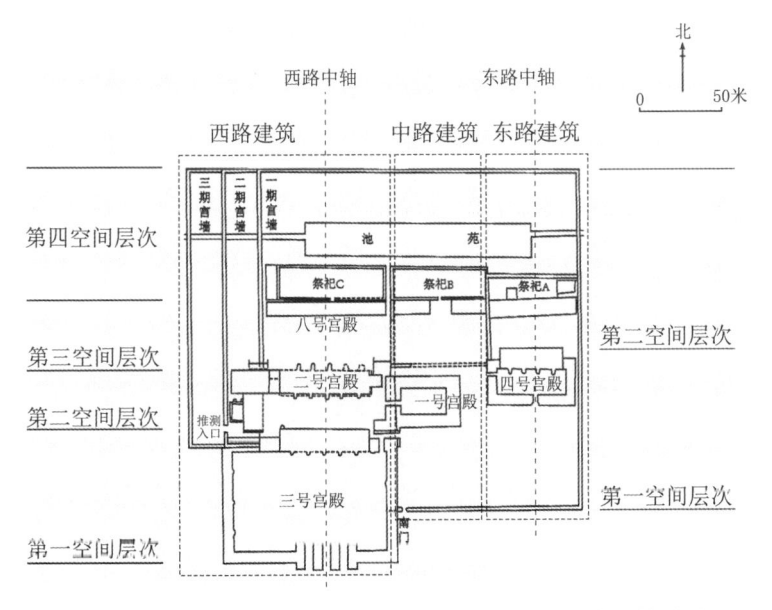

图5.2 偃师商城宫城二期3段空间分划布局示意图（底图采自《偃师商城宫城第二号宫殿的始建年代与相关问题》）

已有研究表明，偃师商城宫城二期3段的西路由南而北，三号宫殿为"朝"，二号宫殿为"明堂"，八号宫殿为"寝"，八号宫殿后祭祀场的主体部分为"王社"；东路的四号宫殿为"宗庙"；

第五章　149

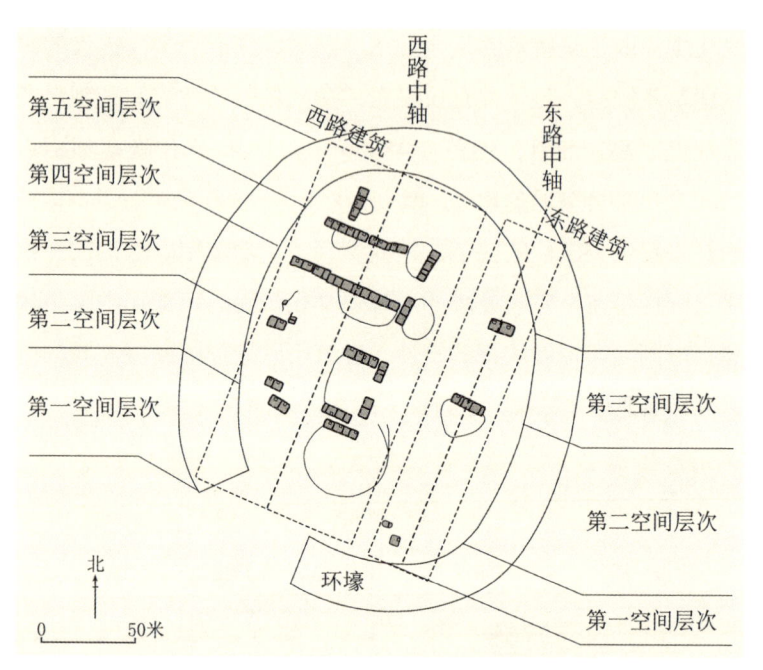

图 5.3　尉迟寺环壕遗址内的空间分划（底图采自《蒙城尉迟寺（第二部）》）

中路的一号宫殿为服务东西两个方向的"中厨"[20]。

把偃师商城宫城二期 3 段的建筑排布与尉迟寺环壕遗址相比，尉迟寺环壕遗址的东路建筑与偃师商城宫城二期 3 段的东路建筑相应，尉迟寺环壕遗址上的西路建筑则与偃师商城宫城二期 3 段的中路及西路建筑相应。考虑位置的对应及功能的需求，或者可以认为：尉迟寺环壕遗址（见图 5.1）上的 10、11 号基址对应的是偃师商城宫城二期 3 段的四号宫殿，即"宗庙"；2、3、4 号基址以北区域对应偃师商城宫城二期 3 段八号宫殿以北祭祀场的主体部分，为"王社"，其中 2、3 号基址对应偃师商城宫城二期 3 段八号宫殿，为"寝"，4 号基址可以视为其附属建筑；5 号基址对应偃师商城宫城二期 3 段二号宫殿，为"明堂"，6、7、13

号基址及 F36 房址为明堂的附属建筑；8、9、14、15、16、17 及 18 号基址则应对应偃师商城宫城二期 3 段的一号宫殿和三号宫殿，即"中厨"和"朝"。

在一定时期，明堂礼仪要由西南方迂回式地接近明堂。在偃师商城宫城二期 3 段二号宫殿前方西侧的宫墙上有一专设入口，由此接近二号宫殿，需要穿过二号宫殿西南方的 D10、D11 号宫殿[21]，这正勾勒出一条由西南迂延入之的线路。这一路线的存在不仅表明了二号宫殿就是明堂，而且指示二号宫殿和其右前方的建筑以及与此建筑对应的西宫墙上的入口应为一组，它们共同组成了"明堂单元"（图 5.4）。

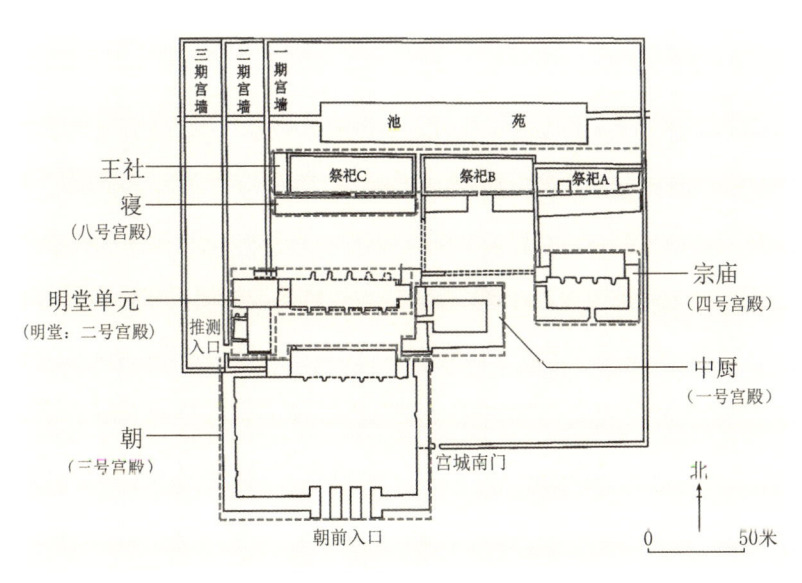

图 5.4　偃师商城宫城二期 3 段的建筑功能考定图（底图采自《偃师商城宫城第三号宫殿的始建年代与相关问题》）

认为尉迟寺环壕遗址上的 5 号基址是"明堂"，不仅因为其在位置上与偃师商城宫城二期 3 段被确定为"明堂"的二号宫殿

第五章　151

对应，而且根据考古发掘报告，5 号基址西侧端头单元的 F37"门被破坏"，F38"未见门的痕迹"。统观整个遗址，除了残址，即使那些保存情况更差的房址，都见有门的痕迹。所以，F37、F38 并非因为遗存保存不佳以至看不到门设的踪影，而是其原本就没有门的设置。由 5 号基址上其他房间均南向开门推测，可以认为 F37、F38 应由南边进入，可以由南向进入而无门设的踪迹说明 F37、F38 至少部分南墙是缺失的。在这一地区，南面是阳光入射的主向，F37、F38 南墙的缺失可以使其屋顶下方的部分地面在昼间一定的时间里无障碍地接受阳光照射。从本义上看，"明堂"正是南面保持开敞，使得阳光可以无障碍地照射于其上的有屋顶覆盖的地面[22]，所以，F37 和 F38 门设的缺失使 5 号基址与"明堂"对应起来（图 5.5）。

不仅如此，在 F38 的墙上发现有红彩涂饰，F37 的灶台尺寸较大，且于室内发现 4 件尊及 17 件杯具，尊的数量为全遗址之最，杯具的数量与 1 号基址的 F20 并列第一。此外，在 5 号基址南侧还发现了祭祀遗存。这些迹象使得这个建筑与礼仪、宴飨相关的"明堂"进一步地联系在一起。

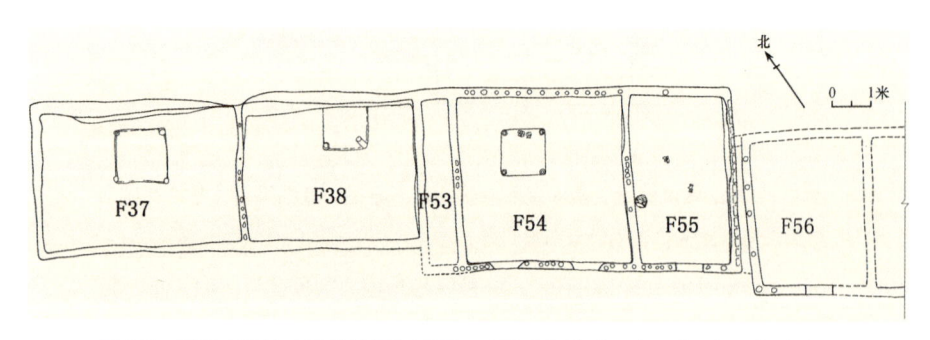

图 5.5 尉迟寺遗址 5 号基址局部平面图（据《蒙城尉迟寺（第二部）》改绘）

与偃师商城宫城二号宫殿相类，在尉迟寺环壕遗址 5 号基址的西南方，有 6、7 号基址及房址 F36 存在。人们在 5 号基址的房址 F37 内及其右前方 7 号基址的房址 F33 内均发现有陶铃，如果当时陶铃是巫师所用法器[23]，同时出土陶铃又距离相近的 5 号基址和 7 号基址就可以视作一个密切关联的祭祀活动连续体。把这个连续体与位于环壕西南方的出入口结合，7 号基址便成了接近 5 号基址的前导。也就是说，由环壕的入口起，接近 5 号基址及其前面的广场，需要穿越 6 号、7 号基址与 F36 所成之夹道，而这一动线正与古代文献所说的由西南方迂回地接近明堂的方式相应。由此，6、7、13 号基址及 F36 房址等与 5 号基址共同构成了完整的"明堂单元"，5 号基址就是这个单元的主体部分——"明堂"本身。

5 号基址的东南边为 14、15、16、17 号基址，这些房屋围绕一个红烧土广场，形成一个向西开放、东有出口的"ㄇ"形建筑组合。由出口安排看，这个组合考虑了同时为东、西两侧的建筑服务，与定为"中厨"的偃师商城宫城一号宫殿类似。认为这个组合是服务于宴飨和牺牲加工的"中厨"是合理的。在此发现有众多石锛、石凿和石铲，或是用于处理食材和祭品的工具。

18 号基址在 17 号基址以南，与 17 号基址相背而立，表明其并不为"厨"的一部分。该基址南部为聚落内规模最大、距坏壕入口最近、开放性最强的红烧土广场。在广场中部靠近基址的地方发现一直径约 4 米的火烧堆痕迹，在广场东部又发现一"鸟形神器"，这表明 18 号基址及其前面的广场具有礼仪功能且关注人的集聚，而这正是古代朝会行为的必需。从位置和功能两方面着眼，18 号基址应该对应于偃师商城宫城的"朝"。18 号基址西侧不远处为门向同样朝南的前后紧邻的8、9号基址，9号基址的F29北墙有红彩装饰，居住面十分平滑，凸显出对室内空间的关注。8、9号基址与18号基址在整个遗址中所处的位置和空间层次相似，或者可以将它们视作功能上相互联系的部分。如果说18号基址及其前面的广场是为了满足多数人及在室外集会议事的需求而设，那么位于迂回地接近明堂的路线上的8、9号基址，应是为了满足少数人在室内活动的需求而设置的场所。

2、3号基址位于5号基址北部，这一位置距环壕的西南入口较远，安静隐蔽，其房间的尺寸适中，易于形成安适的居住体验，将这些建筑作为"寝"是合适的。3号基址东侧的4号基址门向朝西，房址西侧有红烧土广场，或者可视为"寝"的辅助设置。在尉迟寺环壕遗址中，尚未发现井的存在，加之其距河流尚有一定距离，环壕内存水又不稳定，这就使得生活用水保障水平较低。井这一重要生活设施的缺失，似乎表明这里的"寝"应非用于常规居住，而是举行重大活动期间所需的临时栖所。

尉迟寺环壕遗址西路建筑的最北端为南北向的1号基址，门向朝东，房址东侧有红烧土广场，这意味着它主要的联系方向为东方，在1号基址东侧和4号基址北侧区域应有相关活动发生。1号基址中共计发现32件杯具，并在房址F23内发现了陶铃，表明其与祭祀及宴飨关系密切。考虑到此处地势较低，且位于整个环壕片区的北端，将此与祭祀地祇于"坎"的礼仪规则联系起来[24]，推测这里为礼祭地祇之处应该是合理的。

不仅偃师商城宫城二期3段的东路建筑为宗庙，而且二里头遗址宫城三期的东路也为宗庙[25]，可见在一定的祭祀组合中，将宗庙放在东路是有一定历史渊源的规则。尉迟寺环壕遗址东路的

10、11 号基址均处于环壕内高地之上，显示了其地位不凡。这里又存在一系列祭祀坑和兽坑，推测为"厨"的建筑组合也向此开口，认为这里与高规格的祭祀活动相关并不唐突。在建筑的内部处理上，10 号基址中的 F43 的北壁经打磨十分光滑，且经过高温烧烤，墙体十分坚硬。特殊的位置、特别处理的房间，以及祭祀遗存的存在，促使我们把 10、11 号基址定为"宗庙"。

值得一提的是，10 号基址相对独立地坐落于环壕内的东北角，偏离聚落中心，所处位置相当隐蔽，这样的条件使其与祭祀女性祖先的宗庙——"閟宫"联系起来。《诗·鲁颂·閟宫》说："閟宫有侐，实实枚枚。赫赫姜嫄，其德不回。"《传》曰："侐，清净也。"[26]《康熙字典》释"閟"："又凡隐而不发皆作閟。"，又《正韵》"深也，幽也"[27]。这都表明"閟宫"地处深远幽静之处。在尉迟寺环壕遗址的墓葬随葬品中，纺轮是只出现在女性墓中代表着女性特征的遗存[28]，而在 10 号基址的 F42 中发现了有女性象征意味的纺轮。在这里缺少其他生产工具类遗物出土的背景下，纺轮的出现应该可以作为 10 号基址为"閟宫"推论的支持。与之相对，在 11 号基址的所有房址中，发现了 2 件代表男性工具的石锛而未发现纺轮，既然 10 号基址专祀女性祖先，那么同为宗庙的 11 号基址的祭祀对象自然是男性祖先。

在东路建筑最南端的是最为靠近环壕入口的 12 号基址及 F39，它们内部除了发现较多器盖和壶，未发现特殊的遗存。从位置看，其当为宗庙区前具有防卫和存贮功能的设施。

尉迟寺环壕遗址的主体部分与偃师商城宫城的设置与布局基本照应，且再无其他设置，应该表明尉迟寺环壕遗址的主体部分是一个高规格禁地型祭祀中心。简单地说，这就是一个宫城。

第五章　155

如果把尉迟寺环壕遗址的主体部分，与姜寨遗址环壕内主要为祭祀空间所占据、双槐树遗址环壕内主要为祭祀场所、良渚大城主要为祭祀设置而居住地段很少的情况联系起来考虑，应该可以推论，早期的城其实就是宫城。这正与《吴越春秋》"筑城以卫君"[29]的说法相应。

从整体上看，中国早期聚落核心要素的组织经历了一个明堂的相对地位逐渐下降，宗庙、朝会相对地位逐渐上升的过程[30]。尉迟寺遗址的环壕在西南开口，明堂占据壕内制高点，明堂右前方诸建筑散置留出由入口至明堂的视线通道，让人可以在环壕入口处即可看到明堂建筑，这种做法与偃师商城宫城中明堂排在朝会之所之后，在建筑群的正面根本看不到它的踪影相比，尉迟寺环壕遗址的明堂地位较高。从朝会设施的安排看，尉迟寺环壕遗址上的朝会部分尚未形成一个严整的设置整体，一方面总体景观地位较低，另一方面也显示大规模的排房使用尚在初创阶段。特别是这里有偃师商城宫城所没有的专祀女性祖先的部分，表明当时女性地位较高。这些现象的存在可以理解成这个禁地型祭祀中心为偃师商城宫城形制的前导表达（图5.6）。

尉迟寺环壕遗址圈围部分为高规格祭祀中心，这个祭祀中心占据了整个遗址面积的大约二分之一，约5万平方米。这样的面积配比表明，尉迟寺环壕遗址以外的东南和西北两处总面积约3万平方米的考古遗存，或是与祭祀活动相关的贵族居地，或是保卫该禁地人员的驻地。也就是说，这个相当隆重的设置的服务对象绝对不仅是在环壕以外这两处考古遗存上活动的人群。

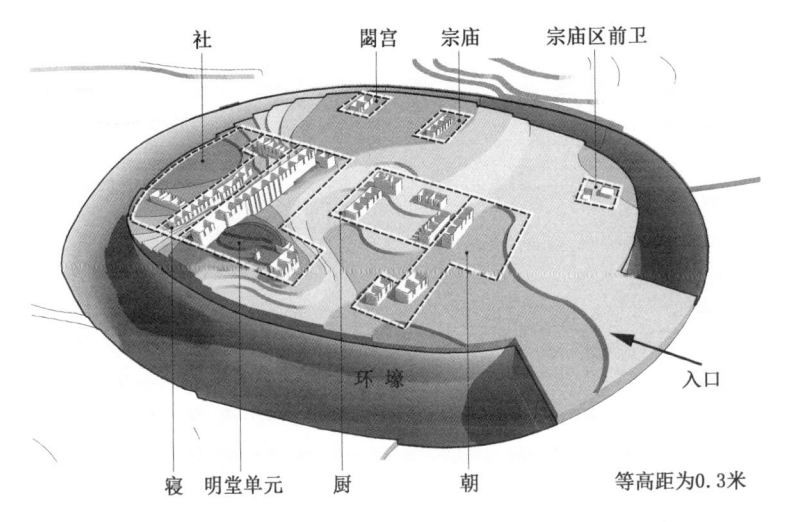

图 5.6 尉迟寺环壕遗址内古地形分层复原格局（高程 z 轴放大 5 倍）

## 三、尉迟寺环壕遗址辐射范围及地位

大约与尉迟寺环壕遗址同时存在的大汶口文化设壕（城）遗址有刘堌堆、焦家、尧王城、西康留和赵庄五处。其平面清楚的，都可以看到环壕或城垣在西南隅和东北角有形态上的变化，这意味着祭祀规格差异的存在，祭祀规格的差异有利于设想这里存在一个有某种秩序的组织（图 5.7）。

依照设壕（城）遗址的有无、大汶口文化晚期各地方类型的分布[31]、地理条件及空间关系，我们或可将尉迟寺环壕遗址存在时的大汶口文化晚期遗址分为 5 个空间单元：尧王城、西康留、焦家和赵庄遗址附近没有其他设壕（城）遗址，各自统领着一个单元；尉迟寺环壕遗址比较特殊，该遗址以西 0.7 米处有刘堌堆环壕遗址，因其位于与异文化交接处，可以推想，刘堌堆环壕遗

第五章　157

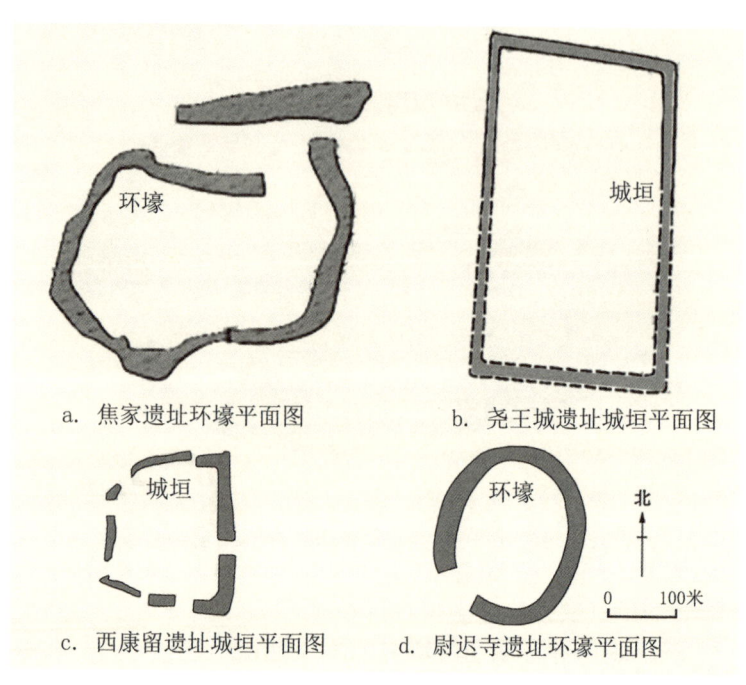

图5.7 焦家、尧王城、西康留、尉迟寺环壕遗址（城垣）平面图（据《济南市章丘区焦家新石器时代遗址》《先秦城邑考古》改绘）

址与尉迟寺环壕遗址是服务于不同人群的祭祀场所。二者以组合的方式共同统领相应的空间单元，其中，刘堌堆环壕遗址面积仅1.6万平方米，远小于尉迟寺环壕遗址，尉迟寺环壕遗址应为主导者。在上述5个空间单元中，焦家单元西达黄河，东达山东半岛西界，南抵泰沂山系中分线，北至大海，面积约3.5万平方千米，与大汶口文化晚期尚庄类型对应。西康留单元西以黄河为界，东以沂水和沭水为界，南抵古泗水，北达泰沂山系中分线，面积约6.7万平方千米，与大汶口文化晚期的枣滕地区类型、西夏侯类型对应[32]。赵庄单元北抵山东半岛南界，东南以淮河为界，东北达大海，西至沂水、沭水和古泗水附近，面积约2.7万平方千米，与大汶口文化晚期的赵庄类型对应。尧王城单元覆盖了整个山东半岛，东、北抵大海，西至沂水、沭水一线，南至山东半岛南界，面积约5.3万平方千米，单元内包含了大汶口文化晚期的陵阳河类型、三里河类型和杨家圈类型。以尉迟寺和刘堌堆组合为核心要素的空间单元，南抵淮河，东邻赵庄单元，东北方向以古泗水为界，西达大汶口文化晚期西界，面积约为7.3万平方千米，较其他单元稍大。在这个区域中，东部分布的是大汶口文化晚期的尉迟寺类型，西北部在颍河流域分布的是大汶口文化晚期的段寨类型，再往西即为相对强势的异文化区，在某种意义上，段寨类型可以视为大汶口文化晚期指向中原地区的前锋（图5.8）。

如果将尉迟寺-刘堌堆单元中已发现的大汶口文化晚期遗址在图上标记，可以看到单元东部为遗址分布的重心所在。这里不仅遗址数量多、遗址密度大，而且遗址面积10万平方米及以上的遗址中的三分之二都出现在这一区域。这样，尉迟寺和刘堌堆环壕遗址出现在这一区域就既与强势的异文化在空间上拉开距离，又与人口重心相关。不仅如此，在尉迟寺类型的分布区内，如果顺着这一地区的主要河流走向进行区划，可以看到10万平方米或以上的遗址均处在尉迟寺环壕遗址以东，尉迟寺环壕遗址以西没有10万平方米或以上的遗址，这暗示尉迟寺环壕遗址是聚落安排的某种界限，和这里的遗址分布格局与某种水平的主动安排相关。

目前在段寨类型的遗址聚集区未发现设壕（城）遗址，所以，如果尉迟寺环壕遗址是对应尉迟寺类型的设置，刘堌堆环壕遗址就很有可能是针对段寨类型的设置。从涉及的空间范围看，段寨类型与尉迟寺类型、赵庄类型等大致相当，为之单独设高等级祭祀场所合乎道理。因为段寨类型逼近异文化区，把在某种程度上

第五章 159

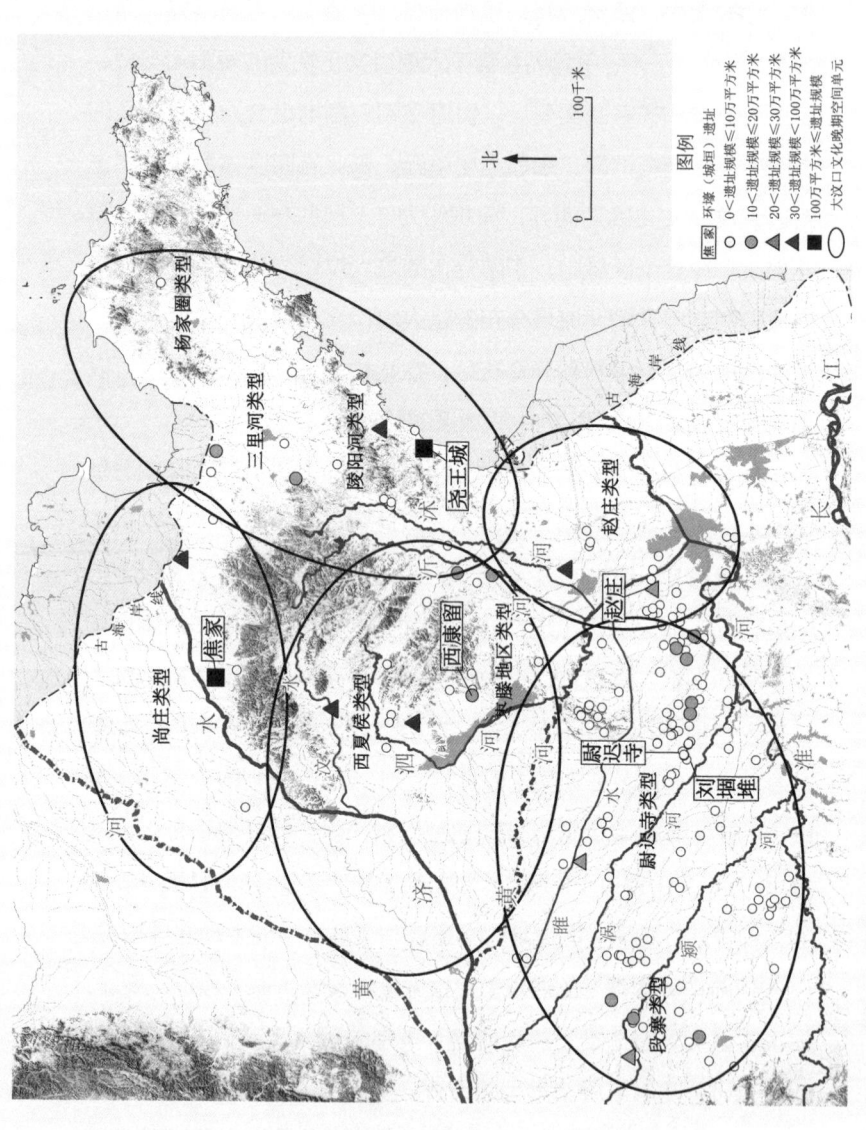

图 5.8 尉迟寺环壕遗址存在时的大汶口文化晚期空间单元分划示意图

孤悬在外的段寨类型的祭祀中心靠近尉迟寺环壕遗址安排，不仅安全，也有利于尉迟寺类型对段寨类型的控制。尉迟寺及刘堌堆环壕遗址在坐落上显示出的安全、方便管控上的考虑，应该支持尉迟寺和刘堌堆组合是上述 7.3 万平方千米范围的核心性设置的推想[33]（图 5.9）。

相关资料显示，在尉迟寺环壕遗址使用了一段时间后，原来自郑州以下东北入海的黄河，改为由郑州以下转向淮北平原借古泗水河道东南入海[34]。同时，位于其南的良渚文化的势力范围可达江淮南部地区。这些情况应该对大汶口文化晚期人群产生了一定影响，以至于以尉迟寺和刘堌堆环壕遗址为核心的聚落系统发生了相应的更动。

这一聚落系统更动的核心事件，是在尉迟寺遗址以东的垓下和南城孜两个遗址上出现了环壕或城垣[35]，成为新的祭祀中心（图

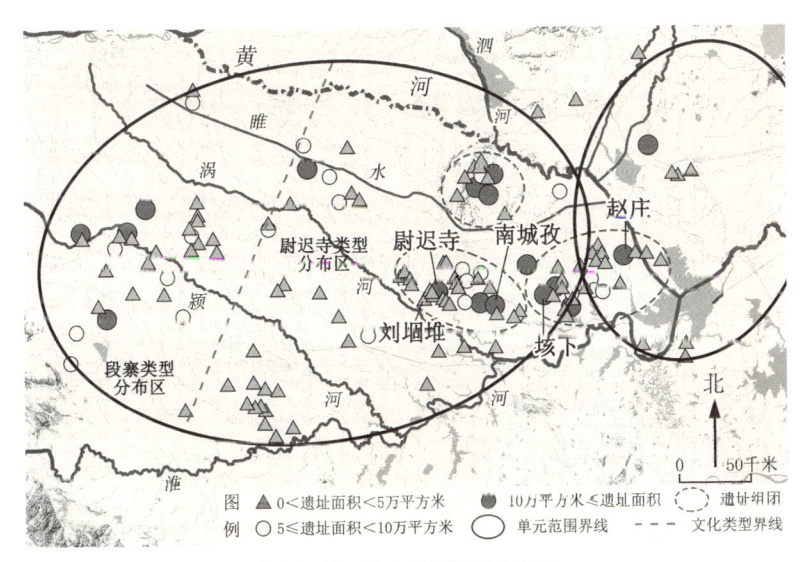

图 5.9 尉迟寺 - 刘堌堆空间单元的遗址规模及分布图

5.9）。在垓下遗址和南城孜遗址上环壕或城垣出现后，尉迟寺环壕遗址虽然持续存在，但却逐渐放弃了环壕，遗址上明堂建筑（F38）墙上的红彩涂饰也被新的墙皮覆盖。这表明尉迟寺遗址失去了原有的地位，相应地区实现了祭祀中心的转移。垓下遗址和南城孜遗址比尉迟寺、刘堌堆环壕遗址更靠近单元的东界，这样的中心转移应是地理与外部条件的改变使得单元面对的压力增大的表示。需要注意的是，尉迟寺环壕遗址上房址的放弃是有计划的，并为此举行了相应仪式[36]。在没有其他的设壕（城）遗址出现的情况下，新的设壕（城）遗址的兴起与旧的设壕（城）遗址上环壕（城垣）的放弃同步，可以理解为这里的转移是以和平方式进行的。在新的祭祀中心组合中，同时拥有环壕和城垣的垓下遗址应该是主导者，而仅有环壕的南城孜遗址则处于次要位置，亦即新的组合仍然维持了尉迟寺与刘堌堆组合那样的"一主一次"的结构，以与既有的人群结构对应。

注意到新出现的垓下遗址、南城孜遗址与尉迟寺遗址大致处在一条东西连线上，并且南城孜遗址大约位于连线的中央，其与垓下遗址和尉迟寺遗址的距离大致相等。如果我们把南城孜和垓下遗址组合视作尉迟寺和刘堌堆遗址组合的替代的话，那么这种位置与距离安排应该表明新的设置试图将尉迟寺遗址纳入新的结构并支持这里发生祭祀中心和平转移的推想。

根据遗址的聚集程度，尉迟寺–刘堌堆单元的东部大致可以分出北、西、东三个主导性的遗址组团，其中，北组团、西组团独立地处在尉迟寺–刘堌堆单元内，而东组团则与东边的赵庄单元的遗址连成一片，形成一个跨越两个空间单元的遗址群（见图5.9）。原来，尉迟寺和刘堌堆环壕遗址均位于西组团的西端，在南城孜和垓下遗址的组合中，南城孜遗址位于西组团的东端，垓下遗址则位于东组团的西端。由于赵庄单元唯一的环壕遗址正好处在该单元与尉迟寺－刘堌堆单元东组团相接的遗址群的东端，这样，在垓下和南城孜遗址出现环壕（城垣）后，这里的涉及尉迟寺与赵庄两个单元的遗址群的两端都由特别的遗址加以限定。在新格局形成不以暴力为前提的情况下，可以认为这种限定是由某种凌驾于两个单元之上的权力统筹安排的。这种安排显然加强了尉迟寺－刘堌堆单元核心要素与东边大汶口文化晚期人群的联动，使这一地区的核心能够在变化了的条件下获得大汶口文化晚期聚落系统腹地更为方便的支持。垓下遗址和赵庄遗址分别位于跨单元遗址群的两端，既促成了两个空间单元的协同，也保证了各自的相对独立。

尉迟寺－刘堌堆单元发生的地域核心和半有序的转移表明了一定空间单元中特定水平的祭祀中心的唯一性，支持大汶口文化晚期的各空间单元是以祭祀中心为依托的判断。

尉迟寺环壕遗址的环壕足够深阔且内侧壁陡峭，这样的处理显然是为了取得可靠的防御能力，可在这样的环壕的西南部位，却存在一个宽达 40～50 米的缺口。40～50 米的宽度，已经远远超过一般的进出所需，使壕沟的防御效能受到相当程度上的减损。超出常规的缺口与壕沟断面显示出的对防御的关注之间的矛盾，或者可以用尉迟寺环壕遗址为"轩城"来解释。而"轩城"做法的存在，更为明确地表明了它应是某个大的权力架构中的从属单位，也就是说，在当时的大汶口晚期文化圈内存在着可以支配尉迟寺－刘堌堆单元的更为高级的权力。

第五章　163

## 四、大汶口文化晚期聚落系统的控制

目前所知的大汶口文化晚期大约与尉迟寺遗址的环壕同时存在的其他设壕（城）遗址，除了焦家遗址的遗址规模与圈围范围分别达到 100 万平方米和 18 万平方米，西康留遗址和赵庄遗址的遗址规模均有限。环壕（城垣）平面形态清楚的焦家遗址环壕平面不规则且为"轩城"，西康留遗址城垣平面为西南隅强烈压缩、东北角缺失的梯形且存在多处大尺寸缺口。只有尧王城遗址，不仅遗址规模和圈围范围可观，分别超过 100 万平方米和 20 万平方米，并且城垣连续，城址平面为西南隅稍作压缩、东北角略微抹去的约略平行四边形，在规格上明确高于大汶口文化晚期的其他设壕（城）遗址（表 5.1）[37]。因为在大汶口文化晚期遗址涉及的范围内，尚无同时期的遗址可与尧王城遗址相提并论，因而设想它是整个大汶口文化晚期遗址覆盖区的核心是有道理的。

表 5.1　与尉迟寺环壕遗址同时期的大汶口文化晚期设壕（城）遗址规模、平面形态汇总表

| 遗址名称 | 圈围类型 | 遗址面积（万平方米） | 环壕（城垣）面积（万平方米） | 环壕（城垣）平面形态处理 |
| --- | --- | --- | --- | --- |
| 尧王城 | 城垣+环壕 | 400（100） | 20（含环壕） | 规整矩形变体；西南隅基本完整，东北角压缩 |
| 焦家 | 环壕 | 100 | 12.25（含环壕） | 不规则椭圆；西南隅扩张，东北角压缩；轩城 |
| 西康留 | 城垣 | 11.5 | 5（含城垣） | 规整矩形变体；西南隅压缩，东北角压缩 |
| 赵庄 | 环壕 | 30 | 不详 | 不详 |
| 尉迟寺 | 环壕 | 10 | 5（含环壕） | 椭圆形 |
| 刘堌堆 | 环壕 | 1.6 | 不详 | 不详 |

在大汶口文化晚期，大汶口文化覆盖区西边的中原地区处于庙底沟二期文化阶段，西南边是以江汉平原和洞庭湖平原为中心的屈家岭 – 石家河文化，东南边的环太湖地区有良渚文化。在空间上，它们均应给大汶口文化人群以某种压力，其中西部的庙底沟二期文化占据东亚大陆腹地的核心部位，较为强势。这样，由与大汶口文化晚期各空间单元的关系看，尧王城单元离强势单位最远，在一定水平上，其他单元都可以视作尧王城单元与异文化区域之间的屏障。不仅如此，尧王城遗址之外的其他设壕（城）遗址中，处在面对强势异文化区域前端的焦家遗址、尉迟寺和刘堌堆环壕遗址，均位于面向异文化区域河流的后方，显示出明确的防御倾向。这些情况有利于把大汶口文化晚期遗址视作一个需要面对异文化区压力的整体。在这种情况下，同属大汶口文化晚期的其他设壕（城）遗址单元都自然地成了尧王城单元的回护单位。

因为泰沂山系的阻隔，由异文化区接近位于大汶口文化晚期腹地的尧王城有南、北两条路径，这两条路径的地理空间形势有很大不同。泰沂山系以北的路线由中原地区进入鲁北—胶莱平原，路线上仅有泰沂山系与济水所成夹道处易于形成有效的防御。这个点以西的黄河和济水之间的河流相对稀疏且与前进方向平行，总体阻碍较小，这个方向上在泰沂山系与济水夹道处出现的焦家遗址是实施相应防御的唯一环壕单位。泰沂山系南侧的路线一路河流密集，且河流与前进方向垂直，空间被划分为多个层次，古泗水、颍河、涡河、睢水等较宽的河道更是形成严重的阻碍。在这条路线的不同层次上，分别出现了尉迟寺和刘堌堆环壕遗址、西康留城垣遗址、赵庄环壕遗址。也就是说，地理、路径形式的不同与大汶口文化晚期设壕（城）遗址分布状态的呼应，暗示这里存在着一个以尧王城为目的地的主要面对西边压力的防御系统。这个系统针对不同的地理特点，采取了不同的防御策略。焦家单元祭祀中心的坐落提示着着力于唯一的关键点的做法，故焦家遗址规模可观，甚至接近尧王城遗址，而西康留单元、赵庄单元和尉迟寺–刘堌堆单元的祭祀中心的坐落则提示着各据有利地形协同防护的姿态，其责任分担，故它们的遗址规模均远小于焦家遗址（图 5.10）。

在当时，遗址上环壕或城垣的存在是祭祀权存在的证明，而居民点的军事能力主要取决于人口的聚集水平，人口聚集水平与遗址规模为正相关。另外，祭祀权和军事权集于一身，更宜于灵

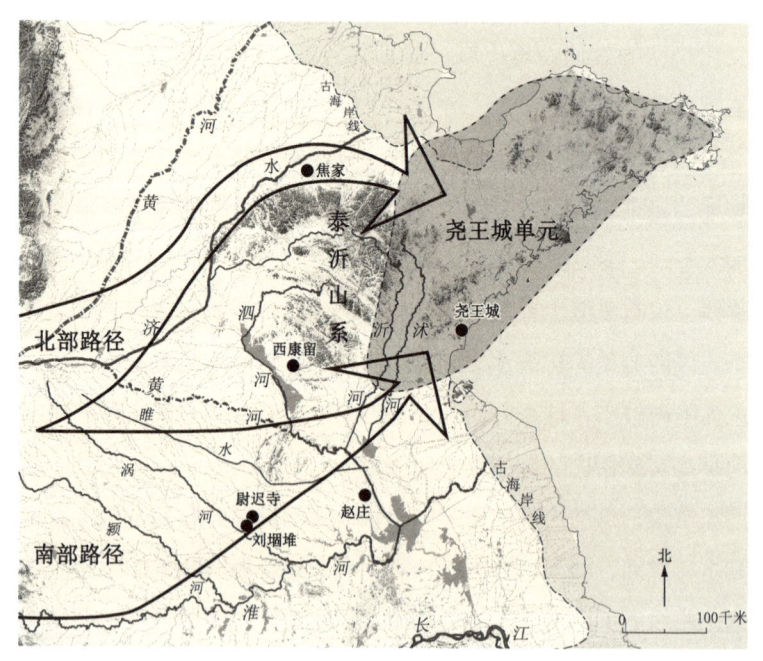

图 5.10　中原地区接近尧王城单元的南北路径示意图

活机动的军事行动。针对考古遗址，或者可以把环壕或城垣与人口集聚在空间上的耦合水平作为实际军事能力考量的指标，二者耦合水平高，表示相应单元可以尽快形成核心，面对外来挑战。某一单元的军事能力和祭祀权的耦合水平，在一定程度上可以由设壕（城）遗址本身的规模大小以及与单元内其他大规模遗址之间的距离关系来表达。

观察尧王城单元以外各个单元的遗址分布可以看到，防御需求的不同使得各个单元祭祀权和军事能力的整合水平也不相同。在北部独立承担外部压力的焦家单元中，作为祭祀中心的焦家遗址规模最大，实现了军事能力和高规格祭祀的并置。距焦家遗址直线距离约 98 千米处又有遗址面积在 30 万平方米以上的遗址存在，增强了这一方向上防御的机动水平。协同承担西南部和南部压力的西康留、赵庄和尉迟寺－刘堌堆三个单元则包含两种情况。第一种是西康留单元和赵庄单元。作为祭祀中心的西康留遗址和赵庄遗址规模相对有限，在西康留单元内距离西康留遗址直线距离分别约 56 千米、114 千米的北方和在赵庄单元内距离赵庄遗址直线距离约 74 千米的东北方，分别有大于西康留遗址和赵庄遗址的遗址面积在 30 万平方米以上的遗址存在。虽然相较于焦家单元，西康留单元和赵庄单元祭祀权与军事能力的整合水平均较低，但毕竟有军事能力较强的单位存在。或是因为西康留单元与尧王城间有一定阻隔而独立性较强，其祭祀权和军事能力的整合水平较赵庄单元为高，显示出更强的自主性。第二种是尉迟寺－刘堌堆单元。不仅作为祭祀中心的尉迟寺和刘堌堆遗址本身规模有限，而且单元内最大遗址规模仅 24 万平方米，与其他单元相比，尉迟寺－刘堌堆单元祭祀权与军事能力的整合水平最低。之所以这样，首先是因为这一单元处于与异文化区的交接地带，具有较大的不稳定性，所以在军事行动上更多地受上位权力的支配。这一点由单元内尉迟寺类型中的较大遗址均位于涡河后方靠近尧王城的区域的做法可以看出。其次是西康留和赵庄单元在一定程度上可以分担尉迟寺－刘堌堆单元的防御压力，简单地说，这种情况是上位权力不够放心造成的。尉迟寺－刘堌堆单元的地域核心发生转移后，新出现的南城孜遗址面积约 20 万平方米，垓下遗址城垣内面积约 15 万平方米，均大于尉迟寺遗址的面积。垓下遗址上同时拥有环壕和城垣且平面为圆角长方[38]，遗址上见有红彩装饰的排房，祭祀等级较尉迟寺遗址为高。较大的规模和更加隆重的设置应是这一地区中心权力整合水平提升的表达，这当然可以理解为是为了应付前面指出的这一方向上外部压力增大而采取的办法。

如果从祭祀权和军事能力的整合水平看尧王城单元，尧王城遗址不仅在各个方面一枝独秀，显示出强烈的凌驾性，而且在其东北约 37 千米处还有规模大于 30 万平方米的遗址存在，显示出祭祀权和军事能力整合的最高水平，进一步明确了尧王城遗址和单元的中心性（图 5.11）。

如果把大汶口文化晚期人群在空间系统的核心单位规模一枝独秀的做法与仰韶文化空间系统的核心单位规模等级有限的情况相比较，似乎可以看到，基于不同的族群空间以及位势条件，大汶口文化晚期采取了与仰韶文化完全不同的权力组织方式。

如果认定尧王城单元为权力中心，尧王城单元之外的其他单元上所表现出的祭祀权和军事能力整合水平的差异，就是尧王城单元这个中心对其他各单元权力赋予的差异。由上列各单元祭祀

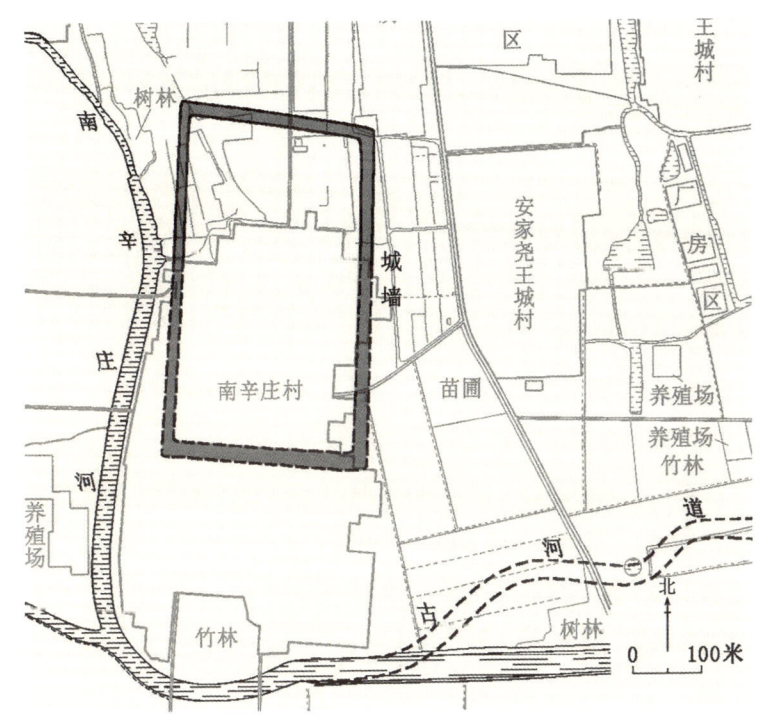

图 5.11　大汶口文化晚期尧王城遗址及周边环境示意图

权和军事能力的整合状况及尉迟寺 – 刘堌堆单元祭祀权和军事能力整合情况的变动可以看到，这里的关键是，既要通过权力的赋予使得其他各个单元祭祀权和军事能力的整合水平与其承担的防御任务及所处地位相符，又要避免其他单元权力集中对尧王城单元的中心地位造成威胁。

一般说来，环壕（城垣）平面矩形的较圆形的等级高，规则的较不规则的等级高。比较焦家遗址和西康留、尉迟寺遗址可以看到，西康留遗址城垣的祭祀等级相对最高。尉迟寺遗址环壕次之，焦家遗址环壕最低。按照常理，如果能够自作主张的话，除尧王城单元之外，祭祀权和军事能力整合水平最高、自身规模最大的焦家遗址的环壕平面应该在等级上高过西康留遗址和尉迟寺环壕遗址，可实际上焦家遗址上的环壕却采用了较西康留遗址和尉迟寺环壕遗址更低的等级形态。这种情况既表明了焦家遗址不能自主，也显示了如果因为防御需求使得单元祭祀权和军事能力的整合水平较高，那就得在其他方面做出减损。焦家遗址这种"非自然"的状况，是上位权力对权力慎重赋予的关键证据。

针对权力的赋予，还有以下情况值得特别注意。首先，并不是所有的大汶口晚期文化类型都含有设壕（城）遗址，比如西夏侯类型、三里河类型、杨家圈类型。其次，具有设壕（城）遗址的文化类型在特定的空间单元中覆盖面积并不最大，例如在西康留单元中，现知覆盖面积最大的是西夏侯类型，而城垣遗址却出现在枣滕地区类型中。再次，作为某一文化类型祭祀中心的设壕（城）遗址可以在相邻文化类型遗址覆盖区安排设置，段寨类型的祭祀中心放在尉迟寺类型覆盖区就是实例。最后，具有设壕（城）遗址的文化类型覆盖面积与设壕（城）遗址的遗址面积及环壕（城垣）规模并非正相关，例如赵庄遗址的遗址规模和西康留遗址的遗址规模及环壕（城垣）规模均不小于尉迟寺遗址，但尉迟寺类型的覆盖面积大于赵庄类型和枣滕地区类型的覆盖面积。凡此种种，都很明确地暗示大汶口文化晚期遗址覆盖区域内的设壕（城）遗址的设置并不是简单地取决于地方力量的强弱，或者说环壕（城垣）的拥有和规格设定具有"自上而下"安排的性质。

如果把焦家遗址、焦家遗址东北的遗址面积为 37 万平方米的广饶傅家遗址、焦家遗址以南位于泰山西麓的遗址面积为 82.5 万平方米的泰安大汶口遗址、西康留遗址以及西康留遗址东南面积为 80 万平方米的新沂花厅遗址联系起来，就可以看到一个陈列于尧王城西侧的"防御半环"。除了作为中心的尧王城和五莲丹土遗址，已知大汶口文化晚期的遗址（图 5.12）面积在 35 万平方米以上的遗址均在此环上，并且上列遗址在这个半环上大致等距分布。在这个半环上，西康留遗址西北出现的遗址面积为 56 万平方米的邹城野店遗址打破了等距分布的格局。但正是它的存在，既保证了泰山西麓地形复杂地段防御的连续性，又限定了西康留的规模，更为具体地呈现这个防御半环的"人为属性"。

不仅如此，这种"自上而下"的安排甚至还有"量化"上的考虑。这具体表现为西康留遗址、赵庄遗址、焦家遗址与各自单元内最近的大于 30 万平方米遗址的直线距离，分别约是尧王城遗址与其单元内大于 30 万平方米遗址之间直线距离的 1.5 倍、2 倍和 2.5 倍（图 5.13）。这种不同区域、不同文化类型的重要遗址间距的比例关系，十分具体地显示这里的"自上而下"安排的慎重与严密。

如果设壕（城）遗址意味着高等级祭祀权力的存在，那么祭祀权在当时是举足轻重的核心权力；如果遗址规模意味着更坚强的防御和更为方便的劳动力支配，那么在以尧王城为统领的聚落系统中，最为触目的事实应该是一系列设壕（城）遗址在规模上并不具有优势。尉迟寺、垓下、西康留和赵庄遗址都规模有限，同单元之中规模大于它们的聚落往往存在，并且各单元的设壕（城）遗址既在规模上存在差别，又和大型遗址间的关系各不相同。这些最为明显但却并不容易看到的事实，应该最不容置疑地表明大汶口文化晚期遗址覆盖区聚落系统的自上而下的"人工"属性。

在我们看来，以上讨论应该基本表明，当时在黄河下游地区，

第五章　171

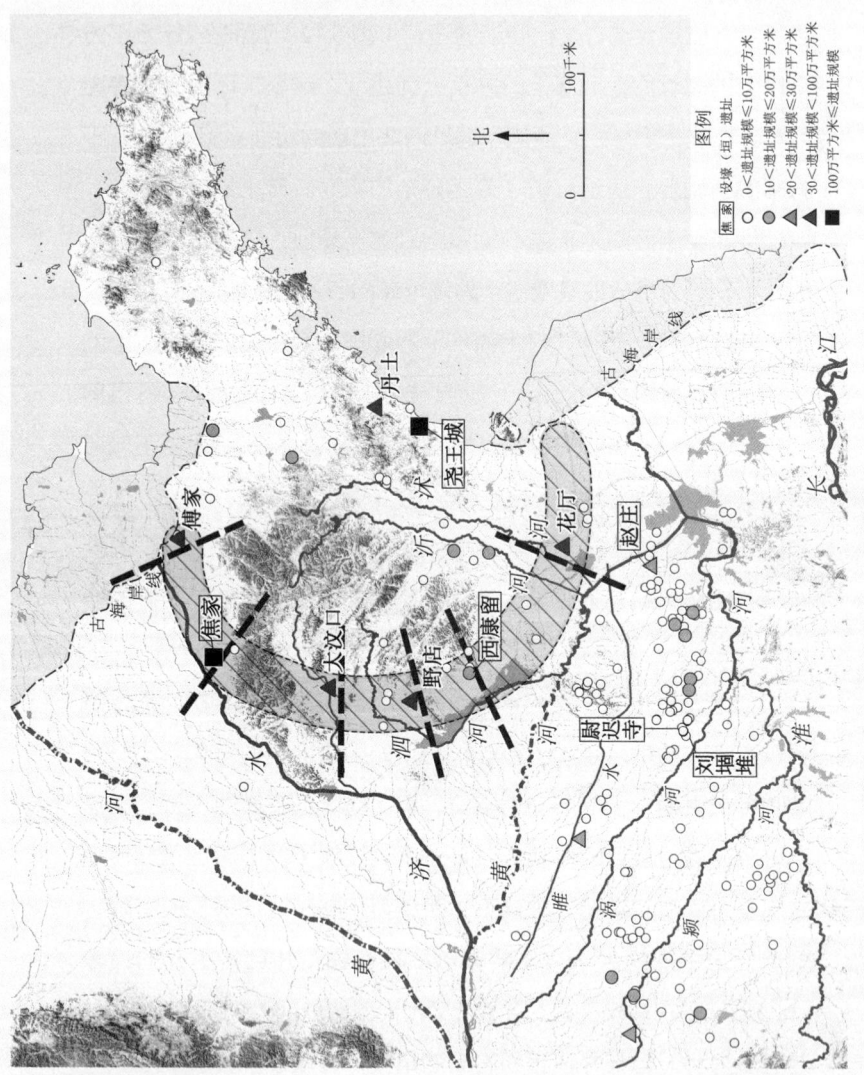

图 5.12 大汶口文化晚期遗址体系统针对尧王城的回护弧线示意图

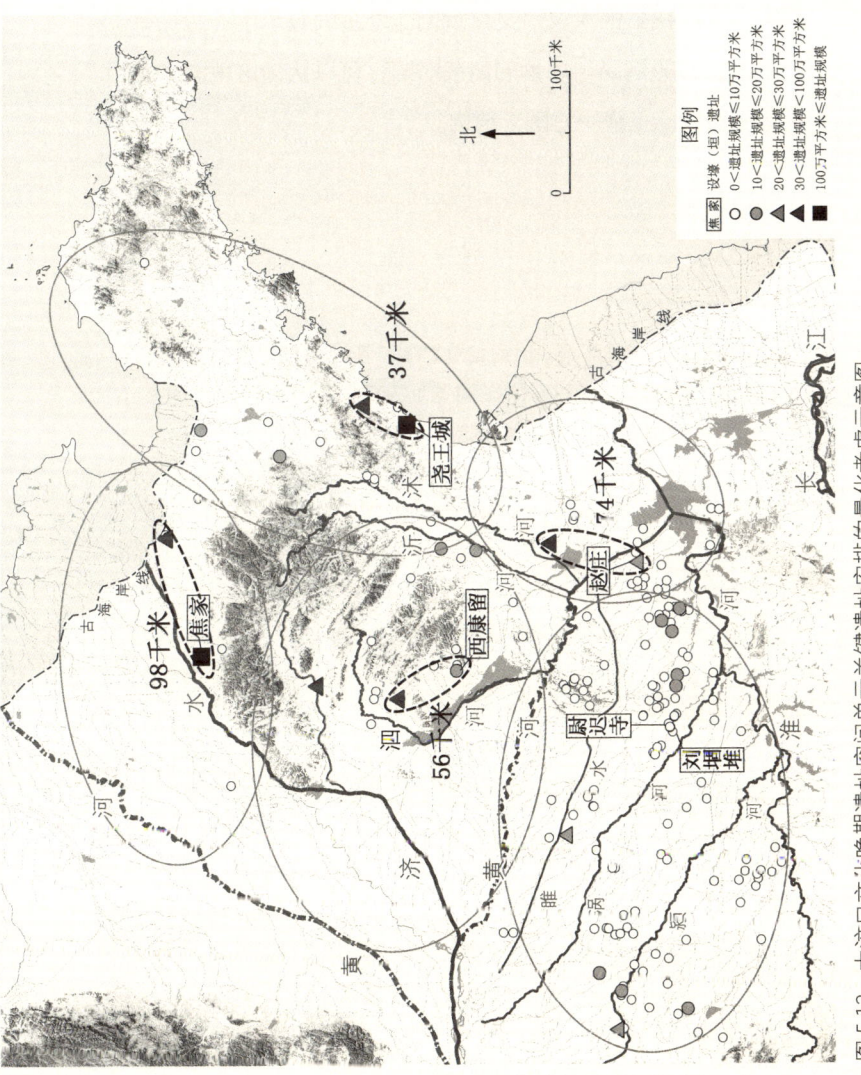

图 5.13 大汶口文化晚期遗址空间单元关键遗址安排的量化考虑示意图

一个已经发展到一定水平的、由统一权力控制的、涉及地域大致25.5万平方千米的、具有确切空间控制目标的、体系严整的聚落系统已经存在。把大汶口文化晚期遗址系统显示出的边缘单位回护中央区域的格局与后世的情况对照，可以认为这里同样采用了后世所谓的"王畿—方国"结构。

## 注　释

[1] 发掘报告描述的环壕缺口宽度为20米，但是依据发掘报告提供的平面图则有40~50米。本文有关尉迟寺遗址的资料除特别注明外，均来自中国社会科学院考古研究所：《蒙城尉迟寺：皖北新石器时代聚落遗存的发掘与研究》，北京：科学出版社，2001年。中国社会科学院考古研究所、安徽省蒙城县文化局：《蒙城尉迟寺（第二部）》，北京：科学出版社，2007年。

[2] 林壹：《尉迟寺大汶口晚期聚落内部的社会结构——以遗存的空间分布为视角》，《南方文物》2016年第4期。

[3] 裴安平：《中国史前聚落群聚形态研究》，北京：中华书局，2014年，第288页。

[4] 中国社会科学院考古研究所：《蒙城尉迟寺：皖北新石器时代聚落遗存的发掘与研究》，北京：科学出版社，2001年。

[5] 魏峻：《尉迟寺遗址的大汶口文化聚落与社会》，《东方考古》辑刊2004年第1集。

[6] 主要依据以下文献统计。王清刚：《龙山时代海岱地区与南邻文化区互动关系研究》，山东大学硕士学位论文，2018年；安徽省文物考古研究所：《安徽泗县新石器时代晚期至商周遗址调查报告》，《东方考古》第10集，北京：科学出版社，2013年；王芬：《试论泰沂山北侧地区的大汶口文化》，《中原文物》2003年第5期；中国社会科学院考古研究所安徽工作队：《皖北大汶口文化晚期聚落遗址群的初步考察》，《考古》1996年第9期；中国社会科学院考古研究所安徽工作队：《安徽淮北地区新石器时代遗址调查》，《考古》1993年第11期；河南省文物局：《河南文物》，郑州：文心出版社，

2006年。

[7] 山东大学考古学与博物馆学系、济南市章丘区城子崖遗址博物馆：《济南市章丘区焦家新石器时代遗址》，《考古》2018年第7期。

[8] 中国社会科学院考古研究所山东队、山东省文物考古研究所、日照市文物局：《山东日照市尧王城遗址2012年的调查与发掘》，《考古》2015年第9期。

[9] 刘延常、赵国靖：《山东五莲县丹土遗址大汶口、龙山文化遗存分析》，《中国社会科学院古代文明研究中心通讯》2015年第27期。

[10] 许宏：《先秦城邑考古》，北京：西苑出版社、金城出版社，2017年，第76页。

[11] 安徽省文物考古研究所、固镇县文物管理所：《安徽固镇县垓下遗址发掘的新进展》，《东方考古》第7集，北京：科学出版社，2010年。

[12] 武大考古队、胡保华：《安徽省固镇县南城孜遗址考古发掘花絮（1）》，中国考古网，2014年12月8日。

[13] 卢建英、柯志强：《皖北地区史前农村聚落形态研究》，《农业考古》2012年第3期。

[14] 乙海琳：《淮河流域大汶口文化晚期的动物资源利用——以金寨、赵庄遗址为例》，山东大学硕士学位论文，2019年。

[15] 安徽省文物考古研究所：《安徽萧县金寨遗址发现大汶口至龙山文化遗迹》，《中国文物报》2018年12月14日。

[16] 资料刊布日期截至2019年10月。根据现有材料，焦家遗址主要遗存为大汶口文化中晚期阶段，夯土墙的年代不会晚于大汶口文化中期偏晚，但未提及环壕的使用年代。结合遗址的实际情况，暂认为在大汶口文化晚期焦家遗址仍可能存在环壕。

[17] 偃师商城宫城二号宫殿前西南方的夯土台基，按照王震中的考察，应早于二号宫殿。本章偃师商城宫城二期3段的布局示意图在曹慧奇的基础上，参考王震中的意见绘制。详见曹慧奇：《偃师商城宫城第三号宫殿的始建年代与相关问题》，《中原文物》2018年第3期；王震中：《商代都邑》，北京：中国社会科学出版社，2010年。

[18] 王震中：《商族起源与先商社会变迁》，北京：中国社会科学出版社，2010年。

[19] 魏继印：《试析王湾三期文化的来源》，《考古》2017年第8期。

[20]　王学荣、谷飞：《偃师商城宫城布局与变迁研究》，《中国历史文物》2006年第6期。王学荣：《偃师商城第一期文化研究》，《三代考古》（二）北京：科学出版社，2006年。王震中：《商代都邑》，北京：中国社会科学出版社，2010年，第56~130页。王鲁民：《营国：东汉以前华夏聚落景观规制与秩序》，上海：同济大学出版社，2017年。

[21]　发掘者推测偃师商城二期宫城墙西侧与三期宫城墙围成的空间"或应属于第二期宫城建筑的使用空间"，并且把二期宫城墙南段上的豁口认为是通向这一空间的入口，具体用途尚无法判断。结合偃师商城宫城的功能布局，我们认为这种说法值得商榷，实际上这样狭长的空间很难承担明确的宫城功能。在商代早期方国都城垣曲商城，西城墙和南城墙均设置了双重城垣，并由此形成了接近宫殿区"西南入"的做法。由此，偃师商城二、三期宫城墙的做法或者与垣曲商城双重城垣的做法相似，形成了一个迂回的通道。如果是这样，那么在偃师商城三期宫城墙上应该设置有由外部进入宫城的入口。相关文献如下：中国社会科学院考古研究所河南第二工作队：《2011年至2016年偃师商城宫城遗址复查工作的主要收获》，《中原文物》2018年第3期。谷飞：《偃师商城宫城建筑过程解析》，《三代考古》（七），北京：科学出版社，2017年。中国国家博物馆田野考古研究中心、陕西省考古研究所、垣曲县博物馆：《垣曲商城（二）：1988—2003年度考古发掘报告》，北京：科学出版社，2014年，第230页。王鲁民：《营国：东汉以前华夏聚落景观规制与秩序》，同济大学出版社，2017年，第134页。

[22]　从字义分析，"明"的意思是"显露"和被阳光照亮，"堂"指上有屋顶覆盖的地面。参见王鲁民：《营国：东汉以前华夏聚落景观规制与秩序》，上海：同济大学出版社，2017年，第41~50页。

[23]　吴钊：《追寻逝去的音乐足迹：图说中国音乐史》，北京：东方出版社，1999年，第19页。

[24]　《尔雅·释天》说"祭天曰燔柴，祭地曰瘗埋"，瘗埋当与"坎陷之祭"同义。所谓"坎"祭、"陷"祭，狭义上可指祭祀坑，广义上还应包括低地或者说地势较低处。详见井中伟：《我国史前祭祀遗迹初探》，《北方文物》2002年第2期。

[25]　王鲁民：《营国：东汉以前华夏聚落景观规制与秩序》，上海：同济大学出版社，2017年。

[26]　黄淬伯：《诗经覈诂》，北京：中华书局，2012年，第547页。

[27] 张玉书、陈廷敬编撰：《康熙字典》，北京：大众文艺出版社，2008年，第1333页。

[28] 马艳：《安徽尉迟寺大汶口文化土坑墓随葬品所反映的社会现象》，《四川文物》2005年第5期。

[29] 张觉校注：《吴越春秋校注》，长沙：岳麓书社，2006年，第295页。

[30] 王鲁民：《营国：东汉以前华夏聚落景观规制与秩序》，上海：同济大学出版社，2017年。

[31] 王清刚：《龙山时代海岱地区与南邻文化区互动关系研究》，山东大学博士学位论文，2018年。

[32] 可能是因为目前在相应地区未发现大汶口文化晚期的遗址，现有研究未对大汶口文化晚期西夏侯类型和枣滕地区类型以西至黄河东岸的区域进行考古学文化类型上的划分。但是考虑到这一地区三面为大汶口文化晚期地方类型环绕，一面为大型河流，从地理空间关系上考虑，应可把这一地区划入西康留单元。

[33] 西康留单元内，在西康留遗址以东约16千米处有建新遗址。根据考古资料，建新遗址以大汶口文化中晚期遗存为主，遗址面积约12万平方米，并且"在遗址外围发现存在环壕的迹象"。建新遗址环壕的具体使用时期尚不明确，如果其环壕和西康留遗址的城垣共时，那么西康留单元中西康留和建新遗址的设置应该与尉迟寺–刘堌堆单元中尉迟寺和刘堌堆遗址的设置情况类似。建新遗址的资料参见山东省文物考古研究院：《枣庄建新遗址考古勘探报告》，《海岱考古》（第十辑），济南：山东大学出版社，2017年。

[34] 王青：《试论史前黄河下游的改道与古文化的发展》，《中原文物》1993年第4期。

[36] 按照林壹的说法，尉迟寺遗址的环壕遗址在大汶口文化晚期的最早阶段应该已经出现；按照试掘简报，南城孜遗址第一期相当于尉迟寺遗址大汶口文化晚期遗存第二段；而垓下遗址城墙的建造和使用年代主要处于大汶口文化晚期偏晚阶段，根据以上确定尉迟寺单元内尉迟寺、南城孜、垓下三处遗址环壕（城垣）出现的相对时期。详见林壹：《尉迟寺大汶口晚期聚落内部的社会结构——以遗存的空间分布为视角》，《南方文物》2016年第4期；安徽省文物考古研究所、武汉大学历史学院考古系、武汉大学考古系：《皖北小孙岗、南城孜、杨堡史前遗址试掘简报》，《考古》2015年第2期；安徽省文物考古研究所、固镇县文物管理所：《安徽固镇县垓下遗址发掘的新

进展》,《东方考古》第 6 集,北京:科学出版社,2009 年。

[36] 中国社会科学院考古研究所、安徽省蒙城县文化局:《蒙城尉迟寺》(第二部),北京:科学出版社,2007 年,第 408 页。

[37] 一般认为尧王城遗址龙山文化早中期遗址总面积达 400 万平方米,但也有学者认为有文化堆积的范围不超过 100 万平方米。尧王城遗址的内城建设时间不晚于大汶口文化晚期,资料显示尧王城遗址在大汶口文化晚期有五处聚落团聚在从中穿过的河汊附近。结合尧王城遗址城址及其周边的平面图,可以推测尧王城遗址大汶口文化晚期的遗址规模应该不小于 100 万平方米。

[38] 许宏:《先秦城邑考古》,北京:西苑出版社、金城出版社,2017 年,第 371 页。

## 第六章 周人的西都与东都

## 一、周人西都与东都研究的核心问题

渭河与泾河交汇点处,渭河南岸的开阔地段是一片神奇的土地,这里不仅发现半坡、姜寨、鱼化寨这样的新石器时代环壕遗址,而且汉长安也在这里坐落。西周时,王朝的政治中心也在这里的渭河支流沣河两岸。根据《诗经·大雅·文王有声》[1],这个在沣河流域的中心是由丰邑与镐两部分构成,二者隔河相望,形成满足王朝需要的礼仪环境。不少研究者认为镐又可以称作宗周,《长安志》卷三引皇甫谧《帝王世纪》说"武王自丰居镐,诸侯宗之,是为宗周"[2]就是明证。由于"京"后世被理解为"都城",所以也有把丰邑和宗周称作丰京、镐京者。可是,随着新的考古资料逐步进入研究者的视野,人们发现,实际上情况远为复杂,这个政治中心的构成应非"丰、镐二京"所能概括。为了表述明白,本文用"西周西都"来称呼周人在沣河两岸设置的政治中心整体。

为了更好地控制东亚大陆腹地,武王克商后,即在洛阳盆地设置了周人的据点。成王时,更在武王所为的基础上建设了"大邑成周"作为周人东土的政治与军事指挥中心。与周人在泾渭交汇处的西都相对,这个中心可以称作东都。可是,大邑成周的格局究竟是什么样的,它的中心坐落在什么地方,是否设置了城垣,也一直是研究者争论的问题。不仅如此,由于特殊的历史境遇,成周显然经历了一系列的变动,更给相关问题的回答带来了麻烦。

作为中国古代都城发展上的一个特殊环节,弄清西周西都与东都的基本格局,对于更为准确地理解中国古代都城的变迁脉络具有重要意义。长期以来,诸多研究者参加了相关的讨论,并取得了诸多成绩。但是,核心问题一直得不到解决。在我们看来,之所以如此,主要是把《考工记》中所谓的都城制度作为形态判断的基准。这里,我们将在已有讨论的基础上,将相关资料置入中国古代都城形制变迁的真实脉络,希望能够给出一个正确的答案。

## 二、"莽京"为何?

"莽京"是在西周青铜器铭文中屡屡出现的一个地名。自这个地名被发现以来,学界对于它究竟是一个聚落还是一处宫室、它的位置,以及它与丰、镐的关系等问题一直争论不休。

周代青铜器铭文提到"莽京"的有二十余条,全部集中在西周。现择与本义相关度较高者节录如下:

《臣辰盉》(又名《士上盉》):隹王大禴于宗周,造莽京年,才五月既望辛酉,王令士上眡史寅殷于成周,豊百止豚暨商贝胐贝,用作父癸宝尊彝。[3]

《静卣》(又名《静彝》):隹四月初吉丙寅,王才莽京,王易静弓,静捧稽首,敢对扬王休。用作宗彝,其子子孙孙永宝用。[4]

《王盂》:王乍莽京宿(寝)中归盂。[5]

《麦方尊》：王令辟井（邢）侯出柕，侯于井（邢）。雩若二月，侯见于宗周，亡述。迨王饎夆京醑祀。雩若翌日，在辟雍，王乘于舟为大豊，王射大龙，禽。侯乘于赤旗舟从。死咸之日，王以侯内入于寑，侯易玄周戈。雩王才畋，祀月。[6]

《史懋壶》：隹八月既死霸戊寅，王才夆京湿宫，王亲令史懋路筮，咸。王乎伊伯易懋贝。[7]

《弭叔簋》：隹王月初吉甲戌，王才夆，各于大室，即立中廷。[8]

《㝬匜》：隹三月既死霸甲申，王才夆上宫。[9]

《伯唐父鼎》：乙卯王饎夆京，王䎽，辟舟归舟龙，咸䎽，伯唐父告备，王各乘辟舟，临䎽白旗，用射缘、犛虎、貊、白鹿、白狼于辟池，咸䎽，王蔑曆。[10]

《静簋》：隹六月初吉，王才夆京。丁卯，王令静司射学宫，小子眔服、眔小臣、眔夷仆学射。雩八月初吉庚寅，王以吴㚔、吕𠟭、𢦏䢼盍师，邦君射于大池……[11]

《鲜盘》：王才夆京，禘于昭王。[12]

《遹簋》：穆王在夆京，呼渔于大池。[13]

《井鼎》：王在夆京，辛卯，王渔于㡿永。[14]

西周晚期，人们似乎习用一个"夆"字来代替"夆京"，如：

《召伯虎簋》：唯六年四月甲子，王在夆。[15]

《训匜》：唯三月既死霸甲申，王在夆上宫。[16]

由铭文可见，夆京应是宗周附近的一个重要仪式场所。《臣辰盉》和《麦方尊》都说到周王在宗周举行仪式后，马上就在夆京举行仪式，可见其距宗周不远，所以一些研究者[17]认为夆京在沣水流域应该不错。至于夆京的性质，多数研究者将其理解为都邑。有说夆京就是镐者，有说夆京即丰者，也有认为夆京是另一聚落者[18]。由于周代铭文中，在使用"莑京"的同时，又出现了"丰"和"蒿"（通"镐"）两个指涉地名的字，所以莑京应该既不是丰，也不是镐[19][20]。

现有论述将莑京理解为都邑者是主流，但也有指其为宫室或建筑者。例如尹盛平认为莑京实际上是指周王室在丰邑的宗庙与王宫区[21]，李仲操认为莑京是西周一座重要的宫室[22]，吕全义认为莑京是坐落在高台上的建筑[23]。《说文解字》说："京，人所为绝高丘也。"[24]《尔雅义疏》云："京者，丘之大也，与坟同义。"[25]可见最初"京"字并不指称都邑，所以指莑京为建筑极有道理。

那么莑京究竟是什么样的建筑呢？或许首先需要再次确认"京"字的意义。因为甲骨文和金文中所见的"京"字均为"🏠"形，乍看就像是一个高高架起的建筑，所以今人颇质疑许慎等指"京"为丘坟的说法[26][27]。其实，从字形看，许慎等的解释应该不错。在"🏠"字中，下部为丘台本无疑义，注意到这个丘台轮廓拟为直线，应该是为了表明其为"人所为"。至于这个"人所为"的丘坟之上的"🏠"形，应该并不是今人认定的房屋的象形，而是古人所说的"建木"通天的表达。按照传说，"建木"是位于大地中央通达天宇的巨柱，其立脚于昆仑山之巅，众天神借助它上天下地。昆仑山绝高，在一般的山顶上呼叫总有回声，而在昆仑之巅"呼而无响"[28]，即呼叫并不形成回声。我们知道中国古人设想之宇宙形态，与传统的建筑形态有莫大关系，在这种理解中，建筑的屋顶对应的正是天空[29]。在"🏠"形上端的一撇一捺之构形极似传统建筑屋顶之剪影，可以认为其义指天空。因为天神"所自上下"，所以建木很自然地和梯子有关，而"🏠"字中位于天空和人为的高台之间的"H"形，确可视为梯子的表达。于是，"🏠"

第六章　183

的存在，最为形象地表明了其下边的"m"形之丘坟的"绝高"，而"绝高丘"的建造，正是为了实现人类与上天之神灵沟通的任务。也就是说，《说文解字》与《尔雅义疏》对"京"字本义的说明是至为准确的。这样，从名称上看，"荃京"就是称作"荃"的高度十分可观的台丘，或者说是以台丘为主体的建筑单位，其主要功用即是为了实现人神的沟通。

从传世文献看，在周人西都构成的关键要素中，确实存在一个以高台为主体的且担负着帝王与神灵沟通任务的建筑，那就是"灵台"。《诗经·灵台》云："经始灵台，经之营之，庶民攻之，不日成之。经始勿亟，庶民子来。王在灵囿，麀鹿攸伏；麀鹿濯濯，白鸟翯翯。王在灵沼，于牣鱼跃。虡业维枞，贲鼓维镛；于论鼓钟，于乐辟雍。于论鼓钟，于乐辟雍。鼍鼓逢逢，矇瞍奏公。"[30]

比较《诗经》中的"灵台"和青铜器铭文中的"荃京"，我们可以看出二者环境的关联与功能的一致。第一，灵台与灵沼相关，"沼"与"池"的意思相通，而《伯唐父鼎》《遹簋》则提到荃京边上有辟池、大池。第二，灵台与灵囿相关，周边草木丰懋。而罗振玉说，"荃"字上下皆为草字，从字形上表明荃京所处之地草木丰盛[31]，《伯唐父鼎》表明当时可以在辟池中射猎，也暗示了这一点。第三，《伯唐父鼎》《麦方尊》说周王在荃京射猎获取的有禽鸟、白鹿、白狼，《遹簋》《井鼎》提到周王在荃京捕鱼，而《灵台》诗提到的鹿走、鱼跃、白鸟飞翔也暗示了同样的射猎内容存在。第四，《诗经》说灵台与辟雍相关，而《麦方尊》《井鼎》表明了荃京也与辟雍相关[32]。第五，荃京是周人举行祭祀活动与神灵沟通的场所，在古人那里，盲人往往被认为有通神的能力，而《灵台》篇中的矇瞍敲钟击鼓，描述的正是祭祀进行的情形。

不仅如此，"荓"字的金文图形为"🜨"（图6.1），其四角为草木形，主干部分为上下两段：上段为"△"形，可以理解为丘台，下段则是一个"方"字。《说文解字》释"方"为："并船也。象两舟省、总头形。"[33]古代文献多强调周文王在礼仪制度上的两项作为，即制作"造舟"和"灵台"。古人释造舟为并船，即"方"。《伯唐父鼎》中提到王乘"辟舟"，"辟"通"并"，故"辟舟"亦即"方"或"造舟"[34]。在黄淮流域，确曾有一种广泛使用的双体船，这种双体船通常由两个长约2米、宽约50～60厘米的小舟加木杆并联而成。因为船体小，且两舟之间有空当，所以可以一个人立于两舟间用扁担挑起就走。因为双体并联，这种船行驶时安全平稳，特别适合在沼泽地区使用。此应即为古人所谓的"造舟""辟舟"或者"方"。"辟舟"或者"方"应是当时针对北方池沼地区的专意发明。将"方"字作为"荓"字的核心组成，提示"荓京"周边池沼勾连，甚至在此常以"辟舟"为乘具进行渔猎。这样，将"荓"字理解为灵台构成的图像是合理的。主体部分相同，环境关系一致，功能相通，以及"荓"字本身所透漏的信息，应该充分地表明了"荓京"就是灵台。

《诗经·六月》说："狎狁匪茹，整居焦获。侵镐及方，至

图6.1 金文中的"荓"字（从左至右分别来自《臣辰盉》、《弭叔簋》、《静簋》、《召伯虎簋》，详见《殷周金文集成（修订增补本）》）

第六章　185

于泾阳。"[35] 从诗句看，"方"与"镐"应该不远，且"方"字是"荓"字的主体，所以，《诗经》里的"方"应是"荓"字的省写。由此"荓"字应读作"fāng"。也就是说，王国维等认为"方"为"荓京"应是不错的。但指"方"即汉代河东郡之蒲坂（今山西永济）[36] 则不能成立。

郑玄说："天子有灵台者，所以观祲象，察气之妖祥也。文王受命，而作邑于丰，立灵台。"[37] 可见灵台是和丰邑并峙的单位，二者共同构成一个针对一定功能需求的整体。灵台或"荓京"的位置应在沣水以西距丰邑不远处。

### 三、镐京之辩

古人有称"镐"为镐京者。"京"字的本义为人工高台，那么，古人所说的"镐京"是否也本不是一个聚落，而是一处与高台相关的宫室建筑呢？这要从什么是"辟雍"说起。

《史记·封禅书》云："沣滈有昭明、天子辟池。"[38] 唐司马贞注："今谓天子辟池，即周天子辟雍之地。……张衡亦以辟池为[辟]雍。"[39]《诗经·振鹭》云："振鹭于飞，于彼西雍。"[40]《毛传》云："雍，泽也。"[41] 可见，"辟雍"的"雍"字本指水体。但"辟雍"并不是自然的水体。《白虎通·辟雍》说："辟者，璧也，象璧圆以法天也；雍者，壅之以水，象教化流行也。"[42]《毛传》释《诗经·灵台》云："水旋丘如璧曰辟雍，以节观者。"[43]《郑笺》注《诗经·泮水》云："辟雍者，筑土雍水之外，圆如璧，四方来观者均也。"[44] 可见，"辟雍"本指施于建筑周围，环绕主体建筑以为空间界线的水体，最初可以是在自然池沼的基础上整理而成。不过,后世"辟雍"一词也用以指称某种建筑。从《诗经·灵台》一诗看,其涉及的与灵台相关的"辟雍"已经是人们可以在其中活动的房子。《麦方尊》说"(王)在辟雍","辟雍"是可以"在"的,表明了"辟雍"为可居留于其中的设施。为什么本来用以指称建筑周边水体的"辟雍"一词又可指称房屋?这与古代的建筑制度有关。三代以后,一些高等级建筑为了进行空间区别且满足容纳要求,会在重要建筑的主体周围设置廊房,形成廊院(图6.2)。这种廊房的作用及位置与有"节观者"作用的水体"辟雍"在功能上相同,与主体建筑的位置相近,故在必要时可以结合布置。明代方以智《通雅》卷三十八《宫室》说:"……大夫始锡作彝,文曰:'王在辟宫,献工锡章。'"[45]"辟宫"应是指这种与四周环水的特定建筑结合布置的廊庑,由于近水,亦可称作湿京(《史懋壶》)。假若廊子与水体辟雍结合成为特定建筑的固定搭配,由于廊子更具有视觉标识性和功能性,将二者的结合体甚至直接将廊子称作辟雍也是可以理解的。

主体建筑周边的廊子在古代又称作"序"。人们往往利用此类廊庑作为教学场所,所以学校在古代也可以称作"序"。《礼记·王制》说天子的学校称作辟雍,由是应可推出辟雍即为特殊的或高等级的"序",即特定建筑周边的廊屋。在古代,"序"又称"榭",而"榭"为"讲武之屋"[46]。之所以如此,是因为讲武是古代学校重要的教育内容,习射则是讲武最重要的课程。所以,"序"又可以用与"射"有关的"榭"字称呼。综上,辟雍就是与水体相关的廊庑,是学校之所在,《静簋》称"学宫"。前引的青铜器铭文显示,"莘京"总是与射或习射相关,原因应在于"莘京"边上设有辟雍。

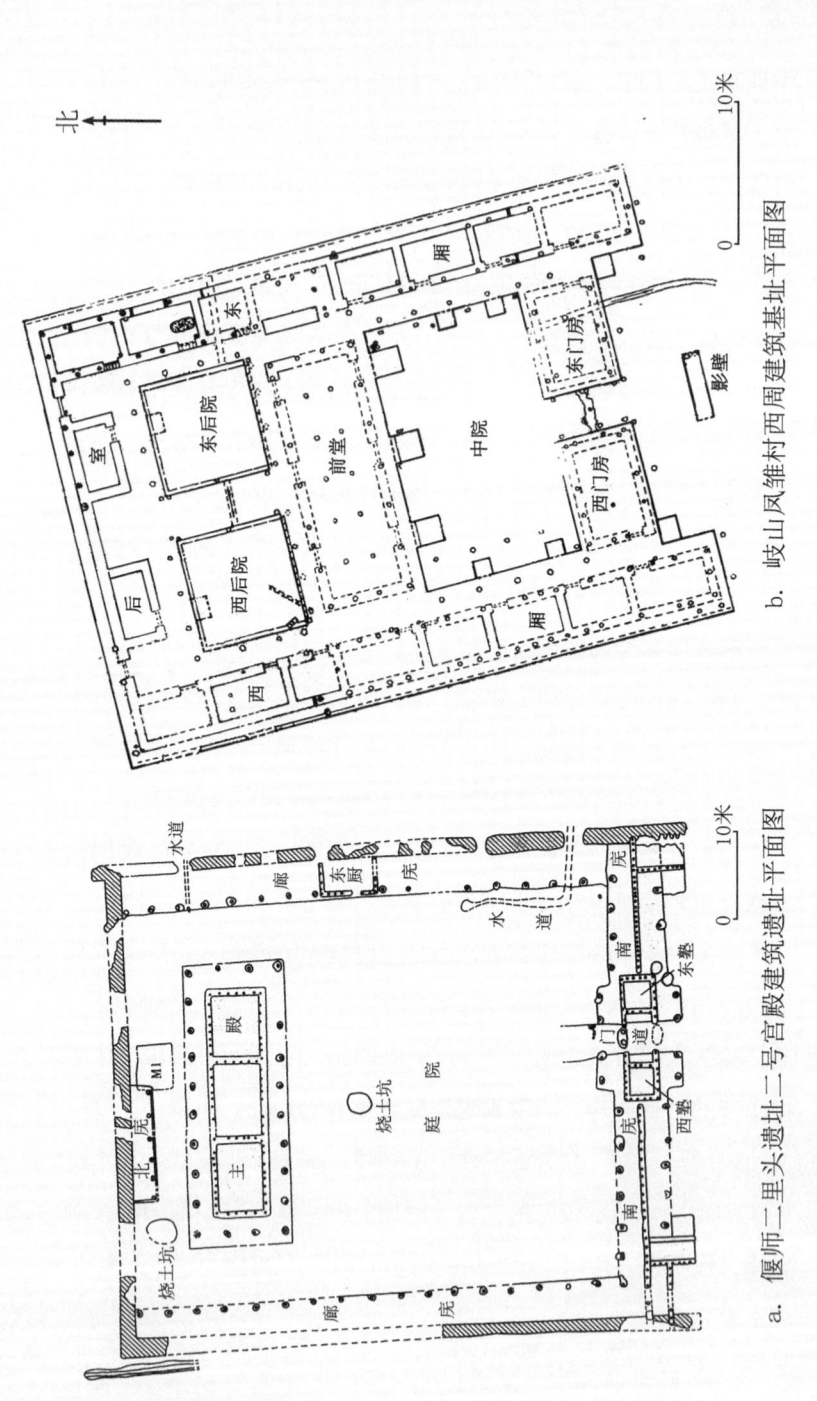

a. 偃师二里头遗址二号殿建筑遗址平面图

b. 岐山凤雏村西周建筑基址平面图

图 6.2 先秦廊院示例图（据《河南偃师二里头二号宫殿遗址》《陕西岐山凤雏村西周建筑基址发掘简报》改绘）

用"辟雍"指称一个包括了核心建筑在内的建筑组合整体的做法是西汉时才出现的[47]，所以在周人那里，作为建筑的辟雍只能指施于特定建筑周边的廊子。从《诗经·文王有声》的"镐京辟雍"句看，镐京当然地与辟雍相关。在这里，如果将"镐京"理解为聚落，则诗句中的"辟雍"应为"镐京"中某一建筑之附属。这样，不提辟雍所服务的主体建筑而只提其附属建筑，不合叙述之通例。所以，"镐京辟雍"一句只能意味着在"镐京"周边设置了辟雍。我国古代建筑制度没有环绕整个聚落设置廊庑者，结合"京"为高台的说法，镐京只能是一个中央为高台建筑、周边为一圈廊屋的建筑组合。

那么，镐京是什么建筑呢？《大戴礼记·明堂》说："明堂者，所以明诸侯尊卑。外水曰辟雍。"[48]《隋书·牛弘列传》说："明堂必须为辟雍者何？《礼记·盛德篇》云：'明堂者，明诸侯尊卑也。外水曰辟雍。'"[49]以上记载都是说辟雍和明堂是一个基本组合。既然镐京外围有辟雍，那么从建筑单元构成的角度看，镐京可以是明堂。不仅如此，何晏《景福殿赋》"故其华表，则镐镐铄铄"注云"皆谓光显昭明也"[50]，可知"镐"字有"光显昭明"的意思。而"堂"字本指施于建筑下面的台基，也就是说，"堂"与"京"字在一定情况下意义相通。这样，至少从字面上看，"镐京"可以是明堂。再者，《诗经·文王有声》说周王"宅是镐京"。因为明堂并非常规的居住建筑，所以"宅是镐京"一句并不是说周王以镐京为王宫，而是说周王将王宫与镐京相并安排，或将镐京的辟雍的一部分用作王宫。将朝会和寝居的宫殿与明堂相并安排是上古沿袭久远的建筑制度。同类做法人们既可以在二里头遗址上看到，也可以在偃师商城中看到。二里头遗址宫殿区

第六章　　189

的 F1 为夏明堂（世室），王之居所应在 F1 四周围廊的北段[51]。在偃师商城宫城西列的建筑中，位于南部的是朝会之所，中央的是明堂，明堂北面则为君王寝居之处[52]。于是，从环境相关性看，镐京亦应是明堂。

在金文中，"镐京"的"镐"写作"蒿"，这里的草字头提示当时明堂周边亦有草木。而《诗经·鱼藻》一篇则表明镐与池沼相连。这样，镐京与"莘京"都是周边有池沼、林木相对独立的建筑群体。

古人多强调明堂和灵台的关联。由 1975 年发掘的东汉洛阳灵台遗址[53]可见，灵台主体轮廓基本由明堂拓来（图 6.3），可见这种说法有据。据此，应可认为灵台是在功能上与明堂相应，

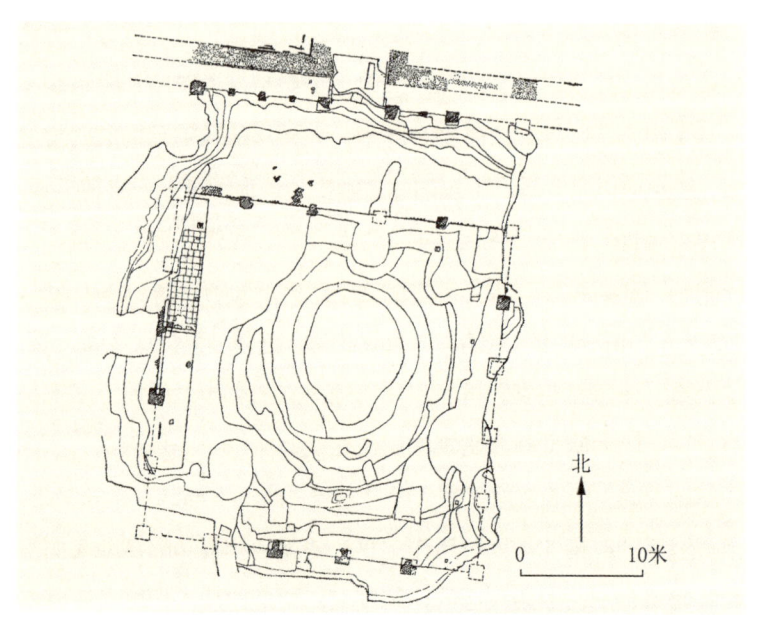

图 6.3 东汉洛阳灵台遗址发掘平面图（《汉魏洛阳城南郊的灵台遗址》）

但文化来源不尽相同的设置。若《㦰匜》《训匜》提到的"上宫"为高台上的宫殿，那么类似东汉洛阳灵台的，在高台上设置宫室的做法在西周已经形成。唐代卢照邻《病梨树赋》说："建木耸灵丘之上，蟠桃生巨海之侧。"似乎建木是与灵台的固定搭配。这样，也许在西周，"莑京"的主体可以理解为一个上有高耸柱子的祭坛，而镐京的主体则是坐落在一个高大台基上的满足特定形式要求的建筑。上有高耸柱子的祭坛，在形态上，与甲骨文和金文中所见的"京"字基本相同。

胡谦盈结合文献描述及考古资料，认为镐京应该在今洛水村、上泉北村、普渡村、花园村、斗门镇一带[54]。但这一带多有墓葬，且缺乏与高台及辟雍相对应的遗迹，故其说难以成立。

《水经注·渭水》谓镐京"自汉武帝穿昆明池于是地，基构沦褫，今无可究"[55]，明白交代了镐京之位置在昆明池范围之内。从工程角度看，镐京周边本有辟雍（池沼），这样，"汉武帝穿昆明池于是地"确是相对便宜的做法。《集解》也引徐广曰："镐在上林昆明北。"[56] 今在昆明池遗址的"中部靠北即常家庄一带，地势较高，像是池内的孤岛"[57]。这样的地形状态与明堂有高台、周边为池沼的构成特征相合，故而认为常家庄一带是镐京主体之所在是合理的。

晋人徐广说："镐……去丰二十五里。"[58] 晋一里约合 432 米，也就是说，丰邑距镐京约 11 千米。在常家庄西南接近 10 千米的沣河西岸边，有今人所指的周人灵台遗址所在。如果今人所指周灵台的位置无误，那么丰邑的主要部分应在灵台亦即"莑京"以南或西南不远处。按照文献，丰邑中有周人的宗庙，莑京与明堂相应，在明堂以南或西南设置宗庙的做法在大地湾遗址乙址上可以看到。至少在空间上，丰邑和灵台构成了类似于大地湾遗址乙址的明堂主导、宗庙从属的对子，共同满足明堂礼仪和宗庙祭祀的要求。

## 四、五邑与西都

夏商之时，明堂与宗庙各自独立，同为宫城中之必备元素。明堂位于西侧或西南，宗庙位于东侧或东北，明堂与草木丰茂之地无关。把明堂设在草木丰茂之地，在殷墟遗址上也可以看到。盘庚之时，殷人在今安阳的洹河以北设置洹北商城。该城的中心组织本该与偃师商城后期的宫城相似，在宫城城圈内的东侧设立宗庙，西侧安排朝宫、明堂和寝宫，形成宫庙主导、明堂从属的格局。可是，东侧的宗庙刚刚完成，西侧的朝宫、明堂等还未建设，便发生了火灾。应该是出于避讳，殷人没有在原地继续营造，而是一方面保留宗庙遗址，一方面离开本来设定的宫城区，在洹北商城的西南方、背负洹河的小屯一带另设对应于原宫城西半的朝宫、明堂和寝宫等，形成了与草木丰盛之地相关的明堂环境，从西南与东北方之潜在宗庙区遥相呼应[59]（图6.4）。

如果我们认为周文化是接续夏、商并辐射后世的文化变迁上的一环，那么周人的镐京与草木池沼相关就意味着镐京当是安阳小屯殷墟的对应物。宗周本是周人的宗庙所在，应独自为一区，参照殷人在安阳的做法，宗周的具体位置应该到镐京以东或东北方去找。殷墟之宗庙区与明堂区的间距十分有限，在常家庄之东北方为大面积的汉昆明池水域，若以洹北商城宫城区与小屯明堂区的间距为依据，则可能的宗周一区也应已没入了汉昆明池底。

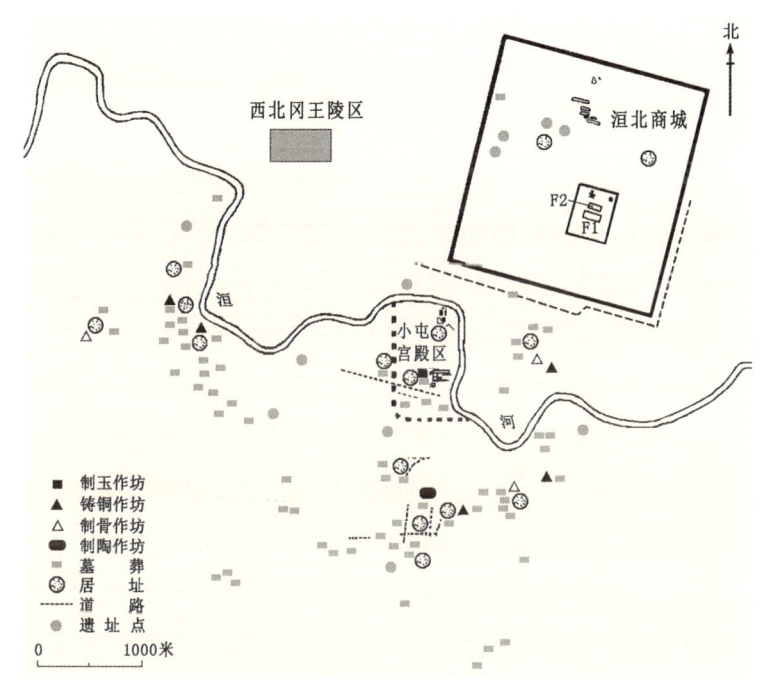

图 6.4 殷人在洹水流域都城主要元素位置关系图（据《先秦城邑考古》改绘）

《孟子·离娄下》云"文王生于岐周，卒于毕郢"[60]，《史记·周本纪》云"武王上祭于毕"[61]，可见文王是葬于毕的。今本《竹书纪年》云："葬武王于毕……葬周文公（即周公）于毕。"[62]可见武王和周公也是葬于毕的。也就是说，毕是西周西都的王陵区。毕即毕原。《史记正义·魏世家》引《括地志》云："毕原在雍州万年县西南二十八里。"[63]《史记正义·周本纪》引《括地志》又云"镐在雍州西南三十二里"[64]。雍州万年县是后周时的建制，位于汉代长安城范围内[65]。汉长安在常家庄或者镐京之东北，按照《括地志》，毕应在镐地以北。今在常家庄西北多有西周墓葬，从功能布局的连续性看，这些墓地应是毕原西边的延

第六章 193

续部分。也就是说，毕原的主体应在普渡村以东为汉昆明池所覆盖的地区。这个地区及常家庄在后周之雍州万年县西南，与之间距分别约为二十八里和三十二里。

由上述的位置判断看，周人在沣河以东的设置格局为明堂与宗庙作西南、东北呼应或西、东并置，王陵在它们以北或西北。因为考古材料表明在洹北商城以西，小屯殷墟的西北方存在有殷人之王陵区，所以这一格局与殷人在洹河流域都城相关要素的位置关系完全相同。需要补充的是，丰邑与灵台系统中并无王陵区设置，这应该是后一个系统的建立太快，王陵最终统一安排所致。

20世纪以来，考古工作者持续地在沣河两岸进行发掘，希望能够明确西周西都的格局。可所得资料却难以与传世文献的表述相呼应，既见不到镐京，也看不到王陵，在应为丰邑的地方则大型建筑遗址难觅。之所以如此，应该是曾经有人对周人西都进行过系统性的破坏。镐京、宗周与周王陵均沉在湖底，丰邑的主体部分也遭铲除。

西周穆王以降的青铜器铭文中出现了以五邑为空间界定的职官。如《虎簋盖》"五邑走马驭人"[66]，《元年师兑殷》"五邑走马"[67]，《柞钟》"五邑甸人"[68]，《羖殷盖》"五邑守堰"[69]，《毛伯敦》"五邑祝"等。五邑应该是五个对应于一定区域的行政单位。对于五邑的具体内容，学者存有不同的看法。周宏伟认为五邑指岐周、成周、宗周、镐京及郑邑[70]。许倬云推测为岐下、程、丰、镐、西郑、槐里等[71]。按常理，以五邑为范围设置专门的官职，表明了五邑在空间上的距离应该相近，只有这样才能实施统一的管理。周、许二位所指的五邑涉及之地域均过于广阔，设置单一的职官来统筹相关事务并不合理。从空间合理性看，所谓五邑应该是以丰、蒡、鄗、宗周和毕等为核心的居民点系统。从设置上看，这些地点本不为刻意的人口聚集点，但在西周的太平时段，人们以它们为基础，形成一定水平的人口聚集，并以之为中心形成一个由一定聚落系统为支持的行政单元应该是很自然的。从逻辑上推，正是"蒡京"等由宫殿组合向聚落的转变，使得"京"字在后世取得了"都邑"的意涵。西周中晚期的青铜器铭文用"蒡"取代"蒡京"[72]以及后世用"丰邑"取代"丰"的做法，可以理解为"蒡京"和"丰"转为聚落系统的语言反映。另外，《逸周书·作雒解》载，周公在平定三监之乱后，"俘殷献民，迁于九毕"[73]。"九毕"当与毕原相关，迁殷民于此当然形成聚落系统，此或即陵邑设置之始。由之设想，西周西都当由五邑构成，针对这五个相互毗邻的空间单元在某些领域设置管理职掌对之实行统一的管理是合理的（图6.5）。

由于丰、蒡、镐京、宗周和毕之间的距离十分有限，以之为主导的聚民点系统完全有可能连在一起，是否有条件分属不同行政系统是一个问题。注意到汉长安城就分属扶风和冯翊两郡，其治所皆在长安。唐长安城则分属长安与万年两个京县，以长安城的朱雀大街为界，长安县治所在西，万年县治所在东。这种情况一方面表明设想西周西都由近距离相邻的五邑构成是没有问题的，并且也表明汉、唐长安的做法所来有自。当然，这种分权的处理做法也有利于对都城的控制。

对于古人来说，宗庙的存亡是政权存亡的根本标志。由于不仅宗周含有宗庙，丰邑里也有祭祀文王等人的设施。因此，一旦战争发生，宗周和丰邑是要死守的地方。上引的《诗经·六月》说，狁入侵时，方及镐都受到了严重的掳掠，而未提及丰邑与宗周，

第六章 195

图 6.5　西周西都主导元素（五邑）位置关系图

应是这种情况的反映。

从传世文献看,文王由设立丰邑到确定镐京的建设,时间间隔非常有限。在这有限的时间里,很难想象围绕丰有十分众多的人口聚集,所以张载说文王设镐是由于丰邑的容纳能力不够所致恐不准确[74]。从建筑的设置看,丰和莽京、宗周和镐京是两个独立的系统,之所以在短时间里实现系统的转换,实际上是周人实力提升、文化转型、权力架构的转变与战略目标更替所致,丰邑与灵台远离渭河主道规避外部冲击的意象明确,宗周与镐京靠近渭河主道和泾渭交汇处,显得更为强势。在丰邑一组中,灵台取代明堂,并采用与大地湾遗址乙址相类的宗庙在明堂西南的格局,显示出尊重周人长期生活在戎狄之间所形成的文化传统,关注族群联盟形成的倾向。在宗周一组中,采用与殷人在安阳的做法相同的格局,则更多地与中原文化一致,强调统治集团自身的权威,彰显代殷商而为天下共主,与天命所归的景象。如果说在丰邑建设时,周人还在一定程度上安于强势方国的地位,那么宗周的建设,则是周人确定要入主中原的宣示。

在古代,北方或东北方位尊,南方或西南方位卑,所以,当时镐京当是宗周之从属,西周人不可能用"镐京"指代周人在沣河以东设置的聚落系统整体。从在金文中出现的频率看,似乎在丰、莽一组中,莽更多地用作重要仪式的场所,在宗周与镐京一组中,宗周则更多地用作举行重要仪式的场所,这其实是将两个组织重构为一个新的整体的用法。由于莽与镐京的功能、意义指向和所处方位相近,所以镐京在当时的礼仪系统中地位尴尬,各种情况结合在一起造成了"镐(蒿)"在金文中难得一见。另外,在西周早期莽的使用频率似乎较高,在西周中晚期宗周的使用频率较高，这也在一定程度上反映了政治形势的某种变化。不过，春秋战国以降，以王宫为都城主导的概念逐渐形成，在新的理解框架中，人们就有可能用镐京来指称周人在沣河以东设置的聚落系统[75]。由此看来，后世文献说镐京即宗周也是有某种道理的。

在新石器时代早中期，在东亚大陆腹地就产生了以面对族群亡故的血缘代表祭祀和面对族群重要先人及相关神灵祭祀的场所各自成区，东北、西南长距离呼应形成高等级祭祀中心的制度。作为这项制度的实践者，西周西都与仰韶文化早期的姜寨 – 半坡组合、仰韶文化晚期的青台 – 汪沟组合、良渚文化的玉架山环壕遗址群 – 良渚古城组合、商代晚期的洹北商城 – 小屯殷墟组合一起，深刻影响到后世一系列王朝的都城建设。

## 五、周居及大邑成周

按照《史记·周本纪》，周武王克商之后，因为政权未稳，难以安寝，周公前来问病，武王说，天保未定，故"自夜不寐"。由《史记》的记述看，定天保的重要一环就是要在东土设置"周居"[76]。针对周居的选址，周武王说"自洛汭延于伊汭，居易毋固，其有夏之居。我南望三涂，北望岳鄙，顾詹有河，粤詹雒（洛）、伊，毋远天室"[77]。把周居的设置作为安定天下的重要手段，所以周居的选址一定有着重要的战略考虑，可是按照现在的注释，《史记》记述的周武王关于周居坐落地点选择的说词，似乎很难与重要的战略考虑挂起钩来。之所以如此，是因为条件变迁，后人已经很难理解周武王说词的实际意义。

要明白洛阳盆地在上古的战略价值，关键是要弄清楚上列文字中的"汭""涂"和"岳鄙"三个词。首先,"汭"一般用来指河流汇合或弯曲的地方,在这里则可以延伸为河流上的关键地点或者"神明之隩"。"涂"指道路,在古代,河流往往是最重要的道路展开的依托。"三涂"是指上游和源头与洛阳盆地相关的南流的三条重要河道丹江、颍河与睢水(涡河)。"岳"指"华山","岳鄙"则指可以视为华山余脉的邙山或郏山。用今天的话说,周武王系统地考察了洛河和伊河上的重要节点地区,发现洛阳盆地既利于防守,又不封闭,洛河、伊河上的"神明之隩"与以南向的丹江、颍河和睢水(涡河)为基础的三条重要通道相关,丹江与汉江相连,颍河与淮河相连,睢水(涡河)既涉及淮河又关涉济水。借助它们可以顺流而下压制江汉平原、淮河流域乃至环泰沂山系地区的异己,北面则依托作为关中门户的华山余脉,实现与西都的协同,强化对西土的防卫。黄河虽然远了一点,但依托脚下的洛河和伊河,就可以顺利地形成占据上游的优势,通过黄河乃至济水管控下游的殷人旧有领地。在武王看来,正是如此,决定了夏人将此地作为重镇,也表明了洛阳盆地与上天之居相近,有利于争取上天护佑。

如果在地形图上标出洛河、伊河、黄河以及与三涂相关的各条河流上的重要节点或"神明之隩",就会看到,洛河、伊河上的关键点和"三涂"及黄河上的"神明之隩"之间确实有着紧密的对应关系。这种对应,在今人看来属于"恰巧",可在古人那里,就应该十分明确地交代了上天的某种安排,指示这里非同一般,而为"天地所合,四时所交,风雨所会,阴阳所和"[78]的神圣地点,利用它可以更好地实现对国土的控制。正因如此,最终周武王"营周居而后去",并"纵马于华山之阳,放牛于桃林之虚,偃干戈,振兵释旅：示天下不复用也"[79]（图6.6）。

从武王的说法看，周居的设置应该不仅具有重大的军事价值，而且也必然是周人在中原设置的与上天沟通的关键场所。在古人那里，与上天的沟通往往是要通过祖灵来实行的[80]，所以可以设想周居的核心内容为周人的宗庙。

当然，在这个军事重地，安排适当的军事力量是必需的。在西周，一定规模的军事组织称作"师"。杨宽指出，当时的"师"的长官，同时又是乡邑的长官[81]。《尚书·洛诰》说，"朝至于洛师"，郑玄释"师"为"众"[82]，为人员聚集之地，所以"师"可以是具有较强军事能力的聚落。由此，似乎可以认为，为了更好地实现对"东土"的控制，周人在洛阳盆地的周居，应该包括了一系列特殊的居民点，这种居民点的成员更加精干，从而具有更强的战斗力。

《史记·卫康叔世家》记载："周公旦代成王治，当国。管叔、蔡叔疑周公，乃与武庚禄父作乱，欲攻成周。"[83]其时距周公营造"大邑成周"还有5年，所以这里的"成周"指的是周武王设置了"周居"以后的雒（洛）邑。可见，周居的出现，决定性地改变了原来的雒（洛）邑，使其成为以周居为核心的新的系统和周王朝在"东土"施政的关键地点。

过去多认为武王周居的位置在汉河南县城一带[84]。但从考古的材料看，在洛阳盆地少有集中的西周早期遗存出现，只有瀍河一带是个例外。今在瀍河两岸主要是瀍河以东发现有多处包括西周早期贵族墓葬的周人墓区和殷贵族墓葬区以及其他西周早期遗存，表明这里与西周早期的定居有关。结合古人将河流交汇处视作特异地点的习俗，设想武王周居在瀍河以东靠近洛河一带布置

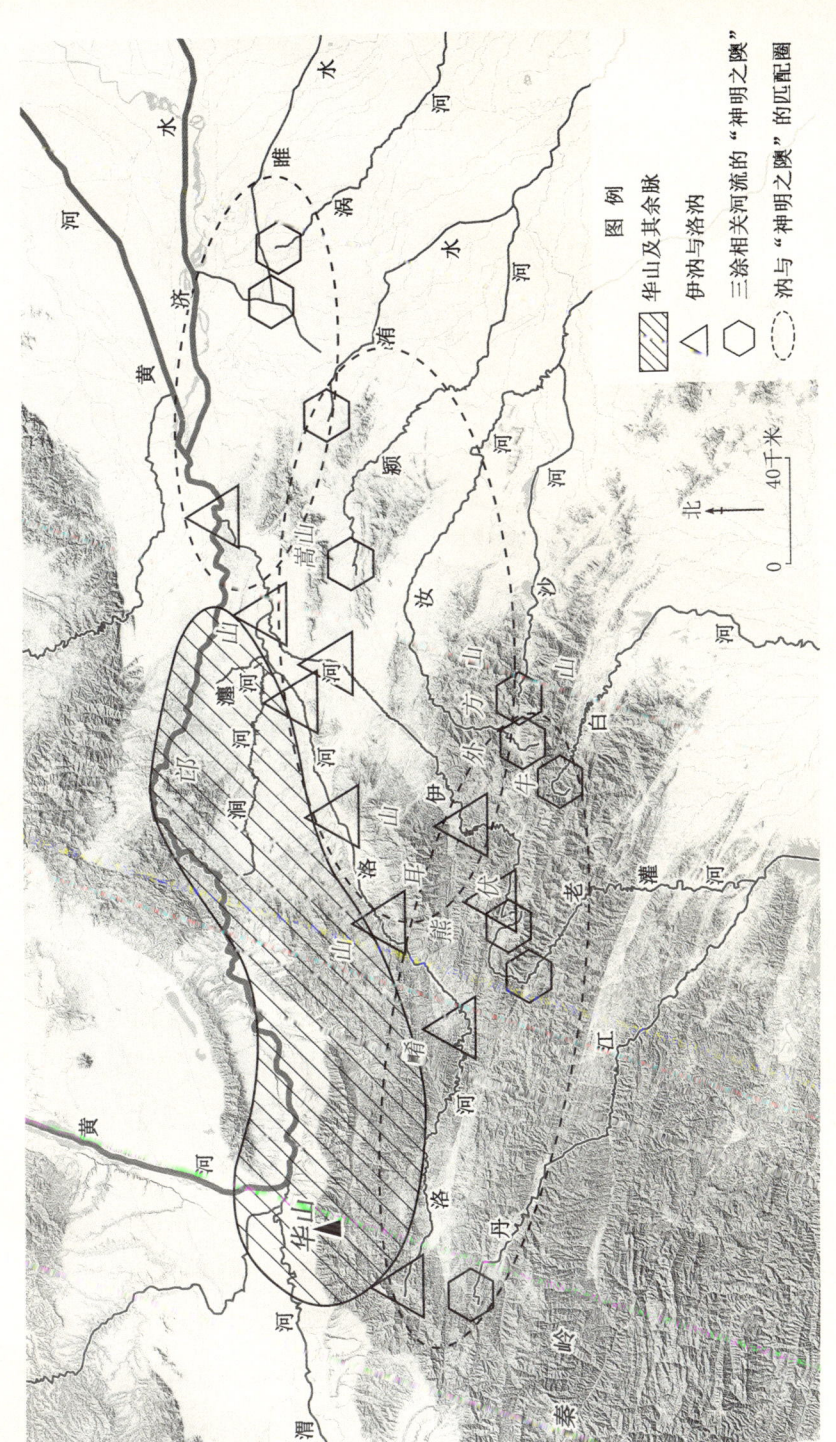

图 6.6 伊洛、洛汭及周边关键山川关系示意图

是合理的[85]（图 6.7）。

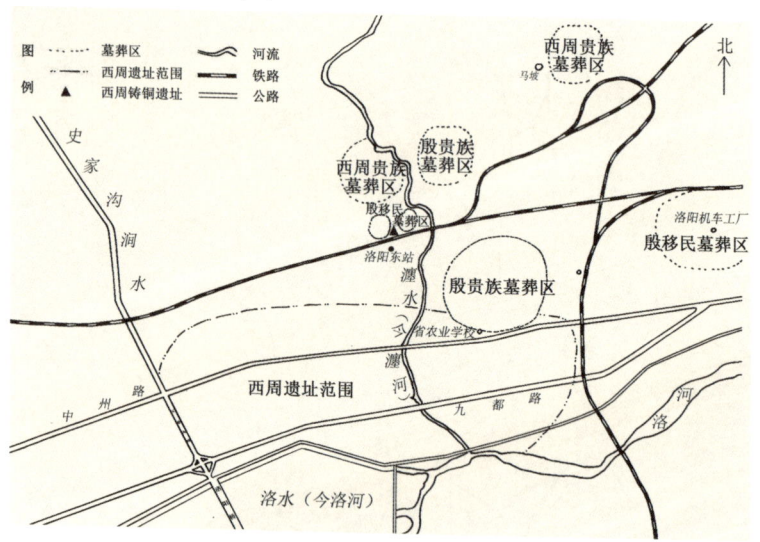

图 6.7 瀍洛交汇处西周早期遗存分布图（据《〈召诰〉、〈洛诰〉、何尊与成周》改绘）

管蔡之乱以后，强化对黄河下游、淮河流域乃至环泰沂山系地区的控制成了王朝的当务之急，为此，周人决定在"东土"设置更为强势的据点。

按照《尚书·洛诰》的记载，对于新据点的选址，周公向成王报告说："予惟乙卯，朝至于洛师。我卜河朔黎水，我乃卜涧水东，瀍水西，惟洛食；我又卜瀍水东，亦惟洛食。"[86]"黎水"应是在今浚县一带的黄河支流，"涧水"和"瀍水"则均为洛河支流。由《尚书·洛诰》看，周人曾经考虑过在今安阳附近，也就是逼近殷人曾经都城的河流上游设置新的据点，但最终把这个据点放在了洛阳盆地。从山川河流的构成看，之所以洛阳盆地能够胜出，是因为这里不仅可以通过黄河压制殷人，而且可以通过丹江、颍河、睢水（涡河）乃至济水更加顺利地对江汉平原、淮河流域以及济水下游施加压力。当然，与西土关系密切，并能与西都协同也是关键的考虑。

值得特别注意的是，就在洛阳盆地，周公也向成王提供了两个用以建设的地段：一个是"瀍水"以东靠近"洛河"的地方，一个是在"涧水"以东、"瀍水"以西靠近洛河的地方。这两个选址中，一个实际上是对周武王设置周居的合理性的确认，那么这次选址的要点是要表明可以在"瀍水"西、"涧水"东开展建设，这也是《尚书·洛诰》在表述上将瀍河西、涧水东放在前面的道理。

叶万松、李德方在《三代都洛水系考辩》中指出，自西周至今，"瀍水"所在未变，即今天的瀍河，而《尚书·洛诰》所说的"涧水"并不是今天所指的涧河，而是"史家沟涧水"，这个"涧水"在今天的瀍河与涧河之间，瀍河以西2.5千米处[87]。也就是说，周公等所卜定的两个建设地点相距不远。以此为依据，考虑安阳殷都最终为洹北商城与小屯殷墟近距离并置的格局，以及明堂、宗庙独立成区并一定距离分置的做法是中国上古高等级祭祀中心设置的合规选择，可以认定，周公定的建设地点选择针对的是一个明堂区与宗庙区各自独立，宗庙在东，明堂在西，两者之间距离有限的组合[88]。或者说，周人在洛阳盆地准备建设的是一个与殷人在安阳的都城类似的设置。

《尚书·召诰》说"其作大邑，其自时配皇天，毖祀于上下，其自时中乂，王厥有成命治民……"[89]，可见周人打算建造的位于"东土"的新据点应该规模可观、足够壮丽。

按照杨宽的说法，《逸周书·作雒解》是一篇西周重要文献，其内容大致可信[90][91]。《逸周书·作雒解》说"（周公）及将致政,乃作大邑成周于土中,城方千六百二十丈,郛方七十里。南系于雒水,北因于郏山,以为天下之大凑。制郊甸方六百里,因西土为方千里,分以百县,县有四郡,郡有四鄙。大县城,方王城三之一,小县立城,方王城九之一。郡鄙不过百里,以便野事。农居鄙,得以庶士,士居国家,得以诸公、大夫。凡士贾胥市臣仆,州里俾无交为。乃设丘兆于南郊,以祀上天,配祀后稷,日月星辰,先王皆与食。封人社壝,诸侯受命于周,乃建大社与国中。其壝东青土、南赤土、西白土、北骊土,中央叠以黄土。将建诸侯,凿取其方一面之土,焘以黄土,苴以白茅,以为土封,故曰受列土于周室。乃位五宫:大庙、宗宫、考宫、路寝、明堂。"[92] 据此,可以设想周人要在瀍河以东安排大城以及大社与宗庙主导的设施群,在瀍河以西安排路寝、明堂主导的设施群。《尚书·洛诰》说"惟洛食",《尚书·召诰》说"太保乃以庶殷攻位于洛汭"[93],所以大邑成周的主要设施应该在瀍河入洛处靠近洛河干流东西并立。这种安排既符合古人祭祀场所选址的一般规则,也有相应的考古材料支持[94]。

需要特别注意的是,在《逸周书·作雒解》中,所谓大邑成周并不是一个城址,而是一个包括了一个城址的涉及幅员广阔的居民点体系。结合《史记》"营周居于雒(洛)邑"的说法,可以断定,在周人那里,所谓"邑"并不是一个单一的聚落,而是一个包括了一定的中心设置以及相应幅员的聚落体系。也许,一般的邑涉及范围达不到"方六百里",而其中心城址的规模也达不到"千六百二十丈",应该是不同的规模,使得"成周"成为不同于一般的"大邑"。

按一里 180 丈计,"千六百二十丈"恰为 9 里,与《考工记》

的王城规模为方九里相合。虽然在当时这应该是一个令人震撼的规模，但考虑到成周只是一个陪都，所以在这里采用的未必是最高规制。在周人那里，大邑成周的规制应该低于西周西都，由其设置的郊甸规模明确小于"西土"可以看出。

周代的一里大致为今 350 米左右，以 350 米为一里，以西周西京附近泾渭交汇处的"神明之隩"为起点向西丈量 500 里，落点大致在陕西宝鸡的汧渭交汇处，向东丈量 500 里，落点大致在河南灵宝以东的旧函谷关一带。也就是说，西土郊甸方千里的起点和终点均为战略重镇，所以，西周西都的方千里的郊甸规格并不是一个简单的形式决定，而是包括了充分的防卫考虑的设定。对春秋战国城池尺寸梳理的结果表明，在周人那里，"方"并不一定要求关涉区域各边界线长度相等，只要总体长达到"方"的 4 倍即为达到标准[95]。从军事上考虑，大邑成周郊甸西界当与西都郊甸的东界重合，其距瀍河一线约为 400 个 350 米，若由瀍河一线向东丈量 400 个 350 米，其落点当在今郑州中牟一带，正是黄淮海大平原的西侧起点，选择这样的落点，同样显示出重要的战略意义。这样的郊甸设置方式，与武王选择洛阳盆地作为其东土据点的出发点是一致的。这也在相当程度上表明了《逸周书·作雒解》的可靠。这样，成周郊甸的南北界间距大致为 400 里，东西界间距大致为 800 里（图 6.8）。

《尚书·召诰》的叙述表明，在"卜居"之后，周人就开展了"攻位"，"攻位"包括确定位置、确定朝向、确定范围与基本格局、奠基等工作。"位成"后，周公即确认了"新邑"的落成[96]。可见，虽然邑是一个聚落系统，但决定邑的性质的则是其主要设置的内容与规格。另外，由《逸周书·作雒解》的表达看，住在不同等

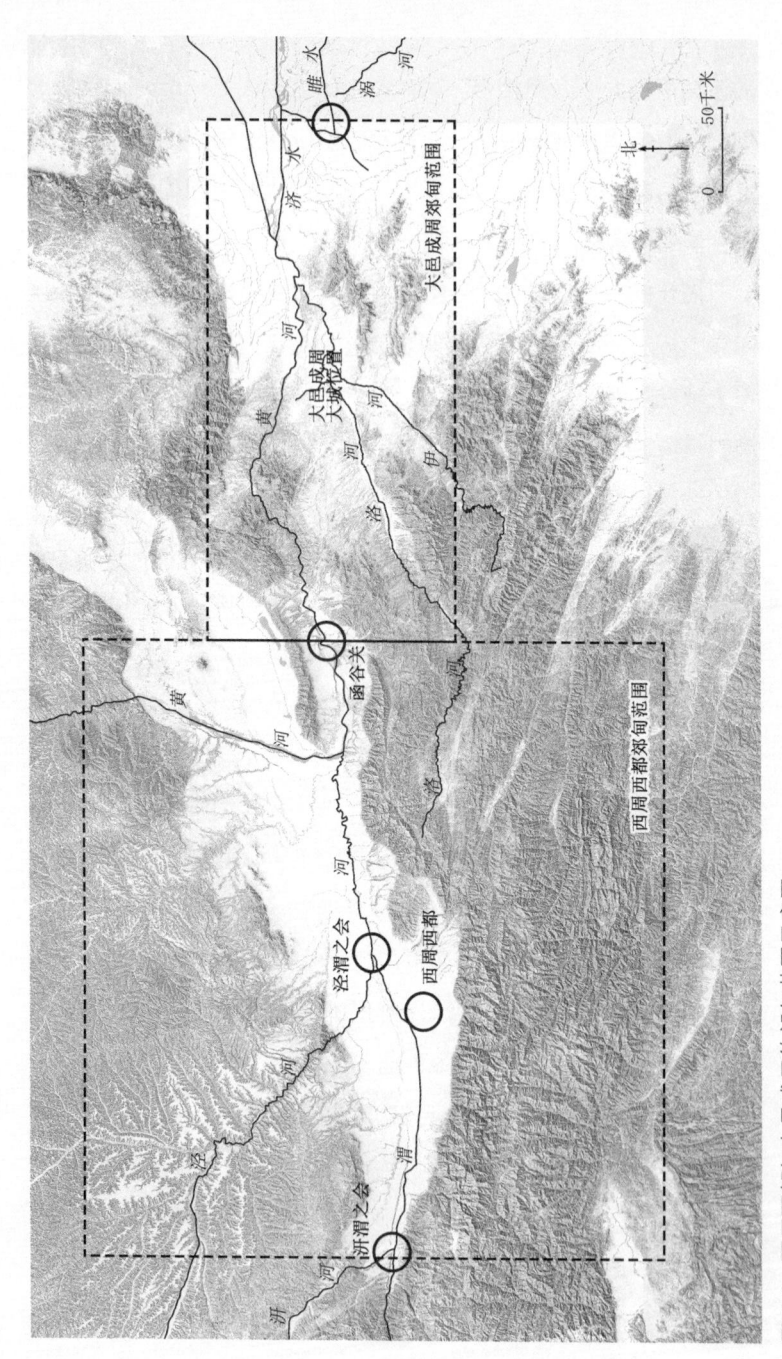

图 6.8 西周西都与大邑成周的郊甸范围示意图

级地段的人的身份是不同的，这或者可以作为前述周居的居民点系统应该有所不同的支持。

从 20 世纪 50 年代以来，考古工作者在洛阳盆地进行了相当系统的发掘，可至今没有找到与《逸周书·作雒解》所述对应的系统性的考古遗迹。所以，《逸周书·作雒解》文中涉及的各种设置最终是否完整地实现是可以讨论的。与之类似的是，《逸周书·作雒解》中提到的县城至今一个也未发现，据此或者可以认为《逸周书·作雒解》关于东都设置内容的说法，应是一个规划，因为种种原因，这一规划并未全部实施，特别是方九里的城垣，以及与之匹配的王城，应该在"攻位"后就被搁置了。可是，从西周早期的"令彝"的铭文看，西周早期大邑成周的最为关键的设施已经存在。"令彝"铭文曰："惟十月，月古癸未，明公朝至于成周。……甲申，明公用牲于京宫；乙酉，用牲于康宫；咸既，用牲于王。"[97] 京宫，是太庙；康宫，是康王庙；王，即本来拟定的王城。之所以在王进行祭祀，应是因为这里有明堂乃至其他的祭祀设施[98]。由此，在周人那里，王城的主体就是以路寝和明堂为主导的组合。具体到大邑成周，它就是在"涧瀍之间"（今史家沟涧水与瀍河之间）的设置。正是这些要素的添置，使得既有的雒（洛）邑变成了实实在在的"新邑"。

从大的空间定位看，将大邑成周的核心区放在瀍洛之交是合理的。首先，这一地点相对平整开阔，有利于一个足够壮阔的结构展开。其次，在洛阳盆地上，与洛河交汇的河流中，瀍河是仅次于伊河的第二大河流，其与洛河直角相交，形成了明确的方位感，使得两河交汇处足够神圣。伊河虽然大过瀍河，但其与洛河斜交，不利于方位感的形成，与高等级设置的布置不匹配。再次，瀍河与洛河的交汇点与丹江、颍河、睢水（涡河）的源头地的距离相对均等，这些源头地既是军队驻扎的要点，也是一定规格的祭祀场所，与之距离相对均等，方便处在核心区的统治者到达是必要的。可见，周公的选址是平衡了各种因素以后最能够体现"武王之意"的做法。

综合武王关于洛阳盆地战略价值的认知和周公的占卜结果，大邑成周的核心单元——容纳大社和宗庙的成周大城的设置不仅要强调与洛河的关系，还要强调与华山的关系。实际上，在瀍河以东一个相当大的范围里，洛河到岳鄘即郏山之间的距离不过4千米左右。按一里350米计，方九里的城郭南边接近洛河，北部也应跨在郏山的缓坡之上，在强调与西都协同的状况下，将依托郏山展开的宗庙、社稷片区称为"郏"应是人之常情。

其实，所谓的武王之意，部分的内容应该是通过成周的设置，系统地应对来自各个方向上的外部压力，实现对于关中地区的守护和对中原周边地区的控制，或者说其关注的是空间控制的可能与效用。而《史记》又记周公说雒（洛）邑的定位关注的是"四方入贡道里均"[99]，显示出与武王完全不同的视点。对周人东土核心区定位着眼点不同的说法，应该反映了经过努力，周公致政即将权力还回成王时，国家大势已经相对安定的情形，也是周公肯定自己功劳的一种表达。

在西周晚期，周人在成周的核心部分以东10千米处设置韩旗周城。因为狄泉在此城中，韩旗周城又称作狄泉周城。10千米约等于周里30里，也就是通常所说的一舍的距离。这样的距离设置，应该是考虑了该城与成周核心部分在防御上的协同。韩旗周城[100]的西周建设部分城圈平面接近矩形，东西2500～2650米，南北 1800～1900 米，大致为方六里的规格，远小于原设定的成周城尺寸的方九里；虽然城圈西南隅略有扩张，但东北角却明确抹去，这种做法意味着其祭祀等级不高；此外，在韩旗周城一带，未发现较高等级的西周乃至春秋时期的考古遗存。把这些现象结合起来，应可认为韩旗周城与原拟的成周城不是一个等级的设置。也就是说，韩旗周城不是都城组织的必需部分（图 6.9）。

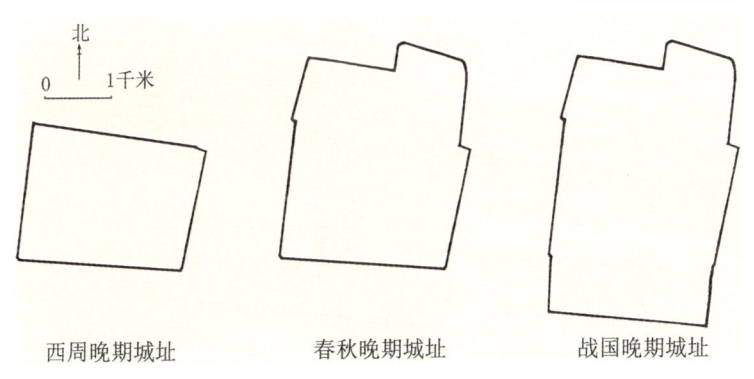

西周晚期城址　　春秋晚期城址　　战国晚期城址

图 6.9　韩旗周城各期城垣平面示意图（据《汉魏洛阳城城垣试掘》改绘）

## 六、成周的变异与东、西周

西周末年，由于戎寇的侵扰，周平王不得不"东迁于雒（洛）邑"[101]，一般认为古谷水（今涧河）东岸谷水与洛水交汇处的"东周王城"是为平王东迁而设立的。现在相应地点即瞿家屯东北面发现有被认为是东周早期的夯土遗存，可以作为这种说法的佐证。在瞿家屯东北发现的东周早期的夯土甲南、北两组遗址，其实可以分为三个部分，甲南为 S 东、S 西两个由夯土墙圈出的院落，甲北则是一个由夯土墙圈出的院落。S 东与 S 西院落之间留有甬道，通向甲北，在甲北院落的北部正对该甬道，有两个南北并置的大型夯土建筑基址，大型夯土建筑基址与甬道结合，形成了贯穿整个基地的轴线[102]（图6.10）。

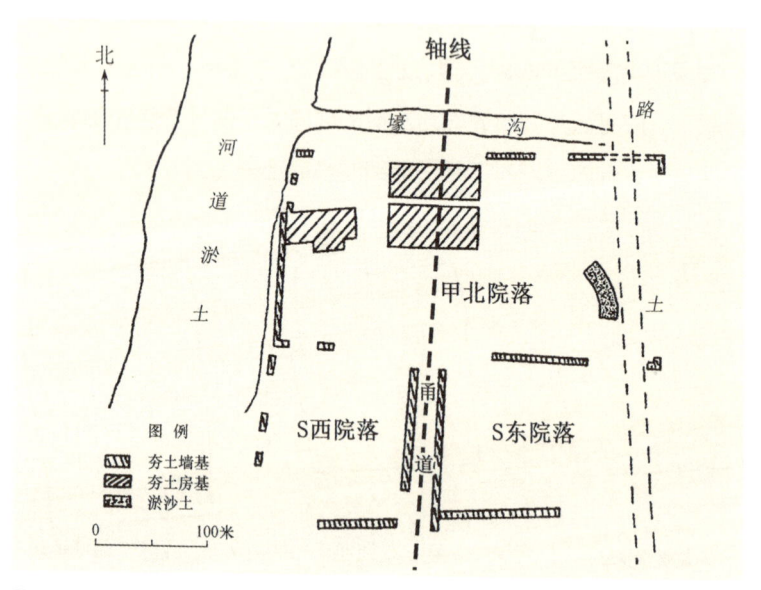

图6.10　瞿家屯东北东周早期夯土基址发掘平面图（据《东周王城研究》改绘）

在已经发现的先秦建筑遗址中，这种由三个有围墙圈围的地段并置，且南部为两个单位、北部为一个单位的组合并非孤例，大致相同的做法在春秋时期的晋新田三小城遗址和战国时期的赵邯郸遗址上都可以看到（图6.11）。对晋新田三小城遗址的分析表明，其遗址上的北部单元为灵台区，东南单元为明堂区，西南单元为朝寝区；赵邯郸遗址上对应组合的北部单元为灵台区，东南单元为朝寝区，西南单元为明堂区[103]。也就是说，这两个构成均为包括明堂的组合。赵邯郸遗址的这一部分传为"赵王城"，这一名称既表明了这种以明堂的宫殿为主导的组合应为"王城"，也指示在瞿家屯东北发现的东周早期由三个院落

a. 晋新田三小城　　　　　b. 邯郸赵王城

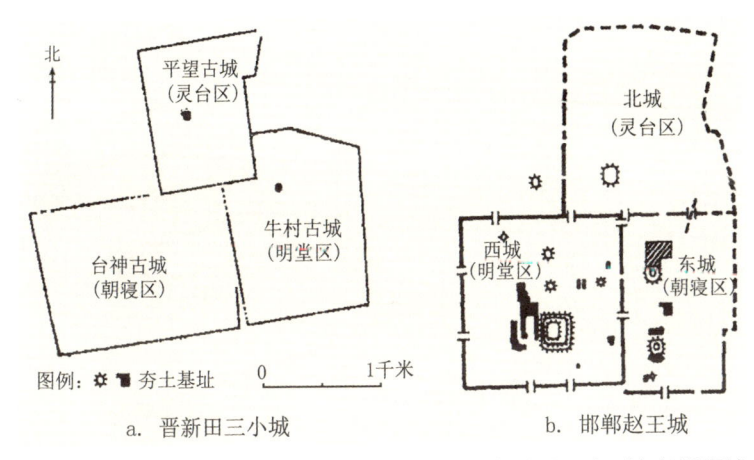

图 6.11　晋新田三小城和邯郸赵王城平面图（据《晋都新田》《赵都邯郸城研究》改绘）

构成的遗址应为春秋早期周人在洛阳盆地新设置的王城。

考虑到东周时期在洛阳盆地还有新的王城出现（详后），本文称瞿家屯东北面的王城为平王王城。在这个王城中，位于甲北中坐落于基地中轴上的夯土遗址令人想到商代的盘龙城遗址上的宫殿。分析表明，盘龙城遗址上前后并列的两个建筑，前面的是明堂，后边的为后室（图 6.12）[104]。基于形态关联或可认为，平王王城的北部单元是明堂区。在这组遗址的西边为谷水，从环境营造的要求看，灵台与池沼有关，谷水的存在使得平王王城的西侧易于形成池沼，故这里的 S 西应为灵台区。在这一组织中的东南区，亦发现祭祀遗存[105]，因而设想 S 东为其他祭祀区是合理的。

与晋新田三小城和邯郸赵王城相比，平王王城的最突出特点是明堂占据更为突出的地位，同时，平王王城的尺寸不过 350 米见方，远小于晋新田和赵邯郸的对应组合，但其平面整体轮廓西南隅突出、东北角完整，所示的祭祀等级远高于东北角缺失的晋

第六章　211

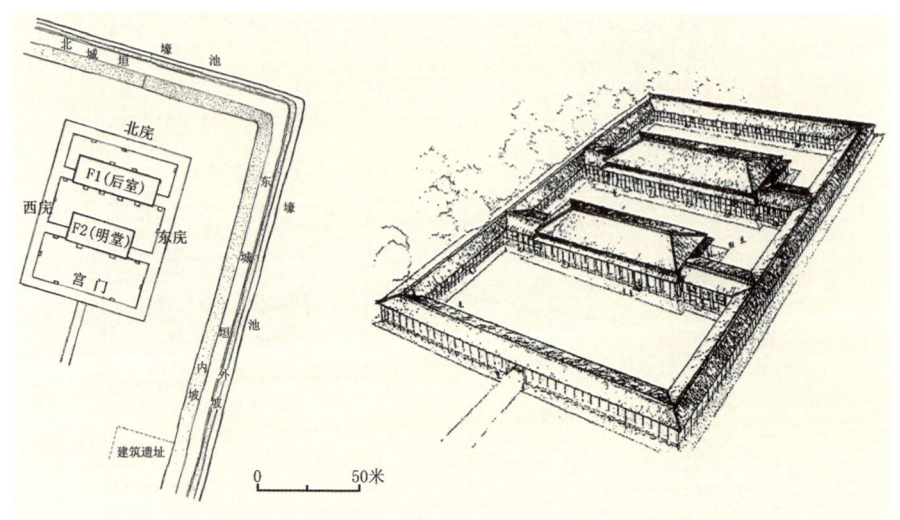

a. 盘龙城宫殿区平面复原示意图　　b. 盘龙城宫殿区建筑复原透视示意图

图 6.12　黄陂盘龙城宫殿区建筑平面与复原透视图（据《宫殿考古通论》改绘）

新田和邯郸赵王城。这种状态似乎正与当时平王势单力薄，希望获得更多的族人支持，但毕竟贵为天子的状况相合。

《水经注·谷水》说谷水出弘农渑池县谷阳谷，"经河南王城北"东流入瀍水[106]。也就是说，谷水本来与洛河是平行的。但《国语·周语下》却载"谷、洛斗，将毁王宫"[107]。之所以会发生这种情况，应该是现今所见王城西侧的谷水（涧河）本是为了满足东周王城灵台环境塑造的要求，在原来的谷水上引出的支流。由于王城区用水的需求，后来这条支流逐渐变成了主流，而原来的主流则逐渐隐而不彰。不仅如此，由于后世认为这一地区为西周时大邑成周的核心设置所在，以至于把原本的谷水改称作涧水（今涧河），从而引出了许多误会。

值得注意的是，平王王城与上及之成周原核心区的间距也大约是 10 千米，这一间距恰与西周西都的丰、镐之间的间距相等。

这一状况似乎暗示,原来成周大城的宗庙仍然是最为隆重的礼仪场所,而周平王所要设置的是一个与西周西都结构上一致的组合。这一组合的出现使得平王的都城与文王的都城有效地联系起来了。

在西周西都,两个相距 10 千米的单元都是既有宗庙又有与明堂对应设置的整体。现在平王王城东北方向发现有东周早中期王陵和高规格的祭祀遗存[108],与晋新田与赵邯郸的情况相似,在晋新田和赵邯郸的墓葬区附近都有宗庙区的存在[109]。因而,在这个东周王陵一区附近,本也当有宗庙存在。当然,这里的宗庙主要与东周诸王的祭祀相关。

这样,两个相距 10 千米的单位都是既有王城又有宗庙的组合,但二者又同为一体。结合西周西都设施使用的情况,在谷水(今涧河)组合中,王城是最为积极的礼仪设施,在瀍水(今瀍河)组合中,大社宗庙为更为积极的礼仪设施。两者互动,成为新成周的中心架构。正是在这样的基础上,位于谷水(今涧河)边上的既有王城又有宗庙的组合,被后世认作"东周王城"。

公元前 635 年,周襄王之弟叔带叛乱,晋文公独力勤王。《国语·晋语》云:"(文公)二年春,公以二军下,次于阳樊。右师取昭叔于温,杀之于隰城。左师迎王于郑。王入于成周,遂定之于郏。王飨礼,命公胙侑。公请隧,弗许。曰:王章也,不可以二王,无若政何。"[110]"郏"应即《逸周书·作雒解》所指大邑成周所为之城一区。"遂定之于郏"似乎是说其时还有其他选择,如西周的"王"或平王王城,由于"郏"为西周先王宗庙所在,在周王室衰落不得不依靠诸侯复位的情况下,周王选择在此驻扎,并举行飨礼,有着与晋人共同追溯西周曾有之辉煌,明确王室尊贵的意义。

春秋晚期，王子朝之乱时，王子朝占据平王王城，周敬王则以韩旗周城为据点。这种情况暗示西周所设的成周中心区并没有真正建城。韩旗周城在规格和规模上都不能满足都城的要求，所以有了"诸侯城周"[111]——在韩旗周城既有的西周城圈北部加设新的城圈的做法。今在韩旗周城西周所设城圈以北，发现了东周时加设的城圈即应是这次城周的结果[112]。加置新城垣后的韩旗周城南北约长2900米，东西宽2600米，城圈接近周人的南北九里、东西七里的尺寸，大大地提升了其容纳能力。不仅如此，加建所形成的城圈形态，与偃师商城小城大致接近，这种做法，在当时可以视作具有象征意义的等级认定行为（图6.13）。不过，与《逸周书·作雒解》所说的大邑成周的核心城设为方九里的情况相比，这个经过加建的韩旗周城仍然不够隆重。之所以如此，可能的缘由应该是当时并不以此地为最终的都城。王子朝之乱平定后，或者因为平王王城一区破败严重，导致周王长期滞留在韩旗周城。

《国语·周语》云："敬王十年，刘文公与苌弘欲城周，为之告晋。"注云："（鲁昭公二十三年）秋，敬王居于狄泉。狄泉，成周之城，周墓所在也。"[113]考古发掘在韩旗周城外西北发现战国陵区[114]，可与这种说法印证。周王墓的设置，最终使得韩旗周城固定为周王的祭祀场所，这样，韩旗周城就成为新的成周中心性场所。

周敬王以后，周王室愈加衰落。周考王时，为了避免纷争，考王封其弟于河南，为周桓公[115]。这样，平王的王城区就成了周桓公控制区的中心设置。

考古发掘表明，在这一时期，平王王城一区的整体面貌发生

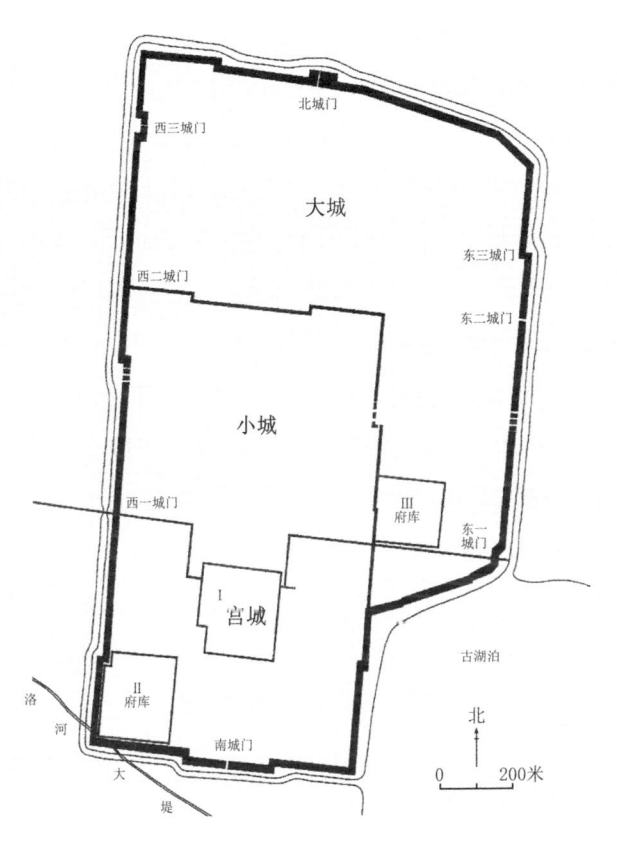

图 6.13 偃师商城主要元素分布平面图（据《偃师商城遗址聚落形态的初步考察》改绘）

了系统的改变[116]。以平王土城为基础形成了一个东西约 2700 米、南北约 3200 米的庞大城圈，这一城圈大致与方九里呼应，城圈形态大致为西南隅明确突出、东北角完整的格局，对应着至高的祭祀等级。在当时，已经有诸如魏安邑城、郑国故城、齐临淄大城等规模在方九里以上的诸侯城存在，且魏安邑的平面与周桓公所为之城平面极为相似。所以，这个方九里的规格的城并不算特别引人瞩目，但与周王所居之韩旗周城相比，这个城的规模却要大出许多。这在相当程度上显示了周桓公相对于周王的强势。之所以能够采用至高的祭祀等级，似应与此地仍有春秋早中期的周王王陵乃至宗庙有关。按照周人的都城制度，周桓公城中的王城部分应在城圈的西南部分，新的王城区的东界在平王王城东界以西，西界则跨过谷水（今涧河），整体规模有一定扩大。其跨过谷水的做法，大大改变了王城内部的空间组合。在新的王城的东北发现有廪库遗迹，廪库遗迹的出现使得这个城池在多个方面与西汉长安相同。首先，城池外轮廓近似，均为西南隅突出、东北角完整的形态。其次，都以城址西南隅突出部分为王城或宫城。再次，在王城以东都有廪库。按照文献记载，西汉长安是在多方汲取上古都城营造经验的基础上形成的，如果西汉长安的设置确实以此为参考，那么可以设想这个城的宗庙当在廪库区以东，整个城池的中轴线附近。考古发掘确认了周桓公及其后三公共四人的陵墓在大城之中轴线北端[117]，如果宗庙区在陵墓区以南与陵墓区共同构成城池中轴，那么这种宗庙与王陵共同形成都城轴线的做法应为西汉长安长陵与高庙之间的对应的先导（图6.14）。

  周桓公城的大约方九里的规模，应该表明《逸周书·作雒解》提及的大邑成周城郭方千六百二十丈的说法对后世产生了影响。这里需要特别强调，这个新城的方九里的城圈并不是郭。《逸周书》在提及大邑成周的核心设置时不及居民点的情况，正是在当时城是用以"卫君"的祭祀中心的表达。方九里的尺寸虽然不小，但在当时，城内的居住者应该限于统治者的直接服务人员。此外，这个大城也不是王城，王城只是位于这个大城西南隅的那一部分。参照古代文献，称以容纳宗庙为主要目的的城圈为大城是合理的。

  周桓公所设的大城内陶窑和手工业作坊数量可观，似乎到了

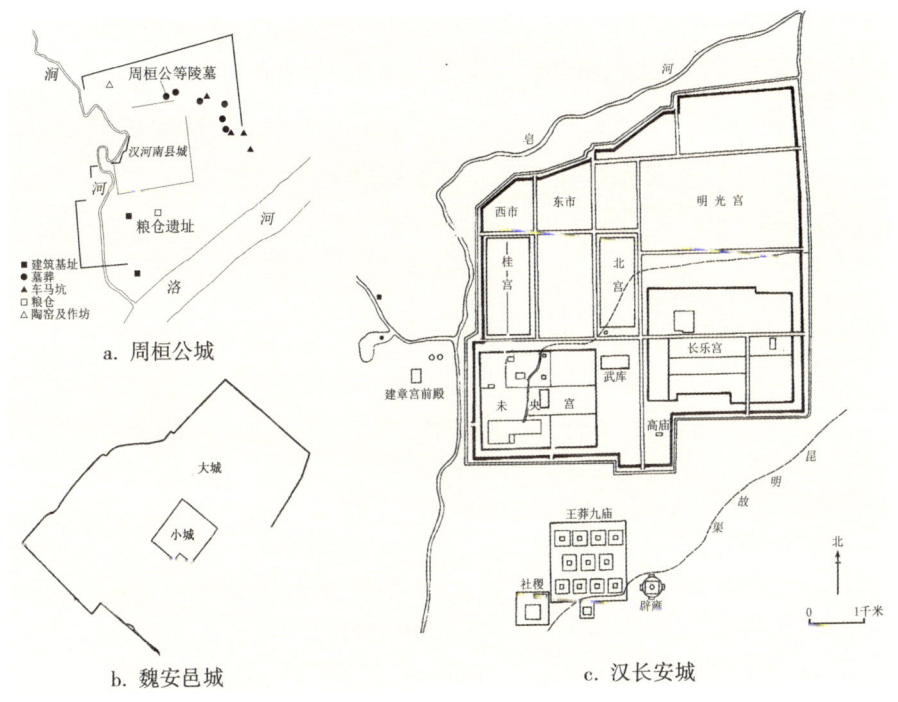

图 6.14 周桓公城、魏安邑城及汉长安城示意图（据《东周王城研究》《山西夏县禹王城调查》《秦汉城邑考古学研究》改绘）

战国时，一般居民已经成规模地进城居住。一般居民成规模地入城居住，有利于提升相应城池的防御能力，这可以视为不同的势力间战争更加频繁和激烈所致，也是上古制度崩溃的标志。

王子朝乱时，已有人称韩旗周城区为东周，平王王城区为西周。后来，周桓公居汉河南县址一区，为西周公，其后惠公封其少子于巩，是东周惠公，又造成了巩为东周，平王王城区为西周，韩旗周城区居中的局面。此后东周惠公的后代东周武公驱逐周王，占据韩旗周城，韩旗周城又成了东周的核心，与西周大城对应，称作东周。应在此时，所谓的成周才真正进入了历史。至此，所谓的成周经历了四个核心要素不同的时期，这四个时期分别为以周居为核心的武王成周期，以瀍水（今瀍河）两岸设施为核心的成王成周期，以瀍水（今瀍河）两岸设施及平王所设为核心的平王成周期，以韩旗周城为主导的敬王成周期。

## 注　释

[1]　方玉润撰，李先耕点校：《诗经原始》（全二册），北京：中华书局，1986年，第499页。

[2]　〔宋〕宋敏求撰，辛德勇、郎洁点校：《长安志　长安志图》，西安：三秦出版社，2013年，第160页。

[3]　中国社会科学院考古研究所：《殷周金文集成释文》（第四卷），香港：香港中文大学中国文化研究所，2001年，第164～165页。

[4]　中国社会科学院考古研究所：《殷周金文集成释文》（第四卷），香港：香港中文大学中国文化研究所，2001年，第152页。

[5]　刘雨、卢岩：《近出殷周金文集录》（第四册），北京：中华书局，2002年，第33页。

[6]　中国社会科学院考古研究所：《殷周金文集成释文》（第四卷），香港：香港中文大学中国文化研究所，2001年，第276页。

[7]　中国社会科学院考古研究所：《殷周金文集成释文》（第五卷），香港：香港中文大学中国文化研究所，2001年，第455页。

[8]　中国社会科学院考古研究所：《殷周金文集成释文》（第三卷），香港：香港中文大学中国文化研究所，2001年，第369页。

[9]　中国社会科学院考古研究所：《殷周金文集成释文》（第六卷），香港：香港中文大学中国文化研究所，2001年，第169页。

[10]　刘雨、卢岩：《近出殷周金文集录》（第二册），北京：中华书局，2002年，第220页。

[11]　中国社会科学院考古研究所：《殷周金文集成释文》（第三卷），香

港：香港中文大学中国文化研究所，2001年，第386页。

[12] 中国社会科学院考古研究所：《殷周金文集成释文》（第六卷），香港：香港中文大学中国文化研究所，2001年，第123页。

[13] 中国社会科学院考古研究所：《殷周金文集成释文》（第三卷），香港：香港中文大学中国文化研究所，2001年，第335页。

[14] 中国社会科学院考古研究所：《殷周金文集成释文》（第二卷），香港：香港中文大学中国文化研究所，2001年，第328页。

[15] 王辉：《中国文字导读：商周金文》，北京：文物出版社，2006年，第194页。

[16] 中国社会科学院考古研究所：《殷周金文集成释文》（第六卷），香港：香港中文大学中国文化研究所，2001年，第169页。

[17] 如徐同柏、吴大澂、郭沫若、唐兰、容庚等。

[18] 如杨宽、黄盛璋、刘雨等。

[19] 陈云鸾：《西周莽京新考——读西周金文札记》，《中华文史论丛》1980年第1期。

[20] 黄盛璋：《关于金文中的"莽京（莽）、蒿、丰、邦"问题辩证》，《中华文史论丛》1981年第4期。

[21] 尹盛平：《西周史征》，西安：陕西师范大学出版社，2004年，第98页。

[22] 李仲操：《莽京考》，《人文杂志》1983年第5期。

[23] 吕全义：《〈臣辰盉〉铭文研究》，福建师范大学2010年硕士毕业论文。

[24] 许慎：《说文解字附检字》，北京：中华书局，1963年，第111页。

[25] 郝懿行：《尔雅义疏》，上海：上海古籍出版社，1983年，第12页。

[26] 李孝定：《金文诂林读后记》，台北："中央研究院"历史语言研究所，1982年，第214页。

[27] 杨希牧：《先秦文化综论》，桂林：广西师范大学出版社，2008年，第71~92页。

[28] 《淮南子·地形训》说："建木在都广，众帝所自上下，日中无景，呼而无响，盖天地之中也。"《吕氏春秋·有始》则云："白民之南，建木之下，日中无影，呼而无响，盖天地之中也。"具体考证参见王鲁民：《中国古典建筑文化探源》，上海：同济大学出版社，1997年，第53页。

[29] 王鲁民：《中国古典建筑文化探源》，上海：同济大学出版社，1997年，第55~56页。

[30] 方玉润撰,李先耕点校:《诗经原始》(全二册),北京:中华书局,1986年,第495页。

[31] 罗说转自陈云鸾的《西周丰京新考——读西周金文札记》,上海:上海古籍出版社,1984年,第106~107页。

[32] 周宏伟认为"密永"即辟雍,甚是,参见周宏伟:《西周都城诸问题试解》,《中国历史地理论丛》2014年第1期。

[33] 许慎:《说文解字附检字》,北京:中华书局,1963年,第176页。

[34] 《诗经·大雅·大明》"造舟为梁"疏:"造舟者,比船于水,加版于上,即今之浮桥。"按照"造舟"的意思为"比舟而渡也",所以谓造舟为浮桥应是后起的说法。

[35] 方玉润撰,李先耕点校:《诗经原始》(全二册),北京:中华书局,1986年,第360页。

[36] 王国维:《王国维遗书》(第一册),上海:上海书店出版社,1983年,第539~542页。

[37] 十三经注疏整理委员会:《十三经注疏·毛诗正义》(下册),北京:北京大学出版社,1999年,第1038页。

[38] 司马迁:《史记》(第四册),北京:中华书局,1959年,第1375页。

[39] 司马迁:《史记》(第四册),北京:中华书局,1959年,第1376页。

[40] 方玉润撰,李先耕点校:《诗经原始》(全二册),北京:中华书局,1986年,第601页。

[41] 十三经注疏整理委员会:《十三经注疏·毛诗正义》(下册),北京:北京大学出版社,1999年,第1324页。

[42] 班固等撰:《白虎通》全二册,北京:中华书局,1985年,第131页。

[43] 十三经注疏整理委员会:《十三经注疏·毛诗正义》(下册),北京:北京大学出版社,1999年,第1043页。

[44] 十三经注疏整理委员会:《十三经注疏·毛诗正义》(下册),北京:北京大学出版社,1999年,第1396页。

[45] 方以智:《通雅》,北京:中国书店,1990年,第457页。

[46] 杨宽:《西周史》,上海:上海人民出版社,2003年,第717页。

[47] 王鲁民:《营国:东汉以前华夏聚落景观规制与秩序》,上海:同济大学出版社,2017年,第282页。

[48] 戴德撰,卢辩注:《大戴礼记》(全二册),北京:中华书局,1985年,

第142页。

[49] 魏征等撰：《隋书》（第5册），北京：中华书局，1973年，第1304页。

[50] （梁）萧统编，（唐）李善注：《文选》，上海：上海古籍出版社，1986年，第525页。

[51] 王鲁民：《营国：东汉以前华夏聚落景观规制与秩序》，上海：同济大学出版社，2017年，第108～110页。

[52] 王震中：《商代都邑》，北京：中国社会科学出版社，2010年，第106～109页。

[53] 中国社会科学院考古研究所洛阳工作队：《汉魏洛阳城南郊的灵台遗址》，《考古》1978年第1期。

[54] 胡谦盈：《丰镐地区诸水道的踏察——兼论周都丰镐位置》，《考古》1963年第4期。

[55] 〔北魏〕郦道元著，陈桥驿校证：《水经注校证》，北京：中华书局，2007年，第449页。

[56] 司马迁：《史记》（第四册），北京：中华书局，1959年，第118页。

[57] 胡谦盈：《丰镐地区诸水道的踏察——兼论周都丰镐位置》，《考古》1963年第4期。

[58] 司马迁：《史记》（第四册），北京：中华书局，1959年，第118页。

[59] 王鲁民：《营国：东汉以前华夏聚落景观规制与秩序》，上海：同济大学出版社，2017年，第148页。

[60] 杨伯峻译注：《孟子译注》（全二册）北京：中华书局，1960年，第184页。

[61] 司马迁：《史记》（第四册），北京：中华书局，1959年，第120页。

[62] 张玉春：《竹书纪年译注》，哈尔滨：黑龙江人民出版社，2003年，第184、187页。

[63] 司马迁：《史记》（第四册），北京：中华书局，1959年，第1036页。

[64] 司马迁：《史记》（第四册），北京：中华书局，1959年，第118页。

[65] 曲英杰：《史记都城考》，北京：商务印书馆，2007年，第89页。

[66] 王辉：《中国文字导读：商周金文》，北京：文物出版社，2006年，第122页。

[67] 中国社会科学院考古研究所：《殷周金文集成释文》（第三卷），香港：香港中文大学中国文化研究所，2001年，第389～390页。

[68] 王辉：《中国文字导读：商周金文》，北京：文物出版社，2006 年，第 270 页。

[69] 中国社会科学院考古研究所：《殷周金文集成释文》（第三卷），香港：香港中文大学中国文化研究所，2001 年，第 361 页。

[70] 周宏伟：《西周都城诸问题试解》，《中国历史地理论丛》2014 年第 29 卷第 1 辑。

[71] 许倬云：《西周史：增补二版》，北京：生活·读书·新知三联书店，2012 年，第 235 页。

[72] 周宏伟：《西周都城诸问题试解》，《中国历史地理论丛》2014 年第 29 卷第 1 辑。

[73] 黄怀信、张懋镕、田旭东撰，李学勤审定：《逸周书汇校集注》，上海：上海古籍出版社，1995 年，第 553 页。

[74] 《诗集传》引张子曰："……当是时，民之归者曰众，其地有不能容，不得不迁也。"详见朱熹：《诗集传》，北京：中华书局，1958 年，第 188～189 页。

[75] 王鲁民：《营国：东汉以前华夏聚落景观规制与秩序》，上海：同济大学出版社，2017 年，第 229 页。

[76] 司马迁：《史记》（第四册），北京：中华书局，1959 年，第 128 页。

[77] 司马迁：《史记》（第四册），北京：中华书局，1959 年，第 129 页。

[78] 参见《周礼·大司徒》："……天地之所合也，四时之所交也，风雨之所会也，阴阳之所和也。"详见十三经注疏整理委员会：《周礼注疏（十三经注疏）》，北京：北京大学出版社，2000 年，第 298 页。

[79] 司马迁：《史记》（第四册），北京：中华书局，1959 年，第 129 页。

[80] 参见：《尚书·金縢》。详见：清孙星衍撰，陈抗、盛冬铃点校：《尚书今古文注疏（全二册）》，北京：中华书局，1986 年，第 323～341 页。

[81] 杨宽：《西周史》，上海：上海人民出版社，2003 年，第 145 页。

[82] 孙星衍撰，陈抗、盛冬铃点校：《尚书今古文注疏》（全二册），北京：中华书局，1986 年，第 403 页。

[83] 司马迁：《史记》（第四册），北京：中华书局，1959 年，第 1589 页。

[84] 司马迁：《史记》（第四册），北京：中华书局，1959 年，第 131 页。

[85] 叶万松、张剑、李德方：《西周洛邑城址考》，《华夏考古》1991 年第 2 期。

[86] 孙星衍撰,陈抗、盛冬铃点校:《尚书今古文注疏》(全二册),北京:中华书局,1986年,第403页。

[87] 叶万松、李德方:《三代都洛水系考辩》,转引自河南省文物考古学会:《河南文物考古论集》,郑州:河南人民出版社,1996年,第192~200页。

[88] 王鲁民:《营国:东汉以前华夏聚落景观规制与秩序》,上海:同济大学出版社,2017年,第180页。

[89] 孙星衍撰,陈抗、盛冬铃点校:《尚书今古文注疏》(全二册),北京:中华书局,1986年,第398页。

[90] 杨宽:《西周史》,上海:上海人民出版社,2003年,第867页。

[91] 姚蓉:《〈逸周书〉文系年注析》,桂林:广西师范大学出版社,2015年,导言第6页。

[92] 黄怀信、张懋镕、田旭东撰,李学勤审定:《逸周书汇校集注》,上海:上海古籍出版社,1995年,第560~573页。

[93] 孙星衍撰,陈抗、盛冬铃点校:《尚书今古文注疏》(全二册),北京:中华书局,1986年,第392页。

[94] 张剑:《西周墓葬综论》,转引自河南省文物考古学会:《中原文物考古研究》,郑州:大象出版社,2003年,第176~183页;石艳艳:《洛阳中州东路北西周祭祀坑发掘》,转引自国家文物局:《2009中国重要考古发现》,北京:文物出版社,2010年,第53~57页;刘富良:《洛阳市西周夯土基址》,转引自中国考古学会:《中国考古学年鉴2020》,北京:文物出版社,2002年,第196页;徐昭峰:《东周王城研究》,北京:科学出版社,2019年,第16页。

[95] 王鲁民:《营国:东汉以前华夏聚落景观规制与秩序》,上海:同济大学出版社,2017年,第200~229页。

[96] 孙星衍撰,陈抗、盛冬铃点校:《尚书今古文注疏》(全二册),北京:中华书局,1986年,第390~401页。

[97] 中国社会科学院考古研究所:《殷周金文集成释文》(第六卷),香港:香港中文大学中国文化研究所,2001年,第26页。

[98] 王鲁民:《营国:东汉以前华夏聚落景观规制与秩序》,上海:同济大学出版社,2017年,第182~183页。

[99] 司马迁:《史记》(第四册),北京:中华书局,1959年,第133页。

[100] 徐昭峰:《东周王城研究》,北京:科学出版社,2019年,第20页。

中国社会科学院考古研究所洛阳汉魏城队：《汉魏洛阳故城城垣试掘》，《考古学报》1998年第3期。

[101]　司马迁：《史记》（第四册），北京：中华书局，1959年，第149页。

[102]　中国社会科学院考古研究所：《洛阳发掘报告》，北京：燕山出版社，1989年，第139～140页。

[103]　王鲁民：《营国：东汉以前华夏聚落景观规制与秩序》，上海：同济大学出版社，2017年，第194～198页。

[104]　王鲁民：《营国：东汉以前华夏聚落景观规制与秩序》，上海：同济大学出版社，2017年，第136～139页。

[105]　徐昭峰：《东周王城研究》，北京：科学出版社，2019年，第132、134页。

[106]　郦道元著，陈桥驿校证：《水经注校证》，北京：中华书局，2013年，第388～391页。

[107]　徐元诰撰，王树民、沈长云点校：《国语集解》，北京：中华书局，2002年，第92页。

[108]　徐昭峰：《东周王城研究》，北京：科学出版社，2019年，第4页。

[109]　山西省考古研究所侯马工作站：《侯马呈王路建筑群遗址发掘简报》，《考古》1987年第12期。梁云：《战国时代的东西差别：考古学的视野》，北京：文物出版社，2008年，第159页。

[110]　徐元诰撰，王树民、沈长云点校：《国语集解》，北京：中华书局，2002年，第351页。

[111]　司马迁：《史记》（第四册），北京：中华书局，1959年，第157页。

[112]　徐昭峰：《东周王城研究》，北京：科学出版社，2019年，第23～24页。

[113]　徐元诰撰，王树民、沈长云点校：《国语集解》，北京：中华书局，2002年。

[114]　李学勤：《东周与秦代文明》，上海：上海人民出版社，2007年，第27～30页。

[115]　司马迁：《史记》（第四册），北京：中华书局，1959年，第158页。

[116]　徐昭峰：《东周王城研究》，北京：科学出版社，2019年，第16页。

[117]　潘付生、李惠君：《洛阳西周君陵墓位置探析》，《中原文物》2011年第6期。

# 后　记

　　2017年,《营国：东汉以前华夏聚落景观规制与秩序》出版后,我就开始针对书中一些问题做进一步的工作,并尝试撰写《塑造中国：公元前770年以前东亚大陆腹地空间架构变迁概说》一书。为了使工作顺利开展,一系列的牵涉较多细节的专题讨论是不可避免的,这里提供的,正是这些专题讨论的结果。

　　这里所谓的"空间考古",大致是指依托考古材料进行历史上的权力单位涉及范围、空间格局以及相互关系的辨识工作。这一定义与本书提供的具体讨论一样,都有进一步确认与改善的空间。

　　需要说明的是,第一章部分内容曾于2020年12月16日在广州大学建筑与城市规划学院的学术讲座上报告。第二章的部分内容曾于2020年11月13号在哈尔滨工业大学召开的"第12届城市规划历史与理论学术研讨会"和2020年12月10日在清华大学建筑学院的"人居文化"系列讲座上报告。第五章的部分内容曾发表于《城市与区域规划研究》2020年第1期,本次进行了修订,并曾于2019年11月10日在南京召开的"首届国际规划历史与理论论坛"和2019年11月16日在深圳市"龙岗大讲堂"的学术讲座上报告。第六章的西周西都部分曾发表于《建筑遗产》2020年第1期,这里又做了重要的修订,并曾于2017年12月5日在南京召开的"第9届城市规划历史与理论学术研讨会"上报告。

这个小册子是团队工作的产物，范沛沛、李勇古、杨一鸣、丁思远、王宇轩、白小禾、郭彤彤等在本书的基础资料收集与整理、文字输入、图表绘制上所做的工作的重要性怎样评价都不为过，离开了这些基础性的工作，相关讨论就根本无从谈起。

范沛沛参与了第一章、第二章、第四章、第五章的写作，杨一鸣参与了第五章初稿的写作，但基于实际的工作组织及过程，文责当然还是要由我来承担。

长期以来，范强先生、齐岸青先生、孙英民先生、董卫教授、李百浩教授、武廷海教授、郭风春先生、杨德民先生、尹卫红先生、周建中先生给我多方面的鼓励与支持，这对于相对冷僻的研究工作来说是特别可贵的，在此，要向他们表示最深的谢意。特别感谢张前进先生对于这样一本需要花费一定精力才能读下去的小册子的支持。感谢张前进先生、李建平先生、曲静责任编辑，没有他们的辛劳，这本小册子是很难这么快速地与读者见面的。

王鲁民

2021 年 3 月 22 日